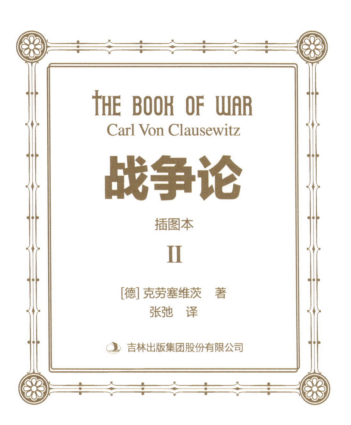

THE BOOK OF WAR

Carl Von Clausewitz

战争论

插图本

II

[德] 克劳塞维茨　著
张弛　译

吉林出版集团股份有限公司

索莫西拉战役

尼罗河战役

目　录

第五篇　军　队

第六篇　防　御

第五篇

V

军队

第一章　引言

研究军队，我们必须从四个方面入手：第一，军队的兵力和编制；第二，军队的非战斗状态；第三，军队的给养；第四，军队与地形的一般关系。所以，本篇所研究的与军队有关的几个方面，并不是战斗本身，而只是战斗的必要条件。这些条件与战斗的联系程度是不同的，它们与战斗的相互作用的程度也是不同的。虽然我们在探讨如何运用战斗的时候必须提到这些条件，但是在谈到这些条件的本质和特点时，必须分别将它们作为一个整体来进行研究。

第二章　战区、军团和战局

在战争中，战区与空间有关，军团与数量有关，战局与时间有关，对这三种事物下一个准确的定义事实上是不可能的，但是我们必须尽力使这些在大多数场合都会被用到的术语明确一些，以免引起完全错误的理解。

战区

在整个战争空间中，战区实际上指的是四面都有掩体而具有一定的独立性的一部分。这种掩

吕岑会战中的拿破仑及其军队

征俄战争失败之后，欧洲列国结成第六次反法联盟，吕岑会战发生于1813年5月，为第六次反法联盟的第一战。由于在征俄战争期间惨败，拿破仑在重新组建军队的过程中费尽心思，此战中，虽然法军战胜了敌军，但是由于骑兵力量不足，反法联盟的战斗力并没有遭到太大的伤害。

体，可能指的是重镇要塞，可能指的是天堑，也可能指的是这个具有一定的独立性的空间与其他战争空间之间的距离比较大。

这个具有一定的独立性的空间既自成体系，也从属于整体性的战争空间，所以在其他部分发生的变化，在某种程度上对这个具有一定独立性的空间不会产生直接性的影响，而是会产生间接性的影响。

如果人们想从中找到一些明确的标志（这个空间与其他空间区别的标志），那么这个标志只能是，在这个空间里，军队在前进，在其他的空间里，军队在撤退；在这个空间里，军队在发动进攻，在其他的空间里，军队在进行防御。当然，这种区别并不是时时处处都可以被用到，我们在这里只是想指出问题的本质。

军团

以战区的概念为基础，我们很容易说明什么是军团。所谓军团，指的就是同一个战区内所有的军队——虽然这个概念无法说明军团这个惯用术语的所有含义。

1815年，虽然布吕歇尔和威灵顿驻扎在同一个战区，但是他们各自统率的军团却是彼此独立的。从这个意义上来说，统帅是军团这个概念的另外一个标志，而且这个标志与上面所说的那个标志有很密切的关系。也就是说，如果我们的安排是恰如其分的，在一个战区内只设立一个统帅，那么这个统帅就必须有一定的独立性。

从表面上看，军团这个名称仅仅是由军队的兵力数量决定的，但是事实并非如此。有时候，几个军团在一个战区内活动，并且是听命于同一个指挥官，虽然他们被称为军团，但是这并不是因为他们的兵力强大，而是因为它们保留了过去的名称，比如1813年的西里西亚军团、北方军团等。

如果在一个战区内配置的兵力足够强大，那么如此庞大的兵力只能被分为几个军，而不能被分为几个军团。如果反其道而行之，那么这样做至少是不符合军团这个看起来很符合实际的惯用术语的含义的。诚然，将每一支在远方单独活动的分遣军队称为军团是书呆子的做法，但是当人们将法国大革命时期旺代人为数不多的军队称为军团时，我们对此却没有什么异议。由此可见，军团与战区这两个概念是彼此联系、互相补充的。

战局

虽然人们习惯将一个战区在一年之内发生的所有的军事活动称为战局，但是，如果仅仅是以一年作为划分的界限，那么这种说法就是有欠妥当的，更具有普适意义也更为确切的说法应该是，所谓战局，指的是一个战区内发生的所有的军事活动。在以往的战争中，由于冬营的时间是固定的，而且也是比较漫长的，所以人们往往以此为依据，将战争划分为若干个以一年为限的战局，但是这种说法现在已经不适用了。

拿破仑亲临前线督战

吕岑会战初期，法军与联军呈胶着状态，战况激烈，甚至被拿破仑视为臂膀的贝西埃尔元帅也毙命沙场。面对联军的猛烈攻击，法军疲于应付，一度有败阵迹象。5月2日，拿破仑亲临前线督战，鼓舞士气，法军士气高涨，高呼“皇帝万岁”，声势惊人。凭借气贯长虹的士气，法军逐渐扭转了会战初期的不利局面。

在某个重大的军事行动的直接影响已经消失，或者新的冲突正在暗中涌动的时候，一个战区内的军事活动就应该以此为依据被自然而然地划分为较长的阶段，所以我们必须考虑这些自然形成的阶段，以便将发生在某一年的所有的军事活动都划归到这个阶段中。比如1812年的战局，因为俄军与法军直到1813年1月1日还在默麦尔河畔，所以没有人会认为1812年的战局是在当年结束的；此后，虽然法军开始渡过易北河撤退，但是人们并不会因此将此次行动划归到1813年的战局，因为这次撤退是莫斯科大撤退的一个从属部分。

退而言之，即使我们在上面给这几个概念所做的定义并不是很精确，它们也不会带来任何坏处，因为它们不像哲学上的定义那样，会被人们当成衡量其他定义的依据。我们之所以给这些概念下定义，只是为了使我们平时所用的术语更加明确。

第三章　兵力对比

此前我们说过在兵力上占据优势将会在战斗中产生多么大的价值，虽然这种优势只是一般性的，但是它在战略上也有很大的价值。由此，人们也可以看出兵力对比的重要意义。

接下来我们将对这个问题进行一些深入的研究。

如果我们能够客观公正地研究战史，那么就必须承认一点：兵力数量上的优势（在军事发展过程中的地位）是越来越重要的。所以，在具有决定性意义的大会战中，我们必须尽可能地集中使用兵力，在如今这个时代，我们在战争中尤其需要做到这一点。

法军准备炮击联军

吕岑会战后期，拿破仑调来80门大炮，向联军阵地发动猛烈的攻击，在3.9万多颗炮弹的攻击下，联军阵线终于被撕裂。之后，拿破仑动用大量的步兵和骑兵发动大规模冲锋，联军伤亡惨重，虽然法军一连夺取了好几个阵地，但是由于骑兵力量有限，所以并没有获得辉煌的胜利。

无论是在历史上还是在如今，如果一支军队士气如虹，那么这就会大大提高军队的物质力量所能发挥的作用。当然，也有另外的情况出现，比如军队在编制形式和装备上的巨大优势、在机动性上的优势、新的战术体系以及有利的地形，都可以提升士气。但是在如今这个时代，这种现象已经不多见了，如果我们能够客观公正地考察最近的几次战争，那么我们就可以知道，无论是在整个战局中，还是在具有决定性意义的会战中，这种现象的确是比较少见的。

包岑战役

吕岑会战半个多月之后，法军与联军再次在包岑展开激战。此战中，虽然联军再次遭到挫败，但是由于法军配合不力，联军得以顺利逃出法军的包围圈，所以拿破仑所获的只是一个虎头蛇尾的胜利。

在如今这个时代，各国军队在武器装备和军事训练方面的差距都是比较小的，甚至可以说百战百胜的军队和战斗力最弱的军队在这方面也没有太明显的差别。虽然各国在科技水平上的差别还是比较大的，但是在大多数情况下，这种差别只是表现在某国的军事科技水平比较高、军事发明比较多，然而其他的国家很快就可以通过模仿的方式达到相同的水平，甚至有可能超越前者。

比如在军事活动中，像军长和师长这种级别的指挥官不仅所持有的见解大同小异，就连他们在军事活动中所采取的手段也往往并无二致。如果说还可以通过什么手段能够使一支军队产生明显的优势，那么这种手段往往只有两种：统帅的才能和战火的锤炼。所以说敌对双方在上述各方面越是处于势均力敌的状态，兵力数量上的优势就越是具有举足轻重的地位。

然而，现代会战的特点往往就是由这种势均力敌的状态造成的，如果我们以公正的态度研究博罗季诺战史，那么我们就能明白这一点。

博罗季诺会战期间，法国军队的武器装备和军事训练水平在世界上是首屈一指的，与之相比，俄国军队则远远落于下风。在整个会战中，我们并没有看到任何高妙的计谋和高明的用兵技巧，或者说这次会战只是一次单纯的角力行为，由于双方的兵力势均力敌，所以胜利的天平最后倾向了指挥官坚毅强悍、军队的作战经验比较丰富的一方。

我们之所以引用博罗季诺会战为例，是因为在这次会战中，俄军与法军的兵力势均力敌。虽然在现代会战中这是一种常态，但是并不是唯一的状态。

如果在一次大会战中，敌对双方进行的较量是缓慢而有序的，那么兵力强大的一方的胜算就比较大。如果有谁想在现代会战中找到那种以少胜多的战例，那么这几乎是一种缘木求鱼的行为。比如就当代最伟大的统帅拿破仑而言，除了1813年的德累斯顿会战之外，在他指挥的其他的大会战中，他克敌制胜的手段总是集中优势兵力，或者说至少能够使兵力与敌军持平。每当他做不到这一点的时候，他就会遭遇到失败，比如莱比锡会战、布里昂会战、拉昂会战、滑铁卢会战。

从战略意义上来说，兵力的绝对数量往往是既定的，是统帅无法变更的，所以，我们进行研究的目的，并不是说只要我们的兵力弱于敌军就无法发动战争。

从政治角度来说，并不是所有的战争都是政治上的自愿决定（或者说，人们在进行政治决策的时候，并不是总是完全依赖或者高度依赖于战争），在敌对双方兵力悬殊时尤其如此。所以在战争中，任何程度的兵力对比都是可能的。①

如果说一种军事理论在应该发挥作用的时候却没有发挥作用，那么这样的理论就是令人匪夷所思的。也就是说，从理论上来说，双方的兵力旗鼓相当是理想化的，但是这绝不能说双方的兵力对比有强弱之分时，战争理论就没有用武之地；简而言之，敌对双方兵力对比的情况是没有明确的划分界限的。兵力越少，作战目的就越小，战斗持续时间就越短，所以兵力越小的一方在这两方面的回转空间就比较大。②

兵力大小在战争中会引起哪些变化？关于这个问题，我们在后文中会逐渐阐明，在此只需要做出一个总括性的概述就可以。为了使这个总括性的概述更加完整，接下来我们再进行一些细微的补充。

如果兵力弱小的一方被迫卷入到了战争中，那么在巨大的危机面前，他们的士气和勇气就有可能因为战战兢兢而得到超常发挥；相反，如果他们丧失了面对敌人的勇气，那么，任何军事艺术都是没有用的。

---

① 比如有时候是1∶2，有时候是1∶3，有时候是1∶4，等等。——译者注

② 这句话的意思是，兵力越小的一方，可以根据自身条件灵活地调整作战目的和战斗的持续时间。比如10万人与10万人之间的战斗，敌对双方的作战目的都比较大，战斗持续时间比较长；如果是一支100人的军队和为数几十万的敌军进行战斗，那么兵力弱小的一方就可以根据自身条件调整作战目的和战斗持续时间，比如可以用游击战的形式扰敌，也可以掠夺一定的军用物资，等等。——译者注

包岑会战期间的联军统帅布吕歇尔

包岑会战之后，由于需要扩充骑兵以及对中立国奥地利有所顾忌，所以拿破仑与联军统帅布吕歇尔签订了停战协议。许多军事家认为在拿破仑的一生中，这是一个严重的错误。因为停战期间，接连受挫的联军得到了喘息之机，得以在后续战役中发动反扑，法军面临的形势则越来越不利。

Gast hof

确立作战目的的时候，我们应该是明智的，如果我们能够将这种明智的态度和军队的勇气结合起来，那么就有可能斩获辉煌的战果。腓特烈大帝之所以使人钦佩，就是因为他能做到这一点。如果明智的态度所能发挥的作用是有限的，那么使军队保持摩拳擦掌的备战状态和视死如归的勇气就必然会发挥很大的作用。

如果敌我双方兵力悬殊，尤其是对于弱势一方而言，在无论有多么明智都无法避免被毁灭，无论有多么明智都无法改变将会持续很长时间的危机状态，即使最大程度地节省兵力都无法达到目的的前提下，那么他们就应该尽力孤注一掷，尽力集中优势兵力，将他们投入一次具有决定性意义的殊死战斗中。

一个陷入孤立无援境地的人，往往会在绝境之中寄希望于精神优势，因为这种精神力量的优势可以使人视死如归。在这样的情况下，他们就会将暴虎冯河之勇视为至高无上的智慧，在必要的前提下，他们还会冒险利用诈术。退而言之，即使这些手段都无济于事，那么在虽败犹荣的结局中，他们在未来也还有东山再起的希望。

第四章　兵种比例

在这一章中，我们只谈三个兵种：步兵、骑兵和炮兵。

我们对这些兵种进行的分析基本上属于战术范围，为了使我们的思想更加明确，这种分析是很有必要的，因此还请大家见谅。

战斗是由两种本质不同的部分组成的，即火力战和白刃战，后者可能是进攻，也可能是防御。

显而易见，炮兵只能通过火力发挥作用，骑兵只能通过单独作战发挥作用，步兵发挥作用的途径则兼而有之。

维多利亚战役中的威灵顿

1813年6月，威灵顿公爵率领联军与约瑟夫·波拿巴（拿破仑的兄长）、儒尔当率领的法军在伊比利亚半岛上的维多利亚展开激战，凭借优异的指挥能力，联军大获全胜，拿破仑在伊比利亚半岛的势力则被彻底粉碎。

威灵顿公爵

威灵顿公爵，别号铁公爵，拿破仑战争时期的英军将领，第21任英国首相，因为战功卓著，曾一人兼任英国、法兰西、普鲁士、俄罗斯、西班牙、葡萄牙、荷兰等国的元帅，他也是世界历史上唯一一个获得七国元帅军衔的人。

防御的本质是固守不退，进攻的本质是向前挺进。显然，骑兵无法做到第一点，但是可以做到第二点，所以骑兵只适合进攻。步兵的主要能力是固守不退，但是也有向前挺进的能力。通过研究各兵种的战斗性能，我们可以看出，相对于炮兵和骑兵而言，步兵性能比较全面，因为步兵是唯一具有三种战斗性能的兵种。①

另外，我们还可以看出，炮兵、步兵和骑兵如果能联袂作战，那么他们在战斗中就能发挥更大的效力，因为通过这种联合，人们可以在战斗中根据实际情况的需要来加固步兵本身的战斗性能。

的确，在现代战斗中，火力战的作用是很大的，但是我们在战斗中也应该把单兵作战视为构成战斗的真正的基础，而且这种基础是独立的。所以，在战斗中，如果整个军队都是炮兵，那么这简直是不可想象的；虽然一支单纯由骑兵组成的军队是存在的，但是它的战斗力比较低；仅仅由步兵组成的军队不仅在现实中是存在的，而且他们的战斗力也比较强。

就单独兵种的作战能力而言，这三种兵种由高到低的次序应该是步兵最强，骑兵居中，炮兵次之。但是，如果是联合作战，那么情况就会大为不同。

火力进攻比运动的作用大，所以，当一支军队完全没有骑兵的时候，尽管战斗力会有所削弱，但是完全没有炮兵的时候，这支军队的战斗力会遭到更大程度的削弱。一支由步兵和炮兵组成的军队同一支由三个兵种联合组成的军队作战时，虽然会处于不利地位，但是如果有相应的步兵取代骑兵的作用，并且能够灵活地运用战术，他们仍然可以克敌制胜。

当然，这样的军队也会面临一些困难，比如在执行前哨侦察任务和勤务任务时力有不逮，在进攻敌军时无法向溃败的敌军发动猛烈的追击，撤退时更是难度重重。但是，这些困难还不至于使他们无法全身而退。

如果与这样的一支军队（只由步兵和炮兵组成）交战的敌军只由步兵和骑兵组成，那么前者就能发挥更为有力的作用。如果与后者交手的敌军是由三个兵种联合组成，那么后者面临的危险将是难以想象的。

我们在上面对这些兵种的地位进行考察的基础，是战争中的一般性情况，所以我们并不希望将通过上述得出的结论运用到所有的战斗中。比如一个担任前哨的步兵营或者正在撤退的步兵营，更希望配备一个骑兵队，而不愿意配备几门火炮；又如在追击敌军或者利用迂回战术截击溃败的敌军时，骑兵可以单独行动，而完全不需要步兵的配合，等等。

如果将上述研究的结果综合起来，我们可以得出五点：

第一，在三个兵种中，步兵的战斗力最强；

第二，炮兵没有单独作战能力；

第三，联合作战时，步兵最为重要；

第四，缺少炮兵的影响最小；

第五，三个兵种联合作战，战斗力最强。

如果说三个兵种联合作战的战斗力最强，那么，这些兵种之间的比例该如何搭配才是最合适

① 所谓三种战斗性能，指的是火力战、固守、挺进。——译者注

维多利亚战役

维多利亚战役期间，联军兵力为7万多人，拥有火炮60门，法军兵力为6万多人，拥有火炮152门。激战中，法军伤亡8000多人，损失火炮151门，联军伤亡人数为5000人。

的呢？要想给这个问题一个准确的答案是不可能的。

先比较一下建立各种兵种和维持各个兵种所需耗费的力量，然后再比较一下各个兵种在战争中的作用，那么我们或许可以得出一个关于如何配备兵种比例才更为适合的结论。但是这仅仅是一种逻辑上的游戏。

首先，就第一步而言，即如何计算建立各个兵种和维持各个兵种所需耗费的力量而言，虽然消耗的财力是可以计算的，但是另外一个因素——人的生命的价值——却是谁都不愿通过数字的形式来表现的。

其次，这三个兵种都是以某一方面的国家力量为基础的，比如步兵以人口为基础，骑兵以马匹为基础，炮兵以财力为基础。这些基础都是外在的决定性因素，我们只需要大致看一下各个民族和各个时期的历史，就能清楚地看到这些因素所能发挥的作用。

虽然有这些困难，但是这并不意味着我们可以不确立划分兵种比例的标准——即使这种标准的作用往往只是我们进行比较的一种尺度——所以，我们不得不退而求其次，利用财力消耗因素来完成划分兵种配置比例的第一步。比如在这一方面，我们根据经验，可以比较精确地指出，装备和维持一支配备有一百五十匹马的骑兵队、一个由八百人组成的步兵营、一个配备有八门六磅火炮的炮兵连，所需的费用大致是一样的。

但是在进行第二步——比较各兵种在战斗中的作用——的时候，我们就很难以确定的数值为衡量依据。如果这个数值是由火力决定的，那么我们还有可能计算出这个数值，然而每个兵种都肩负着自己的使命，都有自己的活动范围，而且他们的活动范围也不是完全固定的；况且，活动范围的大小仅仅能引起作战形式的变化，并不会带来什么严重的不利。

做出如上推断的依据是实际经验，人们往往以实际经验为依据，认为在战史中能够找到充分的依据来确定兵种比例。然而，实际上这只是泛泛空谈，因为这种划分兵种比例的方式不是以事物的本质和必然性为依据的。即使我们勉力为兵种比例设定一个肯定的数值，这个数值也是难以求出的X，因为这只是一种逻辑游戏。但是我们必须知道，与敌军相比，当同一个兵种在我军中占据的比例优于敌军，或者弱于敌军时，将会产生什么样的影响。

就增强火力而言，炮兵是各兵种中最为可怕的兵种，如果一支军队中没有炮兵，那么这支军队的威力就会被削弱，但是在各兵种中，炮兵也是行动最为迟缓的兵种。此外，由于炮兵无法单独作战，经常需要其他兵种的配合和掩护，所以，如果炮兵过多，配合他们作战的其他兵种就无法有效抵挡敌军的进攻，进行这种战斗的结果往往就是炮兵被敌军俘获，从而对我军产生反噬作用——敌军可以利用缴获的火炮加强对我军的进攻；在三个兵种中，也唯有炮兵会产生这种反噬作用。

骑兵可以增强军队的机动能力，如果骑兵过少，一切行动就必定会被拖缓。在这种形势下，我们采取各种行动时就必须小心谨慎，战争中的各种要素被消耗的速度也会有所降低，我们在收获胜利成果的时候就只能蚕食而无法鲸吞。

虽然我们不能因为骑兵过多就认定军队的战斗力必定会遭到削弱，也不能因此认为兵种比例

维多利亚战役

儒尔当（左）与约瑟夫·波拿巴（右）

儒尔当是拿破仑麾下勇将之一，早年间的经历颇有传奇色彩。后世对此人的评价是勇敢、合格，但是不够杰出；思虑周密，但是缺乏魄力。

约瑟夫·波拿巴是拿破仑的兄长，曾任法兰西共和国第一外交官、那不勒斯国王、西班牙国王，滑铁卢战役之后，拿破仑失势，约瑟夫流亡国外，再也没有回过法国。

会有所失衡，但是骑兵过多必定会增加供应军用物资的难度，而这就必然会间接地削弱军队的力量。比如我们少用一万名骑兵，那么就可以多用五万名步兵。

狭义的军事艺术，指的是如何运用现有的军队，当这些军队被统一委托给一个统帅调度时，通常军队内部的兵种比例是既定的，统帅很难使之产生改变，所以，对于狭义的军事艺术来说，我们在上面所说的由于兵种比例不当而产生的特点尤为重要。

如果说兵种比例失衡会使作战形式和作战特点发生变化，那么这种变化的外在表现如下。

在炮兵过多的情况下，战斗的被动性和防御性会有所上升，此时，我们必须更多地利用坚固的掩体和地形障碍来保护炮兵。如果能做到这一点，那么敌军前来进犯就是自取灭亡，对我们而言，这也可以使战争缓慢而有序地进行。相反，在炮兵不足的时候，我们则应该采取积极的进攻姿态，并且需要加强机动性，此时，强行军和耐力就会成为一种特殊的武器，战争的过程也会变得更为一波三折。也就是说，整体性的军事行动会演变为许多小规模的军事行动。

在骑兵特别多的情况下，在开阔的平原上发动大规模的军事行动对我们是有利的。通过调整敌我之间的距离，我们可以使敌军惶惶不可终日，也可以使我军得到休整的时间；此外，在我军控制攻击空间的情况下，我们还可以采取一些冒险性的行动，比如迂回到敌军背后发动包抄。虽然（利用骑兵发动）牵制性的攻击和突袭只是一种辅助手段，但是只要利用得当，我们就能使这种手段发挥巨大的作用。

虽然炮兵过多和骑兵过少都会削弱军队的运动能力，但是在骑兵过少的时候，却无法像炮兵过多那样能够增强军队的火力。所以在骑兵过少的时候，我们的一举一动都必须谨慎小心，比如始终靠近敌人，以便监视敌军的动向；避免一些仓促的行动；兵力集中在一起的时候不可操之过急，应该缓慢前进；尽量选择进攻；尽量选择复杂的地形；必须发动攻势时应该直捣敌军的重心，等等。事实上，处于缺少骑兵的情况下，这都是自然而然会采取的行动。

由于兵种比例失衡而引起的作战方式的上述变化，很少会表现得很彻底，或者很少会表现得特别全面，但是这种作战方式的变化有时候可以决定作战方向。

应该采取战略进攻，还是采取战略防御；应该在这个战区作战，还是在那个战区作战；应该进行主力会战，还是采取其他作战手段；这些往往还取决于其他的更为重要的条件。如果有些人否认这一点，那么可能是他们本末倒置，将次要问题当成了主要问题。

简而言之，尽管主要问题是由其他更为重要的原因决定的，但是兵种失衡仍然会产生一定的影响。因为在战争的各个阶段和各个具体的活动中，人们在进攻的时候有时是小心谨慎的，而在防御时有时则是敢于铤而走险的。

此外，战争的特点对兵种比例也会产生显著的影响，这种影响主要表现为三点：

第一，在全民战争——依靠后备军和民兵进行的战争——当中，可以征集大量的步兵是确定无疑的。因为在这样的战争中，武器少而兵员多，配备给士兵的装备往往是一些最为基础的东西，所以在此形势下，人们往往会倾向于用建立一个炮兵队的费用来建立两三个步兵营，而不是建立一个步兵营和相应的炮兵队。

第二，在以少击多的战争中，如果无法从建立民兵和后备军的制度中找到突破口，那么对于弱者来说，增加炮兵就是可以与敌军形成均势状态的快捷手段，这样既可以节省兵员，也可以增强火力。此外，在通常情况下，由于兵力弱小的一方所占据的战区比较小，所以这也为使用炮兵提供了合适的条件，比如腓特烈大帝在七年战争的后期就用过这种手段。

第三，骑兵的机动性比较高，是适合进行大决战的兵种。在战区辽阔、需要通过提高机动性发动具有决定性意义的大决战时，配备比较多的骑兵具有很重要的意义。在这一方面，拿破仑为我们提供了很好的典范。

事实上，进攻或者防御对兵种比例并没有太大的影响，在后文中讲到这两种作战方式时，我们会详细讲解这个问题。在此我们先说明一点：进攻者和防御者通常在一个空间内活动，在某些情况下，他们甚至同时抱有进行决战的意图。关于这一点，我们可以回忆一下1812年的战局。

大多数人认为，在中世纪，骑兵的作用比步兵大，只是直到如今，骑兵所占据的比重才逐渐下

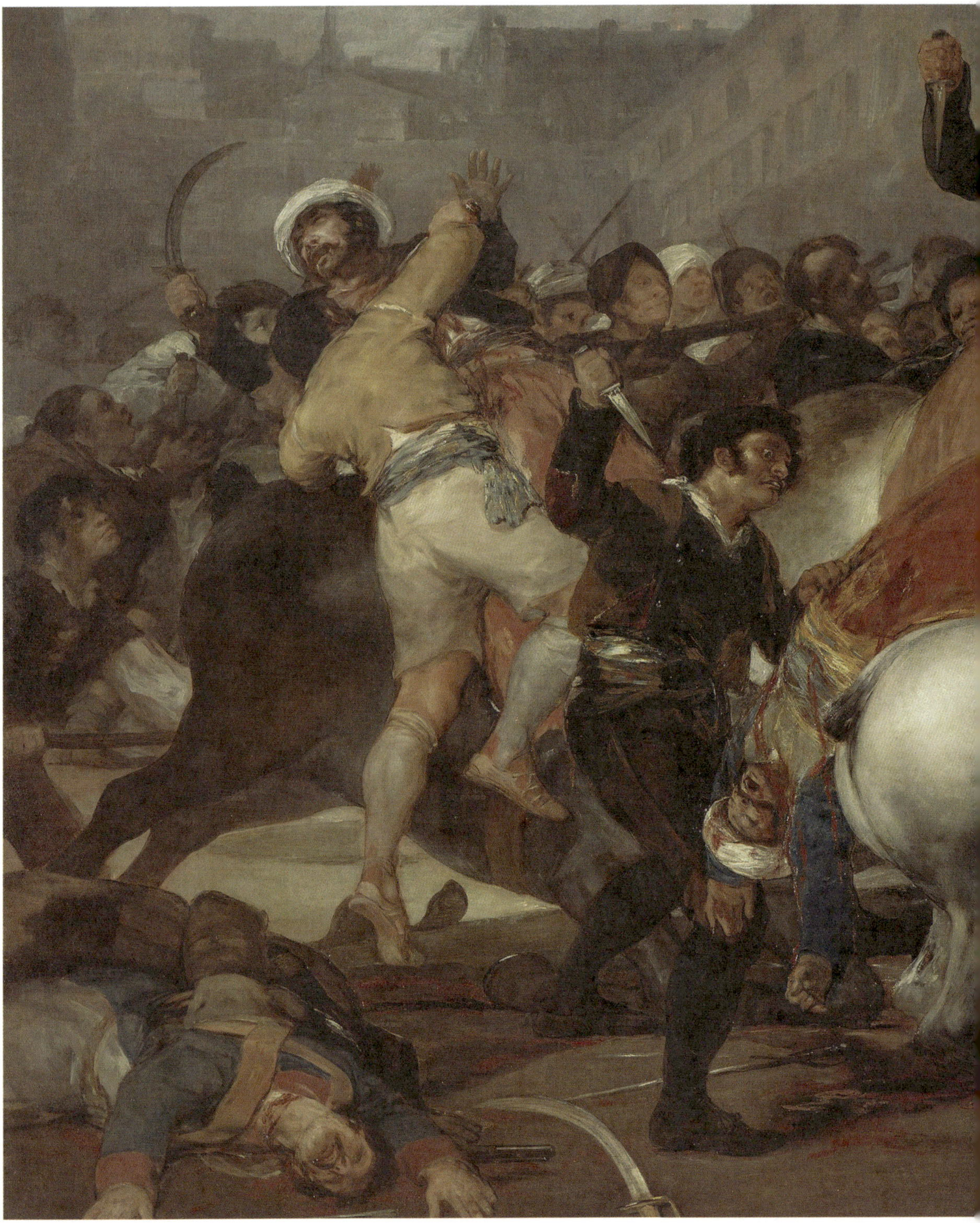

半岛战争

半岛战争是拿破仑战争中最为主要的战争之一，交战方分别为西班牙帝国、葡萄牙帝国、英国以及拿破仑统治下的法兰西第一帝国。我们在前面说过的维多利亚战役就是半岛战争的一部分。这场战争也被称为铁锤与铁砧之战，铁锤指的是英葡联军，铁砧指的是西班牙军队、游击队以及葡萄牙民兵。

降。如果我们仔细研究详细的关于中世纪军队的资料，那么这种说法即可不攻自破。事实上，当时骑兵所占据的比重并不是很大，比如在十字军中，步兵的数量高于骑兵；在德皇所率领的远征罗马的军队中，步兵的数量也是多于骑兵。

但是有一点是肯定的：当时，骑兵的重要性高于如今。之所以会产生上面所说的那种错误的看法，是因为当时骑兵中集聚的是一个民族里最为骁勇善战的勇士，虽然他们的人数比较少，但是因为战斗力比较强，所以他们才被视为主要兵种，而步兵则因此而被忽视，甚至无人提及。当时，在德、法、意大利等国发生的一些小规模的军事冲突中，出现一支完全由骑兵组成的小规模军队的情况是很常见的。

当时骑兵是主要兵种，所以这种情况并不值得大惊小怪。但是，如果观察一下如今的大规模军队的一般性情况，那么我们就会知道，那些特例不能作为说明问题的依据。

在历史上，封建人身隶属关系曾经是征兵的主要依托；三十年战争期间以及路易十四在位期间，这种征兵制度逐渐被废止，募兵制和佣兵制开始成为主要的征兵制度，金钱开始逐渐成为征兵的主要手段，此前那种步兵兵力过于臃肿的局面有所改善，大量没有实际用处的步兵被逐渐裁撤。当时，由于火器技术的进步，步兵的重要性有所提升，以此为基础，步兵在兵种比例上也占据了一定的优势；如果不是因为火器技术的进步，那么就有可能出现以骑兵为作战主力的局面。在这个历史时期内，如果步兵较少，那么步兵与骑兵的比例是一比一；如果步兵较多，那么步兵与骑兵的比例是一比三。

随着火器技术的不断进步，骑兵的重要性江河日下。不过，我们必须知道一点：我们所说的火器技术的进步，不仅指制作火器技术的进步，还指使用火器技术的进步。在莫尔维茨会战中，普鲁士军队对火器的运用达到了出神入化的境地，这一纪录至今仍然无人能望其项背。之后，在地形复杂的地带使用步兵和在散兵战中使用火器的作战方法开始风行，这应该被看成火力战方面的一个巨大的进步。

由上述可知，骑兵所占比例的变化虽然不大，但是骑兵的地位却发生了很大的变化。虽然这看起来是矛盾的，然而事实并非如此。在中世纪，虽然步兵的数量比较大，但是这并不是由步兵和骑兵的内在关系决定的，而是因为建立骑兵的费用比较高，那些不能被编入骑兵的人，只好被编入步兵。如果骑兵的数量只是取决于骑兵的价值，那么骑兵就是多多益善。这就是为什么尽管骑兵的地位在下降，但是骑兵的价值和兵种比例却始终如一的原因。

事实上，骑兵和步兵的比例根本没有发生什么变化，始终为一比四、一比五，或者一比六，至少从奥地利王位继承战至今一直是如此。从表面上看，形成这种比例是符合自然规律的，或者说这种比例似乎就是我们在前面说过的那个无法求出的数值，但是我们对此持有怀疑态度，并且认为，在许多著名的战争中，骑兵的数量之所以很庞大，主要是由其他原因造成的。

如今，俄国和奥地利仍然保留着鞑靼制度（旧式骑兵制）的影子，只需观察这两个国家的兵种比例，即可看出这一点。拿破仑用兵的特点是多多益善，不达目的誓不罢休，当他利用征兵制最大化地征集到兵员之后，往往会通过增加辅助兵种的方式来提升战斗力——这样做只需要花钱而不需要继续增加兵员。而且，与他指挥的一些小规模的战斗相比，在他指挥的许多大规模的战斗中，骑兵往往能够发挥更大的作用。

为了节省本国的兵力，腓特烈大帝曾经通过雇用外籍兵员的方式来维持军事力量。这主要是因为腓特烈大帝的国土狭小，而且东普鲁士和威斯特伐利亚不在他掌控之中。[①]一方面，当时普鲁士骑兵的兵力数量比较小，另一方面，可以利用征兵制比较容易地征集到骑兵，而且腓特烈大帝用兵的特点是机动性比较高。所以，直到七年战争末期，尽管他的步兵数量有所降低，但是骑兵数量却是在不断上升。即使如此，在七年战争即将结束的时候，他麾下的骑兵数量也仅仅占到了步兵数量的四分之一。

在只有少量骑兵的情况下战胜敌人，这样的史例并不罕见，最为著名的就是大格尔申会战。

大格尔申会战期间，拿破仑的兵力为十万人，其中步兵为九万人，骑兵为五千人；联军的总兵力为七万人，其中步兵为四万人，骑兵为两万五千人。显然，拿破仑的步兵比敌军多五万，骑兵比敌军少两万。按照常理推断，拿破仑的步兵应该多十万人[②]。这次会战的结局众所周知——在步兵占据优势的情况下（实际的步兵优势），拿破仑成功地击破了敌军。

那么，我们不妨假设一下：如果当时双方的步兵兵力对比为十四万人对四万人（在骑兵数量不变的情况下，即五千骑兵对战两万五千名骑兵），会战的结果会发生变化吗？

事实上，我们可以看到，虽然拿破仑战胜了敌军，但是在法军发动追击的过程中，联军骑兵的优势很快就表现出来了，法军其实并没有获得任何战利品。由此可见，在会战中获胜并不是意味着一切，然而这并不是说获得这种胜利无关紧要。

有些人认为，骑兵和步兵在最近八十年里保持的比例是恰当的，而且这种比例是根据步兵和骑兵的绝对价值得出的；然而通过上述考察，我们就可以看出这种说法是难以让人信服的。我们认为，这两个兵种的比例在经过历史上的变化之后，在以后还会继续变化，而且骑兵的绝对数量会大大降低。

火炮问世之后，随着重量的减少以及构造的日益完善，这种武器得到了大面积的推广。自腓特烈大帝时代以来，火炮的比例经常保持为每千人两门或者三门，但是这只是战局初期的比例，因为在战斗过程中，炮兵的损失不会像步兵的损失那么大，所以在战斗即将结束时，这种比例会变为每千人三门、四门，甚至是五门。那么，这个比例是不是恰当呢？会不会因为火炮的增多反而不利于作战呢？这些问题只有依靠经验才能得到解决。

接下来我们将对上述考察的主要成果进行归纳：

第一，步兵是主要兵种，炮兵与骑兵是辅助兵种；

第二，骑兵和炮兵不足时，可以通过改进战术或者发动积极的行动弥补因为兵种不足而造成的缺失，但是利用这种手段的前提，是我们的步兵必须多于敌军，而且步兵的战斗力越高，我们越容易达到目的；

---

① 七年战争期间，东普鲁士和威斯特伐利亚分别被俄军和法军占领，这两个地区的面积几乎占到了普鲁士全境的一半。——译者注

② 当时，建立1个骑兵连的费用，可以建立1个步兵营；作者在此处计算兵力的标准是1个骑兵等于5个步兵。以此为计，由于拿破仑的骑兵比联军少2万人，所以作者认为拿破仑的步兵应该相应地多10万人才能构成均势状态，或者才能占据有利地位。——译者注

第三，与骑兵相比，炮兵更为重要，因为炮兵的火力最强，而且在战斗中与步兵的关系更为密切；

第四，炮兵的火力最强，骑兵的火力最弱，所以我们必须考虑一个问题：在不会产生不利影响的前提下，炮兵最多可以达到多少，骑兵最少可以少到多少。

第五章 作战队形

作战队形，指的是为了将各个兵种组成从属于整体的各个部分而进行的区分或者配置。在战局或者整个战争中，这种区分或者配置是我们必须遵循的标准。

从某种意义上来说，作战队形是由一些算术因素或者几何因素决定的。

军队的固定编制是我们确定作战队形的基础，也就是说，我们对军队进行区分的时候，是以步兵营、骑兵连、骑兵团、炮兵连这样的单位为基础的。在此基础上，我们进而可以根据实际情况将它们编组成更大的单位，直到编组成整体。

配置军队的时候，我们则是以平时训练军队的基本战术为基础的。这样做可以结合在战争中大规模使用军队的各种条件，制定出在部署战斗时军队应该遵循的标准。

在历史上，大军开赴前线时往往就已经列好作战队形，在某些情况下，人们甚至认为这种作战队形自身就是构成战斗的主要部分。

在17世纪和18世纪，因为火器技术的改进，步兵的数量大大增加，在作战期间，步兵往往列成纵深很浅的长横队。[①]虽然作战队形因此而简化了，但是这种编组形式面临的困难比之以往却有所加大，而且需要更多的编组技巧。至于骑兵，则必须配置在有活动空间并且不在火力射程之内的侧翼。从这个角度来说，作战队形往往可以使军队成为一个密不可分的整体。

在列成作战队形的前提下，一旦这样的军队被敌军拦腰斩断，那么它就会像一条被斩为两截的蚯蚓一样，虽然分开的两段还有生命，依然能够活动，但它已经丧失了原有的机能。

在整个军队密不可分的前提下，如果想给予某个部分一定的独立性，那么我们在每次作战时，就得小心谨慎地进行小规模的编组工作。形兵之极，至于无形，虽然整个军队在行军时，从整体上看似乎处于无规则状态，但是如果这支军队离敌军很近，那么我们在行军中就得利用高妙的技巧，以便某一线或者某一翼能够与另一线或者另一翼保持遥相呼应的状态，从而能够化险为夷。一般而言，这种行军方式必须是衔枚疾进，隐蔽而行，并且只有在敌军受到同样的制约而不敢轻举妄动的时候才能成功。

在18世纪下半叶，人们想出了一个比较不错的办法，那就是将骑兵配置在整个军队的后方。按照这种配置方式，配置在后方的骑兵不但能够单独与敌军的骑兵接战，有效地掩护前方军队的

---

① 在冷兵器时代，由于战争主要以近身搏斗为主，为了防止阵形为敌军打乱，步兵的作战队形往往是纵深很深的长纵队；在热兵器时代，战争主要以远程火力射击为主，为了加大火力攻击范围，步兵的作战队形往往为纵深很浅的长横队。——译者注

小威廉·皮特

小威廉·皮特是英国历史上最年轻的首相，首次出任首相时才24岁，在任期间曾积极构建反法联盟以遏制拿破仑势力的扩张。

两翼，并且可以灵活地完成其他任务。如此一来，与敌军进行正面交锋的军队，也就是部署在阵地正面上的军队就完全是由相同的兵种组成的。以此为基础，人们可以随意地将他们分割成不同的几个部分，而且每个部分与其他部分甚至是与整体都很相似。所以，经过这样的划分，军队就不再是一个绝对不可分割的整体，而是变成了一个由不同的几部分组成的整体，当然，这样的军队也具有比较高的灵活性。也就是说，各部分可以自由地从整体中分割出去，也可以自由地回归整体，而作战队形则可以始终不变。显而易见，这种作战队形是为了适应战争的实际需要而产生的。

在历史上，人们曾经认为会战等同于整个战争；在未来，这种看法将会得到改变，但是会战依然是战争中最主要的一部分。

一般来说，作战队形更多地从属于战术，而不是从属于战略。我们在前面之所以谈到作战队形的变化，只是为了说明如何通过将整体军队分割成比较小的部分，使战术为战略服务。

兵力越大，分布的空间越广，组成军队的各部分之间的相互作用就越复杂，战略的用武之地也就越广阔。在这种情况下，作战队形就必定会与战略产生某种相互作用，这种相互作用主要表现在战术与战略的衔接关节上。这里所说的衔接关节，指的是军队从非战时配置转变为战时配置的那个时刻。

接下来我们将从战略角度来研究三个问题：军队的区分、各兵种的联合和配置。

第一，军队的区分。

从战略角度来看，我们研究的问题并不是一个师或者一个军应该有多大的兵力，而是一个军团应该有几个师或者几个军。无论是将一个军团分为三部分，还是分成两部分，这都是笨拙的，因为在这种情况下，统帅就等于形同虚设。

按照战术角度——基本战术或者是高级战术——划分一个大单位或者小单位应该有多少兵力，有比较大的活动余地，但是因为这种划分方式而产生的争论至今仍然是无休无止。然而，如果是将一个独立的整体分成固定的几个部分，在这方面的要求却是明确而肯定的。因此，我们制定战略的时候就有了真正的理由，也就是说，在确定了大单位的数量之后，我们可以进而确定它们的兵力，至于小单位的数量和兵力，则隶属于战术范围。

即使是一个最小的独立的整体，也应该被分为三部分：一部分为前锋，一部分在中间为主力，还有一部分殿后。如果能被分为四部分，那当然更好，但是我们必须注意：在中间充当主力的那一部分兵力必须多于另外两部分。

如果我们从整体中划分一部分为常规性的前锋；划分三部分为主力，即左翼、右翼和中间兵力；再划分两部分分别作为预备队；另外再划分两部分分别作为左侧部队和右侧部队。这样一来，就可以将整体军队划分为八个部分。按照我们的观点，军队被划分为八个部分是最恰当的。当然，我们不必像学究那样非得拘泥于形式，我们之所以说这种形式是最恰当的，是因为它是一种出现频率最高的战略配置形式。

如果说指挥一个军团，或者指挥任何一个整体的时候，只需要向三四个人发号施令，就能使全军令行禁止，这当然是很便捷的。但是这样做的话，一个统帅往往需要在两方面做出牺牲：第一，

半岛战争期间的法军

反抗法军的西班牙人

法军进入西班牙之初，西班牙人对其怀有好感，认为法军会给西班牙带来自由，比如法军进入西班牙之后曾废除了宗教裁判所。但是随着战争的开展，法军的抢掠无度却将西班牙人推到了对立面。

一个命令在下达过程中经过的层级越多，它的速度、效力和准确性遭到的损失就越大，比如在司令和师长之间设立军长就会产生这样的问题；第二，直接听命于统帅的人的权限越大，统帅自己的权限和作用就越小。比如一个统帅的麾下有十万人，当这十万人被分为八个师的时候，他的权限就比较大，当这十万人被分为三个师的时候，他的权限则比较小。

造成这种问题的原因是多方面的，其中最为主要的原因，是因为任何一个指挥官都认为自己对麾下各部有某种程度不一的所有权，如果想从他手中抽调一部分军队——即使抽调的时间很短——也往往会遭到他的反对。凡是有作战经验的人都对这一点心知肚明。

然而，如果兵力分割程度过大也会造成难以指挥和秩序混乱的问题。一个军团的司令部指挥八个部分已经是左支右绌，如果指挥的部分多于八个难免会力不从心，所以对一支军队进行划分的时候，最多不要超过十个部分。

对于一个师而言，由于传达命令的手段比较少，所以对它进行区分的时候，可以将它分为四个部分，最多不要超过五个部分，这是最为恰当的。

如果说将一个军团分为十个师，再将一个师分为五个旅之后，每个旅中的兵力依然过于庞大，那么我们就得在军团和师之间插入军一级编制。但是在增加这个编制的同时，我们必须赋予它相应的权限。对于其他级别的组织来说，它们的权限也会因为军级编制的出现而缩小。

在西班牙作战的法军

一个旅的兵力应该维持在多大的范围内才是正常的呢？一般情况下，一个旅的兵力应该在两千人到五千人之间，并且不得超过五千人。之所以这样区分，原因有两个：首先，人们通常认为，指挥官通过直接发布口令即可直接调动一个旅；其次，如果一个步兵部队的兵力较大，就得配备相应的炮兵，而这种由各个兵种联合组成的部队（旅），自然就会成为一个独立的部分。

我们无须纠结这些战术上的细节问题；至于三个兵种应该在什么时候以什么方式联合，是应该在一个师（八千人到一万两千人）里联合，还是应该在一个军（两万人到三万人）里联合？我们也无须为这个问题争执不休。我们只需要知道一点：只有这样联合起来，才能使一支军队具有独立性，对于那些在战争中必须独力行动的军队来说，他们也应该这样联合起来。我们相信，即使是那些坚决反对这种联合的人，也不会反对我们的这种论断。

一个二十万人的军团分为十个师，每个师分为五个旅，那么每个旅的兵力就是四千人。在这样的区分中，我们看不出任何不协调的迹象。当然，我们也可以把这个军团分为五个军，将每个军分为四个师，再将每个师分为四个旅，那么每个旅的兵力就是两千五百人。

如果采用第二种区分方法，那么就会增加军一级编制，因为只是分成了五个军，所以往往会出现尾大不掉的局面，致使军队的灵活性降低；同理，将一个军分四个师，再将每个师分为四个旅，那么就会出现八十个旅，这就会致使每个旅的兵力过于薄弱（每个旅只有两千五百人）。如果采用第一种区分方法，那么整个军团中将会出现五十个旅（调度的时候比较简单），所以，抽象地来看，我

萨拉戈萨陷落

萨拉戈萨是西班牙的一座军事要塞，1808—1809年曾遭到法军的围攻。在孤立无援的情况下，城中居民进行了坚强的抵抗。破城之前，法军统帅拉纳派人入城谈判，但是守军严词拒绝。破城之后，拉纳对拿破仑说："这场战争是可怕的，胜利来之不易……为了夺取一顶王冠，需要消灭一个如此勇敢的民族。"

们认为还是第一种划分方法最好。人们有时候之所以放弃第一种区分方法，只是为了使统帅直接指挥的将领减少一半。

当然，以上只是对如何区分军队的抽象看法，在具体的情况下，我们可以根据实际条件进行灵活的区分。

比如在平原地带部署八个师或者十个师，还是比较容易指挥的；然而，如果将这些兵力分布在崎岖的山地上，也许就会增大指挥的难度。又如，一条河流将一个军团分为两个部分，那么其中必然有一部分是统帅无法指挥的。一言以蔽之，地形和具体条件发挥作用的情况多达上百种，抽象的规则必须服从现实条件。不过实际经验也告诉我们，那些抽象的规则仍然是经常被用到的，那种不能为它们提供用武之地的特殊情况比我们想象的要少得多。

仅如何区分军队而言，我们在这里做一个简单的概括，前提是我们必须知道一点：我们所说的组成整体的各个部分，指的只是直接区分出来的第一级单位。[①]以此为基础，我们可以得出三点：第一，如果被区分开的各个部分的数量少，往往会出现尾大不掉的局面；第二，如果被区分开的各个部分的数量太大，统帅的权限就会受到限制；第三，如果增加一个传达命令的新层次，那么一个命令在被下达的过程中，一方面因为它多经过了一个层次，准确性会有所下降，另一方面因为传达命令的时间被延长，命令的效力也会有所削弱。

也就是说，我们必须尽量增加平行单位、减少上下级的层级。这样做的限度是，一个军团的司令官能够直接指挥的单位最好在八到十个之间，次一级的指挥官能够直接指挥的单位最好在四到六个之间。

第二，各兵种的联合。

从战略角度来说，作战队形中各兵种的联合，一般只有对那些经常需要独立配置，并且最有可能被迫独力作战的军队来说才是重要的。这种军队一般主要指的是第一级单位，这也是由事物的性质决定的。

对军队进行独立配置，主要是为了适应整体性的需要。严格地说，战略的适用范围主要是军一级编制。如果没有这一级编制，那么就应该在师级编制中进行各兵种的固定联合，在师以下的编制中，则可以根据实际需要进行临时性的联合。

如果一个军的兵力庞大（三四万人），那么不对其进行分割配置的情况就极为少见。对兵力如此庞大的一个军而言，其下辖的各个师中尤其需要各个兵种的联合。比如，一个师中没有骑兵，在需要骑兵紧急配合的情况下，那就必须从其他地方调拨一部分骑兵给予配合，但是这必然会延误战机。在等待骑兵增援期间，缺乏骑兵的这个师也会陷入混乱。如果有人认为这种延误不足为虑，那么我们只能认为他是纸上谈兵之辈。

关于这三个兵种的联合，还有一些更为具体的问题，比如应该在什么范围内联合、联合程度为多大、联合比例是什么样的，以及每个兵种应该保留多少预备队等，但是这都是纯粹的战术问题。

第三，配置。

---

① 如果一个军团分为几个军，那么军就是第一级单位；如果一个军团分为几个师，那么师就是第一级单位。——译者注

在战斗队形中，各部分应该按照什么样的空间关系进行配置，这是纯粹的战术问题，只与会战有关。

虽然在战略意义上也有配置问题，但是战略上的配置往往是由具体的任务和要求决定的，其中有些内容与作战队形这个概念无关，所以我们将在下一章中进行研究。

由此可知，作战队形指的就是对一支准备作战的军队进行的区分与配置。对军队进行配置的标准是运用那些能够被派出去的兵力时，既能满足战术要求，也能满足战略要求。如果既没有战术要求，也没有战略要求，那么被派出去的各部分就应该回归原位。也就是说，对于经验主义而言，作战队形是最为基本的环节和最为主要的基础，在战争中，作战队形就像钟摆一样，与所有的零件密切相关。

第六章　军队的非战时配置[1]

在通常情况下，从开始集中兵力到战斗时机成熟[2]之间的时间跨度是很长的，由一次意义重大的军事行动，过渡到另一次意义重大的军事行动也是如此。

在历史上，人们似乎并没有将这种时间跨度列入战争范围。通过考察卢森堡在野营和行军过程中的表现我们就能明白这一点。之所以以卢森堡为例，是因为他在野营和行军方面表现杰出，堪称同时代人中的翘楚；而且，相比较其他统帅而言，通过《弗朗德勒战争史》，我们可以对卢森堡形成更为全面的了解。

当时，野营时往往需要背河[3]扎营，而且营地的正面往往不是面向敌军——有时是背向敌军，有时是正面朝向本国所在的方向——虽然在今天看来这是令人匪夷所思的，但是按照当时的情况来说，这却是完全可以理解的。

因为，当时的人在选择野营的位置时，主要考虑的是在某地扎营是否舒适。对于他们来说，野营是一种非战时状态，就像剧院的后台一样，人们在这里可以随意行动，而且他们也将背靠天堑作为唯一可以采用的安全措施。当然，这是就当时通用的作战手段而言的。如果在野营的时候有可能被迫迎战，那么这种扎营方法就基本上没有什么作用了。但是，在那个时代不必担心这一点，因为按照当时约定俗成的惯例，不经对方同意，任何一方都不得不宣而战，就像打算进行决斗的双方，必须约定好时间和地点之后才能开始决斗。

当时，一方面由于骑兵比较多，一方面由于军队的作战队形不够灵活，无法做到在任何地形上都可以作战，所以对于军队而言，复杂的地形就好像中立地带，驻扎在这里可以受到保护，他们宁愿在受到攻击以后开营迎战，也不愿主动在地形复杂的地区发起攻击。

虽然卢森堡指挥的弗勒律斯战役、斯腾柯尔克战役、内尔文登战役，与我们的这种说法相抵触，但是这些会战是在另外一种精神的驱使下进行的，[4]而且，这种精神在当时只是使这个伟大的统帅摆脱了旧式的作战方法，并没有影响野营的方法。

---

① 按照原文，这里指的是没有具体的战斗任务时，各部分在空间上的位置，这里简译为“非战时配置”。——译者注

② 所谓战斗时机成熟，包括两方面：从战略上说，指的是已经将军队派往作战地点；从战术上说，指的是已经给不同的军队划分了活动范围，并且制定了作战任务。——译者注

③ 也可以是沼泽或者深谷，因为这样做可以防止敌军从背后发动偷袭。——译者注

④ 在这3次会战中。用兵如神的卢森堡通过灵活地调度兵力，多次在地形复杂的地区挫败敌军，打破了以往的惯例，表现出了高明的用兵之道。作者在此处所说的“另一种精神”，应该指的是卢森堡敢于打破常规的创造精神。——译者注

巷战中的法军和西班牙教士

军事艺术中的革命，往往是从某一个具有决定意义的行动开始，然后再逐渐扩展到其他的行动上。在历史上，人们很少将野营状态视为真正的作战状态，比如有人离开营地去侦察敌军动向时，人们就会说“他去作战了”。这句话就可以作为那个时代的一个缩影。

当时，人们对行军的看法和对野营的看法基本上是相同的（认为行军也是一种非战时状态）。比如，炮兵在行军时为了沿着路况良好的安全道路前进，往往会完全从整个军队中脱离出来；为了享受担任右翼的荣誉，配置在两翼的骑兵经常互换位置。

自从西里西亚战争之后，军队的非战时状态已经与战斗状态产生了极为密切的联系，二者之间的相互作用也越来越强烈，如果不考虑其中之一，就无法全面地考虑另一种状态。

在历史上如果说战斗是钢质刀锋，而非战时状态是木质刀柄，整个战局是由两种性质不同的部分组成的，那么现在我们就应该将战斗当成刀刃，将非战时状态当成刀背，也就是说，整个战局是一块锻接在一起的金属。

在如今这个时代，战争中的非战时状态主要取决于两方面：第一，军队的编制形式和勤务规则；第二，战时的战术部署和战略部署。军队的非战时状态主要有三种：舍营、行军和野营。既可以说它们属于战略，也可以说它们属于战术，在这里，战术与战略是很接近的。

接下来，我们将把这三种非战时状态和具体任务结合起来进行研究，但是在此之前，我们先从总的方面谈谈这三种状态。

首先，我们来研究一下军队的非战时配置，因为对于舍营、行军和野营来说，这是一个级别更

教堂前激战的法军与西班牙士兵

高而且更加具有概括性的问题。

如果我们只是从一般意义的角度上来考察军队的配置问题（不考虑军队的具体任务），那么，我们只能把军队作为一个整体——一个共同进行战斗的整体。这种形式是最为简单的，对它进行任何改变，都必须有一个具体任务作为前提。

在没有具体任务之前，我们只有一个目的，那就是维持军队的正常运行和保障军队的安全。达到这个目的必须具备两个必要条件：第一，维护军队的安全，不至于使它遭受突如其来的不利；第二，将军队集中起来进行战斗，不至于使它遭到不利。如果把这两个条件和这个目的结合起来，那么我们就得考虑七个问题：

第一，便于获取给养；

第二，便于军队舍营；

第三，保障（营地）后方的安全；

第四，（营地）正面有开阔的地带；

第五，军队可以配置在复杂的地形上；

第六，有战略依托点；

第七，可以合理地分割、配置兵力。

对于这七点，我们必须做出如下说明。

第一点和第二点，要求我们必须寻找耕作区、大城镇和通衢大道。与军队已有特殊任务时相比，当我们对军队进行非战时配置时，这两点尤为重要。

关于第三点，我们将在谈到交通线的时候进行详细论述。在这里我们先主要说明一点：配置军队时，应该使附近的主要撤退道路与配置地区垂直。

关于第四点，当我们在会战过程中对军队进行战术配置时，必须详细观察正面地区，在进行非战时配置时则不必如此。但是，前锋、先遣军队和斥候等都是战略上的眼睛，安排他们在开阔地带执行任务当然比在地形复杂的地区执行任务容易。

第五点与第四点恰恰相反。

战略依托点与战术依托点的不同主要表现在两方面：第一，战略依托点不需要直接与军队联系在一起；第二，战略依托点的范围必须广阔。之所以产生这种不同，主要是因为仅战略性质而言，战略活动的范围较之战术活动的范围更为广阔，军队的活动时间长。

比如，我们将一个军团配置在距离海岸或者河岸一普里①的地方，那么从战略上来说，这个军团就是以海岸或者河岸为依托的，因为敌军不可能利用这个空间进行战略迂回，不会深入这个空间几天、几周或者几普里的行程。相反，一个方圆几普里的湖泊在战略上几乎不能被当成屏障。在战略活动中，问题往往不是向左或者向右前进几普里。只有某个要塞特别大，从这个要塞中发动进攻所辐射的范围比较大的时候，才能将这里当成战略依托点。

对军队进行分割或者配置，有时是根据具体任务和具体需要进行的，有时是根据一般性的目

① 1普里（普鲁士里）约等于7532米。——译者注

《1808年5月3日的枪杀》

图为西班牙画家戈雅的名画《1808年5月3日的枪杀》，画中表现的内容是法军在西班牙枪杀起义者的暴行。画中的地点位于马德里皇宫附近的太子山旁，画家重点刻画了三个人：穿白色上衣者高举双手，满面愤怒，似乎正在谴责法军；他旁边是一位农民，无所畏惧地望着天空；农民身边是一个视死如归的僧侣，正在做最后的祈祷。

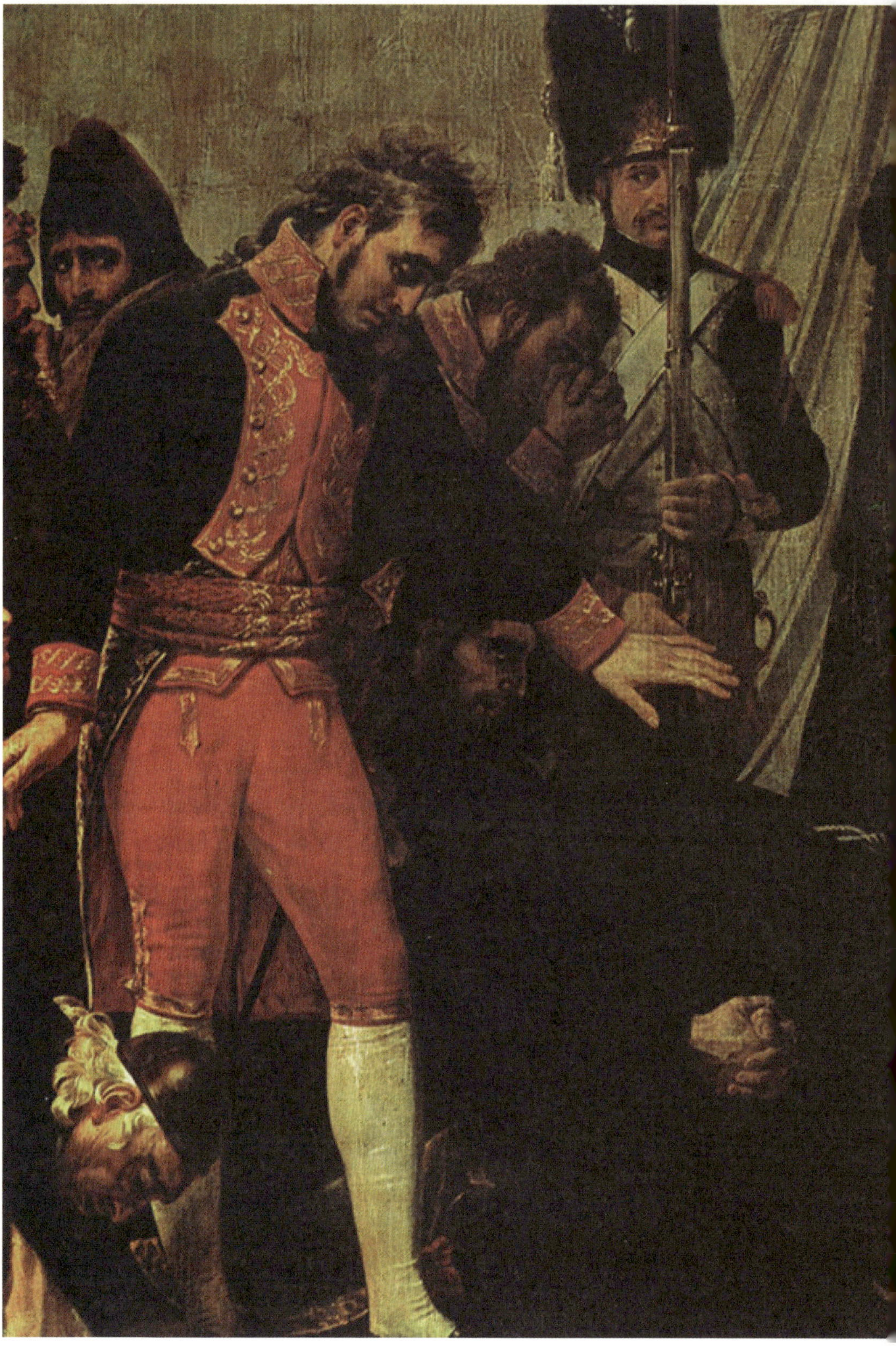

马德里之降

半岛战争期间，拿破仑率军抵达马德里，西班牙军队投降。

的和需要进行的，在这里我们只研究第二种情况。

首先，我们必须将前锋和侦察部队配置在前方；其次，我们通常需要将预备队配置在兵力庞大的中央军队的后方；最后，我们也往往会配置相应的军队来掩护军队的侧翼。

在这里，我们不能简单地将侧翼理解为一个弱点，应该抽调一部分兵力去进行防御。这种看法很普遍，也是完全错误的。如果事实是这样，那么谁来防御侧翼的侧翼呢？

我们应该知道，侧翼并不是军队的软肋，因为敌军也有侧翼，如果敌军想威胁我军的侧翼，那么我们也可以使敌军的侧翼受到同样的威胁。只有敌军的处境强于我军，并且敌军的交通线路比我军有利时，我军的侧翼才会成为软肋。但是这只是一种特殊情况，不属于对军队进行非战时配置的范围，所以我们在此不打算根据类似的特殊情况，去讨论抽调一部分兵力防御侧翼的问题。

虽然侧翼不一定是软肋，但它也是一个特别重要的地方，如果敌军通过迂回战术进攻我军的侧翼，那么我军进行抵抗的时候，就不会像进行正面抵抗时那么简单。在此情况下，我们必须采取比较复杂的措施，耗费更多的时间做更多的准备工作。所以在一般情况下，注意保护侧翼，不至于使侧翼遭到突如其来的攻击也是很有必要的。

想做到这一点，我们配置在侧翼的兵力就必须比敌军的侦察兵力强大。配置在侧翼的兵力越强大，敌军为了击退他们耗费的时间就越长；即使遭到攻击时，侧翼的兵力进行的抵抗并不是很顽强，敌军也得耗费比较长的时间，而敌军投入的兵力越大，他们的意图就暴露得越明显。如此一来，我们的目的就达到了。至于此后的任务，则应该视具体情况而定。所以，我们在侧翼配置军队的目的，是为了阻止敌军向侧翼空间前进，为主力军队争取备战时间。

如果侧翼的军队（在遭到攻击的时候）向主力所在方向撤退，而主力却没有撤退，那么侧翼军队就不能和主力配置在同一条战线上，而是应该向前推进一些；即使侧翼军队没有进行顽强的抵抗就撤退，也不能让它们直接向主力的侧面撤退。①

需要对军队进行分割配置的内在原因，会产生由四个到五个单独配置的部分构成的自然配置方式（四个还是五个，需要看预备队是否同主力配置在一起）。

一般来说，考虑如何配置军队这个问题的时候，必须考虑给养条件和舍营条件。这两方面的问题与如何分割、配置军队有密切的关系，而且这两个问题与如何分割、配置军队的内在原因是联系在一起的。我们不应该顾此失彼，或者顾彼失此。在大多数情况下，当一支军队被分为五个单独配置的部分之后，舍营和给养方面的困难即可迎刃而解，无须为此再做重大的调整。

这些单独配置的兵力之间的距离应该是多远才能遥相呼应、共同作战呢？接下来我们将要研究这个问题。在此之前，我们先来回忆一下《战斗的持续时间》和《决胜时刻》这两章中的有些内容，然后就会明白绝对兵力、相对兵力、武器、地形等在兵力配置方面都会产生比较大的影响，所以我们在配置兵力的时候，不可能做出绝对的规定，只能做出一个一般性的规定，就像只能得出一个平均数一样。

---

① 这段话的意思是，侧翼军队在遭到攻击的时候，撤退的方向不能与主力军队垂直，而是应该尽力拉长撤退距离。这种撤退方式可以吸引敌军（或者是一部分敌军）的注意力，从而降低主力军队的危险，为主力军队争取到备战时间或撤退时间。——译者注

由于前锋撤退时是向主力靠拢的，所以前锋（与主力之间）的距离最容易确定，也就是说，前锋的距离可以保持在不至于被迫独力作战的行程内，不能被配置得太远，或者说不能被配置得超过可以保证军队安全的范围，因为前锋与主力之间的距离越远，在撤退的时候遭受的损失就越大。

至于侧翼的距离则如前所述：一个由八千人到一万人组成的普通的师在胜负形势判定之前，通常可以持续作战几个小时，甚至可以长达半天，所以这样的师与主力军队之间的距离完全可以保持在几个小时可以到达的范围内，即一二普里远的地方。基于同样的理由，由三四个师组成的一个军，可以配置在一日行程的距离上，即三四普里远的地方。

综上可以看出，由事物的性质所决定的军队的非战时配置——将整个军队分为四部分到五部分，并且按照上述距离所进行的配置——就成为了一种经验主义。在特殊任务不起决定性作用的前提下，人们总是机械地根据这种经验主义来分割、配置军队。

对军队进行分割、配置的前提，是彼此分离的各个部分都能够独力作战，而且每个部分都得做好被迫独力作战的准备，这一点是毋庸置疑的。但是我们并不能因此而肯定地说，对军队进行分割、配置的意图，就是为了使各个部分独立作战。我们应该知道，对于军队而言，进行分割、配置只是一种暂时性的局面。如果敌军向我军挺进，企图通过战斗一决高下，那么战略配置阶段即可告一段落，接下来将转入会战阶段，也就是说，对军队进行分割、配置的目的已经达到。

一旦会战开始，我们就不能再把舍营和给养问题列入考虑范围。在这种情况下，对敌军进行正面侦察或者侧翼侦察，以及通过适当阻击以削弱敌军的行军速度等任务已经完成，一切都必须以主力会战为中心。此时，是否对军队进行分割、配置只是一种条件，或者说只是不得已而为之的下策，即使进行分割、配置，也只是为了共同战斗。当然，这也是衡量这种配置是否有价值的最好的准绳。

第七章　前锋和前哨

前锋和前哨这两个问题，既属于战术，也属于战略。

之所以说它们属于战术，是因为它们能够使战斗具备一定的形态，并且能够保证战术企图的实现；之所以说它们属于战略，是因为它们往往被配置在距离主力比较远的地方，往往能够直接引发独立的战斗，所以应该被看成战略链条中的一个环节。

正是因为前锋和前哨具有双重性质，所以我们才有必要对它们做进一步的考察，同时，这也是对上一章所做的一些补充。

对于任何一支还没有做好战斗准备的军队来说，为了在自己暴露之前就能探明正在接近的敌军的动向，都需要安排前哨。前哨是军队的眼睛，然而我们对前锋和前哨的要求是不尽相同的，我们对它们的依赖程度也是不同的，比如兵力、时间、地点、环境、作战方式、偶然事件等都会影响我们对它们的依赖程度。所以，我们在战史中所看到的有关如何使用前锋和前哨的记载都不是简单明了的，而是杂乱无章的，对此，我们无须大惊小怪。

我们可以看到，警戒任务有时候是固定的前锋军队执行，有时候是由战线拉得很长的前哨军队执行，有时候二者兼用，有时候只用其一，有时候几支军队共用一支前锋军队，有时候又各自派出自己的前锋军队。我们必须先对这些问题形成一个明确的观念，然后才能知道能不能将这些观念归纳成几条可以实际应用的原则。

如果军队正在行进，那么则由兵力较大的军队组成前锋，军队撤退时，前锋则相应地变成后卫；如果军队在舍营或者野营，则将兵力比较小的哨所一线排开作为前哨。当军队行进时，前锋掩护的范围比较小，当军队扎营时，前哨掩护的地区比较大，这是由事物的性质决定的，所以，当军队扎营时，在前方执行警戒任务的军队是散开的前哨线，当军队行进时，在前方执行警戒任务的军队应该是集中起来的。

组成前锋和前哨的兵力不尽相同，可以是一个骠骑兵团，也可以是一支由各兵种组成的强大的军，可以是仅仅向野营地周围派出的大哨和小哨，也可以是一条由各兵种防守的坚固防线。所以，前锋和前哨的作用可以是纯粹的侦察，也可以是抗击敌军，这种抵抗不但可以为主力军队赢得战备时间，也可以使敌军的措施和意图提前暴露，当然，这也可以显著地加强侦察的作用。

此外，主力军队完成作战准备的时间越长，越是需要根据敌军的部署进行有针对性的抵抗，就越是需要一个强大的前锋或前哨。

勒费弗尔元帅在但泽

维多利亚战役之后，法军参与的另外一场重要的战争是但泽之战。该地地理位置极为重要，由勒费弗尔元帅于1807年从普鲁士手中夺得。图为1807年勒费弗尔元帅在但泽前线进行军事部署，准备发动围城战。

在尽快完成作战准备这一方面，腓特烈大帝堪称所有统帅中的佼佼者，他几乎只需要发布口令就能使全军迅速投入会战，所以往往不需要强大的前哨。(通过观察他的作战经历，)我们总是可以看到，他一直是在敌军的眼皮底下野营，有时候用一个骠骑兵团执行警戒任务，有时候用一个轻步兵营或者从野营地里派遣的小哨或者大哨执行警戒任务。在行军时，他很少用固定的军队担任前锋，只是用几千名骑兵组成前锋，在行军结束后就会让它们回归主力军队。

如果一支兵力不大的军队想使风驰电掣地倾力出击成为一种常态，并且想在作战过程中发挥训练有素和令行禁止的特长，就必须像腓特烈大帝和道恩作战时那样，几乎总是在敌人的眼皮底下行动。如果在配置兵力的时候犹豫不决，并且配置相当复杂的前哨，这就会大大降低军队的特长。虽然由于判断失误和一意孤行，腓特烈大帝在霍赫基尔希会战中遭到了惨败，但是这并不能说明腓特烈大帝的行动完全是错误的，相反，我们反而应该因此而认识到腓特烈大帝的雄才大略，因为在西里西亚战争中，他仅仅失败了这一次。

虽然既有百战雄师又有过人胆略的拿破仑在行军时，几乎每次都要派出强大的前卫，但是他这样做是有原因的。

第一，与此前相比，当时的战术发生了变化。当时，军队已不再是一个简单的整体，无法仅仅

即将对但泽发动围攻的法军

利用口令就可以使全军迅速投入会战，也无法再像大决战那样仅仅通过用兵技巧和气贯长虹的士气就能解决问题。

此时的军队必须更多地适应地形和实际情况的特点；由于作战队形必须是由许多不同的部分组成的整体，所以会战也必须是由许多不同的部分组成的整体。虽然克敌制胜的决心是简单的，但是要达到目的就得制定复杂的计划，那些简单的口令也必须被较长的命令取而代之，为此就需要时间和情报作为支撑。

第二，腓特烈大帝的兵力只有三四万人，而拿破仑的兵力则有一二十万人。

我们以腓特烈大帝和拿破仑为例，是因为我们可以肯定一点：他们（以及与他们相类似的统帅）经常采用某种固定的方法是有原因的。

在西里西亚战争中，像腓特烈大帝这种行事出人意表的统帅只是凤毛麟角，比如奥地利人经常配置比较强大的前哨，并且经常派遣一支兵力比较庞大的军队作为前锋。就实际情况而言，奥地利人这样做也是有充分理由的。在最近几次战争中出现了许多相反的情况，比如法国的麦克唐纳在西里西亚作战时，虽然他率领的兵力多达六七万，但是他并没有用大部分兵力作为前卫；乌迪诺和内伊在马克作战时，率领的兵力与麦克唐纳不相上下，同样没有用大部分兵力作为前卫。

至此，我们已经阐明了与前锋和前哨有关的各种不同兵力的问题，此外，我们还得知道另外一点：当一支军队在一定的宽度上前进或者撤退时，并列的各个纵队可以共用相同的前锋或者后卫，也可以分别设立自己的前锋或者后卫。为了明白这一点，我们必须进行如下考察。

如果一支兵力较大的军队担任前锋，那么按照常规推断，它的任务本来只是确保在中央行进的主力军队的安全。如果主力军队是分兵前进，并且前进的道路相距不远，那么这支前锋军队也可能是在这几条道路上分兵前进，如此一来，这些道路就得到了掩护，至于侧翼的纵队则需要专门的掩护。[①]

然而，如果一支军队在距离主力较远的道路上行进，并且这支军队是真正独立的，那么它就需要在前方安排警戒措施。组成主力军队的各个部分行军时，如果因为道路方面的意外原因而不得不距离中央（主力军队中的主力）太远时，也应该在前方设立警戒军队。

如果一支军队分成几个独立的纵队并列前进，那么就得配置相应数目的前锋。如果各个纵队的前锋兵力比可以作为共同的前锋的兵力少，那么他们更多地属于战术部署，根本不能算是战略上的前锋。如果中央主力有一支强大的兵力作为前锋，那么这支军队就应该被当成整个军队的前锋。

为什么为中央的主力军队配置的前锋兵力，应该比两翼的前锋兵力强大呢？主要有三个原因：

第一，兵力最为强大的军队一般在中央行进；

第二，在已经攻占的地区配置兵力时，一般来说，正面的中央部分往往是最为重要的部分，而且比两翼更靠近战场，所以所有的作战计划必须以中央为中心；

第三，为中央的主力军队配置的前锋，即使不能直接保护两翼，也能对两翼的安全产生间接性

① “至于侧翼的纵队则需要专门的掩护”，另外一种译法为“侧翼的纵队不需要专门掩护”，根据作者的描述，前一种译法更为恰当，比如说一支军队分为五路前进，并且这五条道路相距不远，那么中间的三支纵队的两侧都有掩护，两边的两支纵队则有一侧处于危险状态之中。——译者注

的保护作用，一般来说，敌军不可能在前锋某一侧的一定范围内通过，进而对某一翼发动进攻，因为这样做的话，敌军的侧翼和后方就会受到威胁，而中央主力军队的前锋对敌军构成的威胁，即使不足以使两翼的军队高枕无忧，也能在一定程度上消除两翼军队所担心的一些不利状况。

从这个意义上说，中央军队的前锋兵力应该比两翼军队的前锋兵力强大，这也相当于专门派遣一支兵力强大的军队作为前锋，在此形势下，这支军队不但能够执行警戒任务，保障后方军队安全，而且在战略意义上，它也能够起到先遣部队的作用。

利用先遣部队可以达到以下目的，这些目的反过来也可以决定如何使用先遣部队。

第一，如果需要耗费很多时间才能完成兵力部署，那么就可以利用先遣部队进行强有力的抵抗，使敌军在前进时必须有所顾虑。

第二，在主力军队兵力很庞大的情况下，可以拉开行动不够灵活的主力与敌军之间的距离，派遣一支机动化的先遣部队在敌军附近活动以袭扰敌军。

第三，当我军主力不得不远离敌军时，依然可以派遣先遣部队去侦察敌军的动向。有的人认为派遣一支小规模的侦察队也可以完成这种侦察性质的任务，但是这种想法是错误的，因为这种小规模的军队很容易被敌军击退，而且与兵力相对庞大的先遣部队相比，这种小规模的军队的侦察手段也是有限的。

但泽攻城战期间，正在修建攻城工事的法军。

向但泽发动进攻的法军

第四，追击敌军时，我们可以在先遣部队中配置比例比较大的骑兵，与动用整个军队相比，这样的先遣部队行动迅捷，晚上可以迟一些扎营，早上可以早一些出发。

第五，主力撤退时，可以利用先遣部队殿后，来防守地势险要的地区。虽然从表面上看，敌军有可能通过迂回的方式威胁殿后军队的侧翼，然而，即使敌军在殿后军队的侧面行进了一段路程，他们想要威胁我军的主力，还必须经过通往主力的那一段路程，[①]而殿后的军队总是可以进行长时间的抵抗。

一支军队在撤退的时候，燃眉之急是应该进行集中和联合，如果中央主力比两翼撤退得快，那么这就会给人造成主力被突破的败退迹象——这当然是极为可怕的。所以，两翼的最终任务是回归主力军队。退而言之，如果说因为给养条件和路况的限制，两翼在撤退时必须在相当宽的正面上撤退，那么当撤退活动结束时，他们依然应该回归主力军队，形成集中配置的态势。此外，由于敌军往往是以主力为攻坚力量向我军主力推进，所以这更是需要我们为中央主力配置殿后军队。

综上可知，无论出现哪一种情况，我们都应该派遣一支兵力较为庞大的军队担任前锋。当然，如果中央主力的兵力并不比两翼的兵力大，那么就不应该派遣这种规模的前锋。比如1813年麦克唐纳在西里西亚迎击布吕歇尔，以及布吕歇尔在向易北河行军时，都是这样做的。

当时，他们的兵力都是三个军，都没有配置前锋，并且这三个军都是分成三个纵队沿着不同的道

① “还必须经过通往主力的那一段路程”，这句话的意思应该是，敌军还必须通过殿后军队与我军主力之间的那段路程。——译者注

路并列前进的。不过，将兵力分为三个同样大的纵队的这种做法有待商榷，其中一个原因就是这种部署军队的方法可能会增大调动军队的难度。关于这一点，我们已经在本篇的第五章讲过了。

我们曾经说过，在军队没有特殊任务的情况下，将军队拆分为中央主力和独立的两翼，是最为自然的配置方式。如果按照这种形式配置军队，那么从最简单的意义上来说，前锋应该被配置在中央主力的前面，当然，这也是在两翼的前面。然而，侧翼军队所担负的任务（防护主力军队的侧翼），事实上与前锋的任务是相似的，所以侧翼经常与前锋被部署在一线，有时候根据实际情况的需要，侧翼的位置甚至会比前锋更为靠前。

按照约定俗成的惯例，前锋往往是由一个或者几个从整体中划分出来的第一级单位组成，此外，还得配置一部分骑兵。所以关于前锋的兵力，我们无须赘言。也就是说，如果一支军队可以被区分为几个军，那么前锋就是一个军；如果一支军队可以被区分为几个师，那么前锋就是一个师。由此可见，整个军队可以被区分的单位越多，派遣前锋的时候就越容易。

前锋与主力之间的距离，视具体情况而定，有时候彼此之间的距离可以超过一天的行程，有时前锋和主力军队近在咫尺。一般来说，前锋与主力之间的距离少则为一普里，多则为三普里，不过这并不是必须遵循的规则，只是一种经常被用到的方法。

我们在前面说过，前哨适用于扎营的军队，前卫适用于行进的军队，不过这只是为了追溯这两个概念的起源而暂时把它们分开的，如果我们对这种说法生搬硬套，那就是老学究的做法。

一支正在行军的军队在夜晚需要扎营，在早晨需要行军，前锋也是如此，虽然每次他们都要派遣哨兵为自己和整个军队执行警戒任务，但是这并不是意味着整个前锋都因此会变成纯粹的前哨。只有当前锋分散成独立的前哨，分别集中起来的兵力很小，或者说，这些分散的前哨应该被看成一条前哨线，而不能被看成一支集中的军队时，才能把前锋看成前哨。

军队的宿营时间越短，就越不需要面面俱到的掩护，因为敌军在短时间之内不可能知道我军哪里有掩护，哪里没有掩护；反之，宿营时间越长，对那些敌军有可能接近的地区所进行的侦察和掩护就必须越完善。因此，当一支军队扎营的时间比较长的时候，前锋往往会散成前哨线，至于分散的程度，则主要取决于两方面。

第一，敌我之间的距离。

如果敌我之间的距离小于军队正面展开的宽度，那么彼此之间通常不能配置大量的兵力作为前锋，而只能配置一些小规模的前哨来保障军队的安全。一般来说，被集中在一起的军队，很少直接掩护接近地，要想让他们发挥作用必须有较多的时间和较大的空间。在军队占领的地区正面很宽的情况下，要想用被集中在一起的军队掩护接近地，就必须与敌军保持相当远的距离，所以在冬季舍营时，军队往往会利用前哨线作为掩护。

第二，地形的性质。

如果地势险要，利用少量兵力即可建立坚固的前哨线，我们自然会利用这种地势。

此外，如果冬季舍营时天寒地冻，前锋也可以散成前哨线，因为这样做便于舍营。

在1794—1795年的冬季战局中，英荷联军在尼德兰所建立的前哨线几乎达到了完美的地步。这种防线的前哨是独立的，由许多由各兵种组成的旅组成，并且有一支预备队作为后援。曾在英荷联军中服务的沙恩霍斯特将这种方法带回到了东普鲁士，并且在1807年驻扎于帕萨尔格河畔的普鲁士军队中找到了应用的机会。

然而，在此之后，这种警戒方式很少被人用到，主要是因为在如今的战争中运动增多了，即使有时有运用这种方法的机会，人们也没有加以利用。比如在塔鲁提诺战役期间，如果莫拉将自己的防线拉长一些，那么他就有可能不会在前哨战中损失三十门火炮。这说明，在时机合适的情况下，运用这种方法还是很有好处的。

第八章　先遣部队[①]的行动方法

前锋和侧翼能够对向我军靠近的敌军产生什么样的作用，以及他们与军队之间的关系，我们刚才已经说过了。

这些军队与敌军主力交手时，往往力有不逮，这一点并不难看出。他们应该怎么做才能既可以完成任务，又不会因为兵力对比悬殊而遭到严重的损失呢？关于这个问题，我们有必要进行详细探讨。

先遣部队的任务是侦察敌军动向和拖缓敌军。

一般来说，侦察的作用应该是迫使敌军展开所有的兵力——这样既可以探明敌军的兵力，也可以探明敌军的计划。如果先遣部队的兵力很少，那么它连侦察任务都很难完成；相反，如果先遣部

勒费弗尔元帅在前线

① 上文曾经说过，侧翼有时候会与前锋被配置于一线，所以这里所说的先遣部队包括前锋与侧翼。——译者注

在前线督战的勒费弗尔

队的兵力比较大，那么它就比较容易完成任务，如果敌军打算发动进攻，它只需要紧急撤退就可以。

除了侦察，先遣部队还有一个任务，即拖缓敌军，而要达到这个目的，就需要进行真正的抵抗。

为什么说先遣部队既可以进行抵抗，又不会有遭受重大损失的危险呢？

因为敌军在前进时也是前锋先行，并不是倾巢而出，集中所有的兵力以压倒性的优势向前挺进。即使从一开始，敌军前锋的兵力就强于比我军的先遣部队（敌军自然会如此安排）；即使敌军的主力与前锋之间的距离比我军主力与前锋之间的距离小，很快就能赶来与前锋会合；我军的先遣部队仍然能够在与敌军前锋接触的第一阶段赢得侦察敌军动向的时间，而且不会使自己在撤退时遭到不测。

如果与敌军相比兵力悬殊，但是占据地利之险，那么先遣部队就可以进行适当抵抗。在这种以少击多的战争中，对于弱势一方而言，危险主要来自两方面：被敌军围攻，或者遭到敌军的迂回攻击。但是在占据地利之险时，这种危险就会有所降低，因为前进中的敌军往往摸不清我军主力与先遣部队之间的距离有多远，担心自己派遣的纵队会遭到两面夹击，所以敌军在行进时，往往会使各个纵队在同一条战线上并进，只有在确信已经查明我军动向的情况下，他们才会小心谨慎地对我军的某一翼发动迂回攻击。正是因为敌军的行动往往是谨慎小心的，所以我方的先遣部队就有可能在真正的危险到来之前全身而退。

先遣部队遭到正面攻击或者迂回攻击时能够坚持多久，主要取决于地形的险要程度以及先遣

勒费弗尔与参谋在前线

部队与主力之间的距离。如果指挥失误，或者主力赶到交战地点的时间超过了先遣部队的承受范围，那么先遣部队就会遭到比较大的损失，只有在极少数可以有效利用地形之利的情况下进行抵抗才是有意义的。

一般来说，先遣部队所进行的这种小规模战斗的持续时间往往是很短暂的，很难（为主力部队）赢得充足的时间，只有通过三个步骤，才有可能为主力部队赢得足够的时间。

第一，使敌军在前进时有所顾忌，拖缓敌军前进的速度；

第二，进行一定时间的真正的抵抗；

第三，在保证安全的前提下，撤退的时候尽量慢一些。

在撤退过程中，如果利用有利地形，可以迫使敌军重新发动进攻或者重新迂回，那么我们就必须利用好这种地形，再一次为主力部队赢得时间。在这个新的阵地上，先遣部队甚至有可能进行一次真正的战斗。由此可见，战斗抵抗与撤退是紧密联系在一起的，如果战斗本身的持续时间不够，那么在撤退的时候就需要通过反复战斗来赢得足够的时间。

这就是先遣部队的抵抗方式，进行这种抵抗的效果，首先取决于兵力和地形，其次取决于先遣部队撤退时的路程以及它有可能得到的支援的状况。

兵力越大，活动（无论什么样的活动）时间就越长，所以一支兵力比较小的先遣部队——即使它与敌军的兵力相等——进行抵抗的时间往往比较短，无法像大部队那样进行长时间的抵抗。

在山地行军，速度本来就很缓慢，在每个阵地上进行持续抵抗的时间（因为地形之利）可以比较长，而且比较安全。先遣部队推进得越远，撤退时的归路就越长，通过抵抗所能赢得的绝对时间就越多。然而从先遣部队的处境来看，在这种情况下，因为得到的支援比较少，所以它的抵抗能力也就比较低，撤退的速度也就比较快。也就是说，先遣部队得到的支援与它所进行的抵抗的持续时间有直接的关系，因为小心谨慎地撤退必然会占据抵抗的时间，所以抵抗的时间会因此而减少。

比如敌军在下午才与先遣部队交火，那么先遣部队通过抵抗为主力部队赢得时间就与别的情况有所不同：在这种情况下，敌人很少会在夜间继续推进，所以先遣部队可以为主力部队赢得一夜的时间。

1815年，齐滕将军率领普鲁士第一军（大约三万人）对抗拿破仑所率的十二万人，虽然从沙勒尔瓦到林尼的路程不到两普里，但是通过这次对抗，普鲁士的先遣部队为主力部队的集中赢得了二十四个小时的时间：齐滕将军是在6月15日上午9点遭到攻击的，而林尼会战直到第二天下午2点才开始。当然，齐滕将军也遭到了很大的损失：他的部下中的伤亡人员和被俘的兵员多达五六千人。

根据经验，我们可以得出如下结论，并且可以以如下结论作为一个考察依据。

一个配有骑兵的师（一万人或者一万两千人），向前推进一日行程（三四普里），在一般的地形上所能拖缓敌人的时间（包括撤退时间在内），相当于单纯撤退时的行军时间的一倍半。但是，如果这个师只向前推进一普里，那么它能拖缓敌军的时间就可能为单纯撤退时行军时间的两三倍。

如果这个师与主力之间的距离为四普里——在此情况下，单纯撤退所需的时间大约为十个小时——从这个师开始与敌军交火，到敌军向我军主力发动进攻，中间大约需要十五个小时。如果这个师与主力部队之间的距离仅为一普里，那么我们可以设想敌军将在三四个小时之后向我军主力发动攻击，然而实际上，这段时间应该被延长为六小时或者八小时，因为在这种情况下（我军的先遣部队与主力部队之间的距离是一普里），敌军为了进攻我军的先遣部队而进行战备活动所需的时间与前一种情况（我军的先遣部队与主力部队之间的距离是四普里）是一样的，而我军先遣部队的抵抗时间则长于前一种情况。

由此可以得出结论：在第一种情况下，敌军想在进攻我军先遣部队的当天，就进攻我军的主力部队是很难做到的（实际情况也是如此）；而在第二种情况下，敌军至少必须在上午就击败我军的先遣部队，才有可能在当天向我军主力发动进攻；由于黑夜的来临对我军有利，所以在第一种情况下，当先遣部队与主力部队之间的距离比较大的时候，就有可能为我军的主力部队赢得更多的时间。

关于侧翼军队的任务，我们在之前已经谈过了。一般情况下，侧翼的行动方式或多或少取决于具体情况。最为简单的做法是将它当成主力侧面的前锋，也就是说，在这种情况下，它应该被配置在主力军队的侧前方，在撤退时，它则应该沿着略微偏离主力的方向运动。

侧翼与真正的前锋不一样，不是配置在主力军队的正前方，所以主力部队可以便捷地从两侧接应它。

一般情况下，敌军两翼的攻击力量比较弱，我军的侧翼在遭到攻击的时候，即使面临着不利的局面也有撤退的空间（即使侧翼溃退，它也不会像前锋溃退那样直接冲击到主力部队）。如果情况与此相反，那么侧翼在撤退时就会面对较大的风险。

接应先遣部队时最好的办法也是最常用的办法，是出动强大的骑兵予以接应，所以当先遣部队与主力部队之间的距离比较大的时候，应该将骑兵预备队配置在主力部队和先遣部队之间。

勒费弗尔巡视阵地

综上所述可以看出，先遣部队发挥作用时，与其说是让它真正地发挥力量，不如说是仅仅因为它的存在；与其说是利用它进行真正的战斗，不如说是利用它有可能进行的战斗。[①]

简而言之，先遣部队在任何情况下都不能完全阻止敌军的行动，它只能像钟摆一样遏制或者缓和敌军的行动，同时也能使我们正确地估计敌军的行动。

① 这段话的意思是，我们设立先遣部队的目的，与其说是希望利用它进行真正的战斗，不如说是利用它的存在而震慑敌军，使敌军不敢轻举妄动。——译者注

第九章　野营

对于军队的非战时状态，我们只能从战略角度来加以研究，或者说，在将它们当成战斗的预备状态的前提下，我们只能从时间、地点和兵力的角度来对其进行研究，至于战斗的内部部署和向战斗状态的过渡问题，则属于战术范畴。

我们在这里所说的野营，指的是舍营以外的宿营状态，即幕营、厂营和露营。①

野营往往预示着即将展开战斗，在战略上它们是完全一致的，在战术上则偶尔有所出入，因为人们因为某个原因而选择的营地，可能并不是预定的战场。

与军队配置有关的问题，我们已经谈过了，在此我们只是对野营稍微做一些历史性的考察。

以军队数量剧增、战争持续时间更为持久、战争中的各部分的联系更为紧密为起点，以法国大革命为终点；在此期间，军队的宿营方式一直是幕营。当时的正常情况时，节气转暖的时候，军队就离开营房，到了冬季则回到营房。

从某种意义上来说，冬营应该被当成非战时状态，因为此时的军队就像钟摆停止的钟表一样，进入了停顿状态。进入真正的冬营之前，军队为了休息而进行的宿营活动，则都属于过渡状态或者特殊状态。

军队有规律地或者自愿地停止宿营活动，为什么能够和战争的目的、性质相一致？关于这个问题，我们随后再谈，在这里我们只是想说明当时的实际情况就是如此。

自从法国大革命以来，因为运送帐篷必须配备庞大的辎重部队，所以许多军队已经不用帐篷了。一方面，是因为人们认为在一支十万人的军队中，如果能节省运送帐篷的六千匹马，那么就可以增加五千名骑兵或者几百门火炮；另一方面，在这种大规模而且迅速的军事活动中，辎重队过于庞大只会成为一种累赘，而不会产生任何好处。

然而，如果军队扎营的时候不使用帐篷，也会产生两方面的不利影响：第一，兵力将会受到很大的损耗；第二，地方将会遭到更大的破坏。②

即使用粗麻布造的帐篷的保护作用非常小，我们也不能完全忽视。帐篷并不能有效地遮风挡寒，也不能有效地防潮，虽然军队一两天不用帐篷不会产生什么不利影响，但是如果一支军队在一

① 幕营指的是用帐篷扎营，厂营指的是用草棚扎营，露营指的是完全露天扎营。——译者注

② “地方将会遭到更大的破坏”，作者并没有详细阐释这句话的意思。如果我们的理解没有错误，这句话应该从两方面来加以理解：第一，由于扎营的时候没有帐篷，所以军队必须就地取材，建立草棚，这就会在一定程度上破坏自然掩体，比如建立过多的草棚会破坏森林；第二，如果建立过多的草棚，军队扎营的时候就会留下很明显的印迹，这也便于敌军发现我军的动向。——译者注

法军进攻但泽

年中有二三百次不用帐篷，那么这些不利的影响就会明显地表现出来，也就是说，军队因为生病而产生较大的损失，就会成为一种很自然的结果。

至于军队因为没有帐篷而使地方遭到破坏，则无须赘言。

由于没有帐篷，军队进行舍营的时间会更为持久、频率也会大为提升，所以有的人认为战争的激烈程度会因此而降低。也就是说，由于没有建营器材，所以在有帐篷的时候可以采取的一些措施只好被放弃。①

如果不是在此期间因为战争形式发生了巨大的变化，那些微弱而次要的影响被抵消，那么战斗的激烈程度的确有可能被削弱。事实上，在此期间，战争的原始性和暴烈性仍然是不可抗拒的，战争的破坏力比之前也有所提升，甚至连冬营这种定期的休息时间也已经不存在了，敌对双方都在不由自主地倾尽全力寻求决战。

在这种情况下，由于不使用帐篷而引起的运用军队方面的变化的问题已经在根本上不存在了。军队应该选择哪一种扎营方式，只能根据实际行动的目的和计划来确定，天气、季节、地形等条件早已经不再是决定性的制约条件。

是否在任何情况下，战争的威力都不会发生变化呢？关于这一点，我们在后面再谈。

如果战争的威力没有我们所说的那么大，不使用帐篷当然会产生一定的影响，但是，如果说这种影响能够大到必须使军队再次使用帐篷，这种说法也是值得商榷的。这是因为，战争要素所涵盖的范围已经大为扩大，即使在某种特殊的条件下，战争需要回到从前的某种小状态之中，但是它很快就会因不可抑制的本质而打破这种桎梏，所以军队的固定制度和装备，只能根据战争的性质来决定。

---

① 与舍营相比，用帐篷扎营比较容易，这两种扎营方式显然会影响军队的机动性能，比如一支没有帐篷的军队打算进攻的时候，因为考虑在进攻失败而撤退的情况下，扎营难度比较大（不得不放弃原来的营地而再次扎营），所以会转守为攻，这就会削弱战斗的激烈程度。——译者注

第十章　行军

所谓行军，指的是一支军队单纯地由一个配置地点向另外一个配置地点转移。

在这一方面，有两个主要的要求。

第一，军队必须尽量保留可以有效使用的力量，避免不必要的消耗。第二，行军路线必须准确，能够准确地到达目的地。

如果将一支十万人的军队编成一个纵队，沿着一条道路不间断地行军，那么这支队伍的首尾绝对不可能在同一天到达目的地。在这种情况下，军队必须缓慢地行军，否则会像水柱一样，最后

德累斯顿战役

1813年8月下旬，拿破仑率领的法军与第六次反法联盟军在德累斯顿展开激战。联军虽然占有数量优势，但是统帅优柔寡断，所以兵力比较少的拿破仑反而占据了主动权，击败了敌军。在拿破仑的一生中，这是一次大兵团作战的辉煌胜利，但是这仍然无法挽救法兰西帝国江河日下的命运。

德累斯顿战役中的法军

分散成许多小水滴——由于纵队很长，行军不当的话，这支纵队的尾部就会因为过度疲劳而散开，从而使全军陷入混乱状态。不言而喻，如果一支纵队的人数很少，那么它的行军过程就比较容易，行军目的也就越准确。区分兵力的重要性就是因此而生。

然而，我们对军队进行的这种区分，与为了分割、配置兵力而进行的区分是不同的。

虽然我们往往是根据配置军队的需要，将一支军队区分为几个行军纵队，但是并不是所有的情况都是如此。

比如我们的意图是将一支兵力庞大的军队配置在某一地点，那么我们在行军时就必须把这支军队区分为若干个行军纵队。有时候对军队分割、配置，主要是为了满足配置兵力的需求，有时候则是为了满足行军的需求。比如我们对军队进行配置的目的仅仅是为了休整，而不是通过休整来迎战，那么此时的主要要求就是为了满足行军的需要，也就是说，此时我们必须选择路况良好的道路。所以，考虑不同的情况，人们有时是根据舍营和野营的情况选择道路，有时候是根据路况来选择野营或舍营的地点。

比如按照预定的计划，一支军队必须在适当的地点进行一场会战，那么在必要的时候，这支军队就得毫不犹豫地穿过最难走的道路。相反，如果一支军队是常规行军①，那么这支军队在行军时就应该选择最近的大道，并且必须尽可能地在大道附近寻找野营或者舍营地点。

无论行军方式是上述两种方式中的哪一种，现代军事艺术的一般性原则都是如此：在即将发生战争的作战地点，或者说在即将真正作战的地区内，编组行军纵队时，必须使各个纵队能够独力作战。

为了达到这个要求，我们就必须在每个纵队中实现三个兵种的联合，对整体进行有机的区分，而且还需要任命合适的指挥官。由此可见，主要是由于行军产生了新的作战队形，并且行军也因为新的作战队形的产生而更加便捷。

在18世纪中叶，特别是在腓特烈大帝指挥的战争中，人们已经开始将行军当成一种特殊的战斗要素来对待，并且开始通过出其不意地行军来克敌制胜。但是，当时还没有出现有机的作战队形，所以军队在行军时不得不进行十分复杂的部署。

军队必须做好作战准备，才能在敌军附近行动，但是只有整个军队集中在一起的时候才能做到这一点，所以在敌军附近行动的时候，必须将整个军队集中在一起。

在敌侧行军时，第二线为了与第一线保持比较近的距离——不超过四分之一普里——必须充分熟悉具体的地形，并且在行军过程中必须克服所有的艰难险阻。之所以说在行军过程中，第二线必须克服所有的艰难险阻，是因为在四分之一普里的距离内，很难找到两条路况良好的平行道路。

当我军沿着与敌军垂直的方向行军时，两翼的骑兵也会面临同样的情况。如果队列中有炮兵，就会产生新的困难，因为炮兵所走的道路必须有步兵掩护，而步兵必须保持为连续的队形，所以炮兵会使本来就很长的步兵纵队拉得更长，并且会打乱纵队中步兵各个部分之间的距离。

按照现代军事艺术的规定，我们对军队进行有机区分，也就是说，各个主要部分可以被当成小

① 另有一种译法为“旅次行军”，其实这就是常规行军，或称标准行军，意思是在行军途中可以在某地暂作停留，与急行军相对应。——译者注

的整体。在战斗活动中，这些小的整体所能发挥的作用，与大的整体是相同的，只是前者的活动时间比较短。在这种情况下，为了进行共同的战斗，各个纵队在行军过程中，不必在战斗开始之前就得集中在一起，或者说只要他们在战斗过程中能够集中起来就可以。

为了避免在战争活动中出现尾大不掉的问题，我们通常需要进行兵力区分（这种区分与对兵力进行分割、配置不同）。然而，当军队的兵力很少，行军比较容易的时候，则往往不需要进行这种区分。

比如一支小规模的军队可以沿着一条道路行军，即使要沿着几条道路前进，也可以比较容易地找到距离不太远的平行道路。然而，如果军队的兵力比较大，就越需要进行区分；纵队的数目越多，对路况的要求就越高，各个纵队之间的距离就越大。用数学上的术语来说，需要区分兵力的程度与区分兵力所带来的危险是成反比的。

被区分开的各个部分的兵力越小，就越需要互相支援；各部分的兵力越大，各部分能够独立行动的时间就越长。与此相关的问题，我们在前面曾经探讨过。只要我们考虑在耕作区内通衢大道附近的几普里之内，总是可以找到几条路况比较好的平行道路，那么我们就可以理解，为什么说在组织行军的时候，并没有太大的困难足以使军队迅速推进和准确到达集中地点之间产生矛盾。当然，在山地上行军的时候，虽然平行道路少，在不同道路上行军的军队进行联系比较难，但是每个纵队的抵抗能力却可以得到相应的提升。

为了进一步说明这个问题，我们来举例说明。

根据我们的经验，在一般情况下，一个八千人的师及其所属的炮兵和辎重车辆，排成纵队的话，从头到尾的距离相当于一个小时的路程。所以，这种兵力相同的两个师沿着同一条道路行军时，第二个师将比第一个师晚一个小时抵达集中地点。

我们曾经说过，一个兵力如此庞大的师，即使与兵力占据优势地位的敌军交火，也能抵抗好几个小时。所以，即使在最为不利的情况下，也就是说，即使是在第一个师仓促应战的情况下，第二个师晚到一个小时也并不能算太晚。何况，在欧洲中部的耕作地区，在一个小时的行程内，人们经常可以在通衢大道附近找到捷径。

此外，经验还告诉我们，对于一支由四个步兵师和一个骑兵预备队组成的军队来说，即使是在路况不好的道路上行军，它的先遣部队在八个小时之内通常也可以行军三普里。如果每个师的纵长按照一个小时的路程为计，骑兵预备队和炮兵预备队的行军纵长也以一个小时的路程为计，那么整个军队的行军时间就是三个小时。虽然这段时间并不算长，但是在这种情况下，却有四万人沿着同一条道路前进。当然，这支军队可以寻找捷径，从而可以降低行军时间。

如果在一条大路上行军的军队数量高于上述情况，那么整个军队就不一定非得在当天到达。因为在现代，兵力如此庞大的一支军队绝不可能在与敌军遭遇之后即刻开战，而是通常会到第二天才进行会战。

我们举这个例子，只是为了把相关问题阐述得更为清晰，并且我们还想根据经验说明一个问题：在如今这个时代的战争中，组织行军的难度与此前相比，已经大为降低。

德累斯顿战役中的联军

在七年战争期间，组织行军时需要特殊的技巧和精确的地理知识，比如腓特烈大帝行军时就是如此，但是这种情况在如今这个时代已经有所改变。在如今这个时代，只要我们对军队进行有机区分，行军行动就几乎可以自动进行，至少，我们不必再像从前那样需要拟定庞大的行军计划。从前，仅凭号令就可以指挥会战，组织行军则需要庞大的计划；如今，编组作战队形需要制定庞大的计划，但是组织行军则只需要简单的号令。

众所周知，行军形式分为两种，即平行行军和垂直行军。

平行行军又称敌侧行军，采取这种行军方式时，我们必须改变军队各部分之间的几何位置，并列配置的各部分在行军时应该前后排列，或者相反。虽然直角范围内的任何角度都可以称为行军方向，但是在此情况下，我们仍然需要确定行军主要属于哪一种。

只有在战术意义上，我们才能彻底改变军队各部分之间的几何位置，而且只有在使军队呈纵队形态行军时才能做到这一点，然而事实上，大部分军队是不可能列成纵队行进的。在战略意义上，这更是不可能的。

从前，我们所说的改变作战队形的几何关系，指的只是改变两翼和各线之间的关系，而在现代的作战队形中，改变作战队形的几何关系，则主要指的是改变第一级单位的位置关系，即改变军、师、旅之间的位置关系。

之前谈到现代作战队形时，我们曾下过一些结论，这些结论对于改变作战队形的几何关系这个问题也是有一定影响的，因为在如今这个时代，我们已经不需要再像从前那样，在战斗开始之前就将整个军队集结在一起。也就是说，如今人们更为关心的，是如何使集中在一起的各个部分各自成为一个整体。

如果命令两个前后配置的师沿着两条道路向敌军挺进（配置在后方的为预备队），那么任何人都不会将每一个师分开在两条道路上前进，而是会毫不犹豫地让这两个师分别沿着不同的道路并列前进；并且，为了预防不测，我们还会让每一个师的师长分别设立预备队。由此可见，统一指挥比原先的几何关系更为重要。如果这两个师没有与敌军交火，就安全抵达指定的会战地点，那么它们仍然可以恢复原来的位置关系。

如果两个并列配置的师沿着两条道路并列挺进（平行行军），那么人们就更加不会让每个师的第二线或者预备队沿着离敌军较远的道路前进，而是会给每个师指定一条道路，将一个师当成另一个师的预备队。

如果一支军队由四个师编组而成，其中三个师被配置在前面，一个师被配置在后方做预备队，那么我们自然而然就会给前面的三个师各自指定一条道路，并且会将预备队配置在中间的那个师的后方。如果三条道路之间的距离不合适[①]，那么我们就可以毫不犹豫地让他们沿着两条道路前进，事实上，这样做并不会带来什么明显的不利。

在平行行军（按照前三后一的配置平行行军）的时候，情况也是如此。

此外，还有一个问题，那就是各纵队应该在左侧行进，还是在右侧行进。在平行行军时，这个

① 按照原文理解，这里所说的应该是三条道路中的两条距离比较近，另外一条道路与这两条道路之间的距离比较远。——译者注

问题是很重要的。

向敌军左侧挺进时，我们当然应该在左侧行进。在前进或者撤退时，行军的次序实际上应该由道路与预定的行军路线来确定。在战术意义上，这一点往往是可以做到的，因为战术上的空间比较小，几何关系一眼就可以看清楚，但是在战略意义上，做到这一点则是难上加难，如果有人想把战术上的东西生搬硬套到战略上，这纯粹是纸上谈兵的行为。

在历史上，即使在行军过程中，整个军队也被人们当成一个不可分割的整体，而且行军的目的只是进行一次整体性的战斗，所以行军次序纯粹是战术问题。尽管如此，当施韦林在1757年5月从布兰戴斯出发时，还是因为不知道会战地点在右边还是在左边，所以不得不进行了一次颇为著名的反转行军。

德累斯顿战役期间的拿破仑

如果一支按照旧式方法进行配置的军队分成四个纵队向敌军挺进，那么，由骑兵组成的两翼第一线和第二线的纵队，应该被配置在最外侧，两翼的两线步兵组成的纵队则应该被配置在中间。在准备行军的时候，这支军队可以完全从左边开始，也可以完全从右边开始；或者，左翼可以从左边开始，右翼从右边开始；或者，左翼可以从右边开始，右翼可以从左边开始。

如果是后一种情况，那么这种行军方式叫从中央开始。从表面上看，这种行军方式与（未来的）完全展开的作战队形有关，但是实际情况并非如此。

腓特烈大帝前往勒登参加会战时，曾经按照原先各翼的次序将整个军队分为四个纵队，并且

向敌军阵地侧翼发动攻击的法军

从右边开始行军。由于他的攻击目标恰好是奥地利军队的左翼，所以他很容易将作战队形变更为线式战斗队形，也正是因为这一点，后来他屡次得到历史学家的赞扬。如果他当时打算通过迂回战术，攻击奥地利军队的右翼，那么他就不得不像在布拉格那样进行一次反转行军。

如果说这些形式在当时就已经与时代脱节，不符合行军目的，那么在今天看来，这些形式纯粹是儿戏。如今与过去一样，任何人都很难知道未来的战场与行军道路的关系位置是怎么样的，而且，即使由于行军次序不当而损耗了一些时间，这也不会像以往那样会产生很严重的问题。也就是说，新的作战队形在这一方面已经发挥了良好的作用，哪一个师先抵达会战地点，哪一个旅先投入战斗，已经没有什么太大的差别了。

在这种情况下，军队从左边开始行军，或者从右边开始行军，就只有一个作用，那就是通过调换行军次序可以使不同的部分得到休整时间。至今，大规模的军队开始行军时，之所以还保持着这种行军方式，这是唯一的理由，当然，这也是很重要的理由。在此形势下，从中央开始行军只能偶尔为之，而不能将其作为一种固定的行军次序。由于这种行军次序的前提是必须有两条路，所以从战略上来看,一个纵队从中央开始行军也是不合理的。

事实上,确定行军次序与其说属于战略问题,不如说属于战术问题,因为它的实质只是将整体区分为几个部分,行军结束之后,这些不同的部分又会重新恢复成一个整体。现代军事艺术关注的重点,不是各个部分的完全集中,而是如何使各部分在行军时拉开距离,如何使各部分可以独立行动。如此一来,就很容易发生各个部分单独进行的战斗,而且每一次这样的战斗都应该被当成整体性的战斗,所以我们认为对这个问题做出这么多的说明是很有必要的。

我们在前面曾经说过,在没有具体任务的情况下,三个部分并列配置是最为合理的,所以行军时分为三个纵队也是最合理的。

此外,我们还需要指出,所谓纵队,不仅仅指的是沿着一条道路前进的军队,而且也包括在不同的日期沿着同一条道路行军的不同的军队——这是在战略意义上所做的区分。我们对军队进行区分的主要目的,是为了缩短行军时间、便于行军,因为与兵力庞大的军队相比,兵力小的军队行军时比较迅捷。当然,如果一支军队不是沿着不同的道路前进,而是在不同的日期(分成几个纵队)沿着同一条道路前进,也可以达到这个目的。

卡兹巴区战役

卡兹巴区战役是德累斯顿战役的前奏,在这次战役中,联军击败了法军,但是在随后的战争中,拿破仑凭借优秀的指挥能力扭转了初期的不利局面。据当时追随在拿破仑身边的军官回忆,德累斯顿战役期间,拿破仑"暴露在猛烈阴冷的风雨中"。

第十一章　行军（续）

一日行程的标准和走完这段路程所需的时间，当然应该根据实际经验来确定。

对于如今的军队来说，常行军时的一日行程为三普里，这是确凿无疑的事实。长途行军时，为了能够在中途得到一些必要的休整，平均每天的行程可以缩短为两普里。

一个八千人的师，在平原地带沿着路况一般的道路行军时，走完一日的行程需要八小时到十小时；在道路崎岖的山地行军时则需要十个小时到十二个小时。

如果一个纵队是由几个师编组而成，被配置在后方的师的出发时间当然会晚一些，但是即使除去后面的师晚出发的时间，这个纵队整体的行军时间也会多几个小时。

由此可知，走完一日行程几乎需要耗时一天。一个士兵背着行囊一天行军十个小时到十二个小时，这种劳累程度显然不是一般情况下每天步行三四普里可以比的，因为轻装上阵的个人沿着路况一般的道路步行三普里只需要五个小时。

如果不是连续行军，那么一日行程可以达到五普里，甚至是六普里；在连续行军的情况下，一日行程可以达到四普里——这也是所谓的强行军。走完五普里，中间需要几个小时的休息时间，所以即使在路况良好的情况下，一个八千人的师走完五普里至少也需要十六个小时。如果行程为六普里，而且是几个师在一起行军，那么行军时间至少需要二十个小时。

这里所说的行军，指的是集中在一起的几个师从一个营地行进到另外一个营地，在一个战区中，这也是常见的行军方式。如果是几个师组成的一个纵队行军，那么被配置在前面的几个师就应该提前开拔，所以他们抵达指定的营地的时间也会相应地提前。然而，与走完这样一个师的行军纵长所需的时间相比，这段提前的时间仍然是比较短的。所以，就减轻士兵的疲劳程度而言，这种行军方式所能起到的作用是极其有限的，而且军队兵力的增多往往会延长行军时间。或者说，一个师用类似的方式，让各个旅在不同的时间开拔，只有在极少数情况下才是可行的，所以我们才会将师作为行军单位。

如果一支军队被划分为若干个小单位，那么在这些单位没有集中于一个地点的前提下，让他们从一个舍营地点向另一个舍营地点进行常规行军时，其行程当然可能增加。事实上，仅仅由于必须绕道进行舍营，其行程就已经增加了。

如果军队每天都以师或军为单位集结在一起行军，而且还要安排舍营，那么这种行军方式必然会耗费大量的时间，而且，一般来说，只有在人数不多的情况下，或者只有在富庶地区才能这样行军，因为只有这样，军队才能利用比较充足的给养和较为舒适的舍营来消除行军所带来的疲劳。

为了获得充足的给养，普鲁士军队在1806年的某次撤退活动中曾每夜都进行舍营，这无疑是一种错误的做法。事实上，即使军队进行野营也能获得给养，并且不会因为过度疲劳而用十四天的时间去走完五十普里的行程。

联军即将进攻据守莱比锡的法军

莱比锡战役发生于1813年10月的德国莱比锡附近，交战方分别为拿破仑率领的18万法军和俄罗斯、普鲁士、奥地利等国组建的30万联军。在拿破仑战争中，这是最为激烈的一场战役，交战的结果是法军败阵，拿破仑败回巴黎，宣布无条件投降，并于次年退位。

在崎岖的道路上或者在山地行军时，上面所说的关于时间和行程的所有规定都会发生比较大的变更，所以在某些情况下，人们很难确切地计算出走完一日行程所需的时间，更别说（在此情况下对走完一日行程所需的时间）做出一般性的规定。此时，理论的作用只是提醒人们如何才能规避一些常见的错误。当然，为了避免这种错误，必须进行仔细的计算，并且需要留出充足的时间来应付突发状况，同时，我们还得考虑天气和军队的实际状况。

自从军队取消帐篷，并且采取就地强征军用物资的给养措施以来，军队的辎重与此前相比已经大为降低。这种做法所产生的最大影响，首先表现为军队的行军速度和每日行程有所提升。

然而，战区内的行军速度却并没有因此而上升。这主要是因为在行军目的要求军队加速行军的时候，辎重军队或者先行，或者后行，总是与主力军队保持着一定的距离，所以辎重一般不会影响军队的运动，而且只要它对军队没有直接影响，那么即使它遭到很大的损失，也可以将这种损失忽略不计。

七年战争期间，有几次行军的速度非常快，即使今天的我们也难以望其项背。比如1760年，拉西将军为了支援俄军对柏林的牵制性攻击而进行的行军活动。当时，他的军队从希维德尼察出发，经过劳西茨抵达柏林，在十天之内行军四十五普里，平均每天行军四普里半。一支兵力为一万五千人的军队能达到这样的行军速度，即使在今天也是极为罕见的。

从另一个方面来看，给养制度的改变也给如今的行军活动带来了一些不利因素，因为在此前，军队是从面包车上领取面包，如今则需要自己解决给养问题，与前者相比，后者当然需要花费很多时间；在长途行军时，军队也不能集中在一个地方扎营，而是必须分开驻扎，因为这样便于获取给养。最后我们还得说明一点：有的军队必须采取舍营的方式扎营，比如骑兵。

总的来说，这一切都是使行军有所迟缓的原因。1806年，拿破仑追击普鲁士军队并且力图断其退路；1815年，布吕歇尔追击法军并且力图断其退路；在这两次行动中，拿破仑和布吕歇尔的军队在十天之内都是只走了大约三十普里。腓特烈大帝从萨克森向西里西亚行军时，虽然携带着全

莱比锡会战之前，拿破仑与波尼亚托夫斯基巡视战场。

波尼亚托夫斯基是拿破仑麾下的猛将，军衔为元帅。莱比锡会战后期，法军溃退，为了避免沦为战俘，波尼亚托夫斯基骑马冲入河流，意图借此摆脱敌军的追击，但是战马未能游上岸，反而压在他的身上，这个曾经为拿破仑立过汗马功劳的元帅就这样结束了一生。

部的辎重，但是他的军队也达到了同样的速度。

然而，辎重的减少，对于提升一个战区内的军队的机动性能还是有利的。一方面，虽然骑兵和炮兵的数量没有减少，但是马匹减少了，所以人们不用像以前那样总是顾虑饲料不足的问题；另一方面，军队不必经常顾虑长长的辎重队伍，所以对军队进行配置时的制约条件也随之减少了。

1758年，腓特烈大帝放弃对阿里木次的围攻后，率领军队行军时，为了掩护四千辆辎重车，曾将一半的兵力分散成独立的营和排（并且获得成功）。然而在今天，即使遇到的是极为懦弱的敌人，这样的行军方式也没有成功的可能。

在远距离的常规行军活动中，军队的辎重减少，当然有利于提升行军速度。虽然如今的军队仍然需要保留一定数量的辎重，所以每日的行程仍然有一定的标准，但是在紧急情况下，这样的军队可以通过付出比较小的代价而使每日行程超过一般的标准。

总而言之，减少辎重与其说能够提升行军速度，不如说能够节省力量。

第十二章　行军（续）

行军过程中的损耗是很大的，我们必须将它作为一个能够与战斗相提并论的特殊因素。接下来，我们将要探讨的，就是行军对于军队的损耗。

程度适当的单次行军并不会对军队造成损失，但是连续几次这样行军就会使军队受到一定程度的损耗，如果是连续几次强行军，那么军队遭到的损耗就会更大。

在一个战区中，缺乏给养物资、恶劣的宿营条件、被严重破坏的道路、军队经常需要保持战备状态……这些都会使军队力量遭到损耗。

人们经常说，与适度活动相比，长时间的休息非但对健康无益，反而有害。无论是在扎营期间，还是在行军期间，士兵拥挤在狭小的营舍里的确容易生病，但是士兵生病的原因并不是因为缺乏空气和锻炼，因为在平时的操练活动中，这些东西并不是稀缺物。

设想一下：一个生病的士兵背着沉重的行囊在泥泞的野地里行军，与在营房里生病相比，他的健康所遭受的损害程度将会有多么大的不同。如果一个士兵在野营期间生病，那么他可以被立刻送到附近的村镇救治，但是如果他是在行军期间染病，那么他就得先在路边躺几个小时，而且得不到任何护理，这样的话他就有可能成为掉队者。处在同样的境况中，有多少小恙变成了重病，有多少重病变成了不治之症。再设想一下：在流金铄石的阳光下，一支军队在尘土飞扬的道路上行军，即使是一次适度行军，也会使士兵口渴难耐，在此情况下，有的人因为口渴而饮用不干净的生水，这就有可能导致疾病，甚至是死亡。

我们进行这些描述，绝对不是说要减少战争中的活动。作为一种工具，我们设立军队的目的就是为了使用，有使用则必然会有损耗，这是由事物的性质决定的。

我们想说明的是，所有的活动应该做到恰如其分。有些理论家纸上谈兵，他们认为运用军队就像开发丰富的矿藏一样，像出其不意的行动、迅捷的行军、毫无间歇的活动根本不用付出什么代价，只是由于某些统帅的惰性，有些军队的作用才没有被充分发挥出来。实际上，这就相当于在开发矿藏的时候只是看到了产品，而没有注意开采矿藏需要耗费多少劳动力。

一般来说，在战区之外进行长时间的常规行军时，各方面的条件都比较好，每天的损失比较小，但是即使是偶有小恙的病员也会被丢在后方，因为他们难以赶上不断前进的军队。在这种情况下（进行长时间的常规行军），（随着行军路程的加长）骑兵中被马鞍硌伤的战马会不断增多，一部分辎重也会遭到损坏，所以我们经常可以看到，一支军队连续行军一百普里或者更远的路程之

莱比锡会战期间，波尼亚托夫斯基麾下的波兰骑兵发动冲锋。

后，就会感到明显的虚弱，其中，马匹和车辆的损失尤其严重。

如果必须在战区内部进行长途行军，也就是在敌人眼前行军，那么战区行军和长途行军这两种状况就会同时出现。如果兵力庞大，而且其他条件都相当不利，那么由此而产生的损失将是难以估量的。

接下来我们将列举几个战例来说明以上观点。

1812年，为了进攻莫斯科，拿破仑组建了一支兵力多达三十万一千人的军队，当他在6月24日渡过涅曼河时，他麾下的兵力就是如此庞大。同年8月15日，他在斯摩棱斯克附近派遣了一支兵力为一万三千五百人的军队，按说此时他手中的剩余兵力应该为二十八万七千五百人，但是，事实上此时他手中的剩余兵力只有十八万两千人，也就是说，派遣分队之前，他已经损失了十万五千五百人。

在此之前，他的军队进行过两次著名的战斗，一次是达武与巴格拉齐昂进行的战斗，一次是莫拉与托尔斯泰·奥斯特尔曼进行的战斗。在这两次战斗中，法军大概损失了一万人，而在这五十二天持续行军七十普里的过程中，仅病号和掉队的人数就达到了九万五千人，约占总兵力的三分之一。

三个星期之后，在博罗季诺会战时，加上伤亡人数，法军损失的兵力已经达到了十四万四千人；八天之后，抵达莫斯科时，法军损失的兵力上升到了十九万八千人。

在此期间，法军每天损失的兵力大致如下：在第一阶段损失的兵力占总兵力的一百五十分之一，第二阶段损失的兵力占当时总兵力的一百二十分之一，第三阶段的损失则占据当时总兵力的十九分之一。

从渡过涅曼河到向莫斯科行军的这段过程中，拿破仑的军队一直是持续行军，但是我们应该知道，此次行军耗时八十二天，只走了一百二十普里，而且在行军过程中，法军还在途中正式休息了两次：一次是在维尔纳休息了大概十四天，一次是在维捷布斯克休息了大概十一天。在这两次休息期间，许多掉队的士兵都回到了部队中。

当时是夏季，法军所走的道路都是沙土路，所以在这十四个星期的行军时间里，天气和路况都不是太坏。然而，庞大的军队都集中在一条道路上，缺乏军用物资，而且敌军是退而不溃，这些无疑都加剧了行军的困难。

至于法军撤退时的情况，或者说，关于法军从莫斯科撤往涅曼河的情况，我们不打算继续探讨。但是我们必须指出，追击法军的俄军从卡卢加出发时为十二万人，到达维尔纳时就只剩下了三万人，而且在此期间，俄军在战斗中的伤亡人数是比较少的。

接下来，我们将再举一个例子，即1813年布吕歇尔在西里西亚和萨克森战局中的一次行军活动。不过需要说明的是，此次行军不是以长途行军著称，而是以多次往返行军而闻名。

此次行军开始于当年的8月16日，当时，布吕歇尔麾下的约克军团的兵力大约为四万人，同年10月19日，当这个军团抵达莱比锡附近时，只剩下了一万两千人。根据可靠的历史学家的记载，在行军期间的一系列战斗中，约克军团大约损失了一万两千人，比如果尔德贝克战役、吕文贝克战

联军与法军展开激烈的巷战

役，以及发生在卡茨巴赫河畔、瓦尔登堡的一些战役。也就是说，由于非战斗因素而导致的损失，在八个星期之内达到了一万六千人，占据总兵力的五分之二。

综上可知，如果人们想在战争中频繁地行军，就必须做好兵力将遭受巨大损失的准备，还得根据这一实际情况来制定其他相应的计划，当然，首要考虑的问题是如何补充兵员。

死伤无数的战场上空硝烟密布，天空原有的底色已经难以分辨，战场上的联军和法军厮杀得难解难分。画中描绘的虽然只是局部，但是莱比锡战役的惨烈由此可见一斑。

第十三章　舍营

在现代军事艺术中，舍营再次成了一种不可或缺的宿营方式，即使军用物资——尤其是帐篷——再充足，也无法使军队完全放弃舍营。至于厂营和露营，虽然这两种宿营方式正在改进，但是无论如何，它们不会成为常用的宿营方式：如果经常用这种宿营方式，军队迟早会产生疾病，从而会过早地消耗力量——当然，军队是否会生病主要取决于气候条件。

在1812年远征俄国期间，面临着恶劣气候考验的法军，整整有六个月的时间几乎无法舍营。的确，这次战局是极为罕见的，但是我们也可以看到拿破仑狂妄的行军最终得到了什么结局。

妨碍军队舍营的因素主要有两个：第一，离敌军很近；第二，行军速度务必求快。所以，在离决战时间很近的情况下，军队就得放弃舍营，而且只有在决战结束之后才能再次舍营。

在发生于最近二十五年的战争中，构成战争的各种要素充分发挥了它们的所有威力。凡是在战争中有可能进行的活动，以及凡是在战争中有可能发挥的力量，在这些战争中都得到了充分的进行，或者得到了充分的发挥。

然而这些战争的持续时间往往只有几个月，很少有某一场战争能够持续半年的，战争的结果或者是胜利者很快达到了目的，或者是失败者很快就被迫停战议和，或者是胜利者用力过猛，很快使自己的力量损耗殆尽。

在这种剑拔弩张的高度紧张局面中，舍营几乎没有什么用武之地，虽然有时候克敌制胜之后，

莱比锡会战之前，法军的舍营地。

莱比锡会战之前，联军的主要指挥官阅兵，准备率军开赴战场。

胜利者在发动追击的时候毫无危险，但是由于此时行军必须求快，所以军队也不可能舍营。

然而，如果战争进程由于某种原因而有所缓和，敌对双方的力量对比趋于平衡，那么舍营就会成为人们关心的主要问题。对于舍营本身而言，在这种情况下对舍营的需要也会产生一定的影响，这种影响主要表现在两方面：

第一，人们对兵力较大的前哨或者配置得更远但是兵力更为强大的前锋寄予厚望，希望利用他们来赢得更多的时间、获得更大的安全保障。

第二，在舍营时，人们更多考虑的是当地是否富庶，以及农产品是否充足，很少从战术角度考虑地形的利弊。比如一个有两三万居民的商业城市、一条连接着很多繁华村镇的通衢大道，都能够为军队进行舍营提供有利的条件。

关于部署舍营的形式，这些问题大多属于战术范围，所以我们只做如下简单说明。

军队的舍营分为两种：一种情况是舍营是次要任务，一种情况是舍营是主要任务。

如果在作战过程中，仅仅需要根据战术和战略要求对军队进行配置，而且规定军队必须在配置地点附近舍营，那么舍营就是一种可以取代野营的次要任务，所以军队必须在能够保证及时抵达配置地点的范围内舍营。

如果安排军队舍营只是为了休息，那么舍营就是主要任务，至于其他措施（包括选择配置地点）则必须为这个目的服务。

在这种情况下，我们需要考虑的第一个问题，是如何规划舍营地区的形状。一般来说，此时的舍营范围应该是一个狭长的矩形，或者说，从战术意义上来说，这无非是作战队形的扩大化，此时，军队的集中地点应该在舍营地区的前方，司令部则应该在后方。然而，如果我们在敌军到来之前必须进行可靠的集中，那么这些规定对于军队的集中而言就是有妨碍作用的，甚至可以说它们是水火不容的。

如果舍营范围呈正方形或者圆形，那么这就有利于军队能够迅速在一个点集中；这个点的位置越是靠后，敌军抵达此地的时间就越迟，便于我军集中的时间就越多。如果集中地点在营地的后方，那么我军就可以完全规避风险；同理，司令部的位置越是靠前，就越有利于及早得到情报，这当然有利于统帅能够更好地了解各方面的情况。尽管如此，我们在上面所说的关于舍营的一些规定仍然是有依据的，也是值得我们考虑的。

有的人认为通过扩大舍营范围的宽度，可以掩护那些有可能被敌军征用军用物资的地区。虽然这种看法不重要，也不是完全正确的，但是对于整个军队的外翼来说，这种说法还是有一定道理的。然而，如果军队的各个分支大多是围绕在集中地点两侧扎营，那么对于这些军队之间的过渡地带而言，由于敌军不敢入侵这个过渡地带，所以这种看法就是不正确的。

此外，我们之所以说这种看法不是很重要，是因为我们可以利用更为简单的办法——至少比把军队分开配置简单——来防止敌军在我们附近征用军用物资。

我们把集中地点设置在舍营地区的前方，是为了掩护舍营地区。之所以这样说，主要有两个原因：

第一，如果我们将集中地点设置在舍营地区的后方，那么在需要军队仓促集中的情况下，那些掉队的士兵、兵员以及一些军用物资，就有可能会落入敌军之手。

第二，舍营的时候，各个团和各个营是分开的，如果敌军出动骑兵绕过我军的前锋，或者突破了我军的前锋，那么这些分开的团或营就有遭到袭击的危险。如果敌军遭遇的是一支枕戈待旦的军队，那么即使这支军队兵力弱小，最终一定会被敌军打垮，他们也可以进行一段时间的抵抗，为友军赢得备战时间。

至于司令部的位置，则早已有定论：越安全越好。

以上述考察为依据，我们认为，舍营地区的形状最好是正方形（或者接近正方形的长方形），或者是圆形（接近圆形的椭圆形）；集中军队的地点最好设立在中央；当兵力雄厚的时候，我们可以将司令部设置在第一线。

掩护侧翼的时候的一些方法，在舍营时也是适用的，所以，被配置在侧翼的军队，即使他们的目的是与主力共同战斗，也应该在主力部队的同一线上有各自的集中地点。

地形的性质一般能够发挥两方面的作用：第一，通过有利的地形决定军队的配置地点；第二，通过村镇的分部情况决定舍营的位置。如果我们能考虑这个问题，那么我们就可以知道，在决定舍营位置和配置地点时，几何因素很少能起到决定性的作用。但是这并不是说几何因素不重要，因为它和其他的一般性的规则一样，能够或多或少地发挥作用，所以我们不能忽视这种因素。

那么，什么是舍营地的有利位置呢？我们可以指出，军队舍营的时候，舍营地的前方必须有一个具有掩护作用的地段，同时我们还得派遣许多小规模的军队监视敌军的动向；或者我们也可以在某个要塞的后方舍营，如果这样做的话，由于难以摸清驻守要塞的兵力，敌军会更加不敢轻举妄动。

关于筑垒的冬营，我们将在后面进行专门的论述。

行军部队的舍营与驻军部队的舍营不同：为了避免走弯路，行军部队是沿着行军道路安排舍营，很少会偏离行军路线。只要舍营地的距离不超过一日行程的标准，舍营就不会对迅速集中有所不利。

如果敌我双方的前锋之间的距离不大，那么前锋和前哨的兵力以及位置，就应该根据舍营地的大小和部队集中所需要的时间来决定。同理，如果前锋和前哨的兵力和位置，是根据敌军的动向来决定的，那么舍营地的大小就应该根据前锋的抵抗所能赢得的时间来决定。需要说明的是，先遣部队的抵抗时间中，我们必须去掉传达命令的时间和开拔前的准备时间。

为了将我们的观点概括成一个具有普适意义的结论，我们想指出：如果前锋与主力之间的距离等于舍营地的半径，而且军队的集中地点大致在舍营地的中央，那么在前锋通过抵抗敌军所赢得的时间中，可以用来传达命令的时间和军队准备出发的时间在大多数情况下是够用的，即使不用烟火、炮声传达命令，只用递骑传令[①]也是如此。

由此可知，当前锋与主力部队之间的距离为三普里时，可以用来舍营的地区大约为三十平方普里。在人口密度为中等的地区，这么大的面积大概有一万户人；如果军队兵力为五万人，除去

① 这是一种利用骑兵接力传达军令的方式。——译者注

莱比锡战役场景的一角

前锋，每户人家需要接纳四个士兵，在这种情况下，士兵的居住条件还是比较舒适的；如果兵力为十万人，每户也只是接纳九个士兵，这种居住条件也是可以的。

相反，如果前锋与主力部队之间的距离不超过一普里（在此情况下，前锋大概可以为主力部队赢得六个小时的备战时间），那么舍营地的面积就只有四平方普里。这是因为，虽然前锋赢得的时间不会随着它与主力部队之间距离的缩短而递减，但是与敌军距离如此接近的时候，它必须加强戒备。在这个面积之内，只有人口密度非常高的时候，五万人的军队才能勉强找到舍营的地方。由此可以看出，可供兵力为一万或者两万的军队舍营的城镇将会起到多么大的作用。

根据上述结论，我们可以说，如果我军与敌军之间的距离不是很近，而且配置有适当的前锋，那么即使面对的是集中在一起的敌军，我们也可以安排舍营，比如1762年初腓特烈大帝在布勒斯劳曾经这样做过，1812年拿破仑在维捷布斯克也曾经这样做过。

然而，即使我们与敌军的距离比较远，而且也采取了适当的措施，军队在集中的时候无须担心安全问题，我们仍然必须知道：一支仓促集中的军队是无法发挥效力的，因为这样的军队的应变能力比较低，所以作战能力难以得到充分发挥。

由此可以得出结论，军队只有在三种情况下才能完全安排舍营：

第一，敌军也在舍营；

第二，根据军队的实际情况来说，进行舍营是必要的；

第三，军队当前的任务仅仅是防守坚固的阵地，只要求军队能够及时集中。

关于舍营军队如何集中的问题，1815年的战局中有一个十分重要的例子。

当时，齐滕将军率领三万人被配置在沙勒尔瓦附近，担任布吕歇尔军团的前锋，离军团指定的集中地点桑布勒弗只有两普里。这个军团的舍营地的一段超过了锡内，另外一段则远抵列日，最远的舍营地离桑布勒弗大约有八普里。即使如此，在林尼会战开始之前几个小时，越过锡内舍营的军队就到达了桑布勒弗，如果不是因为偶然情况致使联络有误，在列日附近舍营的军队也会及时抵达会战地点。

显而易见，对于维护军队的安全而言，普鲁士军队的这种舍营方式有欠妥当。但是我们必须知道，普鲁士军队这样舍营的前提，是法国军队已经安排了舍营，所以普鲁士军队的失误，只是因为当他们知道法军已经开始挺进，并且拿破仑已经抵达军中时，没有及时改变原来的配置。但是在法军发动进攻之前，普鲁士军队有可能在桑布勒弗集中的这个问题还是值得我们注意的。

在14日夜间，也就是在齐滕将军遭到攻击之前的十二个小时，布吕歇尔就接到了敌军正在挺进的情报，并且他也已经开始着手安排集中军队。然而，当齐滕将军在15日上午9点与敌军发生激战时，驻扎在锡内的提尔曼将军才刚刚接到向纳缪尔挺进的命令，为了应急，提尔曼不得不先以师为单位集中自己的军队，然后行军六普里抵达桑布勒弗，这一切都是在二十四小时之内完成的。如果标洛将军能够及时接到命令，那么他也有可能在同一时间到达。

16日下午2点之前，拿破仑没有对林尼发动攻击，一方面是因为他对威灵顿有所顾忌；另一方面是因为他需要对付布吕歇尔。也就是说，他是因为兵力不足所以行动有所延缓。由此可见，在较为复杂的情况下，即使是最果决的统帅也不敢贸然行动，所以必然会使行动有所延缓。

虽然我们在这里研究的问题显然有一部分不属于战略范围，而只是属于战术范围，但是为了说清楚这个问题，我们宁愿超出范围多讲一些。

第十四章　给养

在现代战争中，给养的地位得到了空前的提高。

首先，这是因为现代军队兵力远远多于古代和中世纪。虽然在古代和中世纪，也有某些国家的兵力远远多于如今，但是这是一种极为罕见的暂时性现象。而在现代战史中，尤其是从路易十四以来，各国军队的兵力一直都是很庞大的。

其次，这是因为现代战争中各个部分的联系与此前相比更为紧密，作战的军队必须经常处于战备状态。与第一个原因相比，这个原因更为重要。在古代，大多数战争都是由一些没有联系的单次战斗组成，所以各次军事行动之间经常出现间歇，在间歇期间，或者战争在实际上已经停止，只是敌对双方依然在政治上保持敌对状态，或者双方的距离很远，可以各行其是，而不必

攻入联军炮兵阵地的法军

联军骑兵与法军骑兵交战

考虑对方。

在现代战争中（缔结《威斯特伐利亚和约》之后的战争），由于各国政府的（政治或者战争）欲望更为强烈，战争已经变得更有规则了，而且联系程度也变得更为密切了。

战争目的高于一切，这就要求我们在给养方面必须确立一些能够处处满足战争需要的制度。

17世纪和18世纪的战争，虽然有时也定期进行冬营，致使敌对双方有时可以接近于长期休战状态，但是冬营毕竟是从属于战争目标的。也就是说，这样做并不是为了使军队得到给养，而是因为季节不利，所以当夏季来临之后，依照约定俗成的惯例就需要结束冬营，在气候良好的季节里，采取持续的军事行动。

正如其他方面的过渡一样，这种从一种状态向另一种状态的过渡、从一种行动方式向另一种行动方式的过渡，是需要逐渐进行的。比如联军在抵抗路易十四的战争中，为了获得给养，经常将军队派遣到遥远的地区冬营，但是在西里西亚战争中则没有这种现象。

封建义务兵制度被废除之后，随着雇佣兵制度在各国的逐渐推行，军事行动也随之变得更为有规则，各个部分之间的联系也更为紧密了。兵制改变之后，封建义务变更为赋税，人身服役则被募兵制（只适用于下层民众）完全取代。对于贵族来说，人身服役则已被人头税完全取代。简而言之，此时的军队已经变成了政府的一种主要的工具，维持军队的基础，则是国库和政府的收入。

建立军队的方式发生变化，军队的给养自然也会发生同样的变化。由于有的阶层以缴税的形式取代了服兵役的义务，不能再让他们负担军队的给养，所以政府和国库就得承担军队的给养，而且在本国之内也不应该再由地方政府负担维持军队的费用。

由于在此情况下，维持军队的给养完全成了政府自己的事情，所以军队的给养就会因为两个原因而变得困难重重：第一，维持军队的给养完全是政府的事情；第二，军队必须经常接近敌人。由此不但形成了一个专门从事战争的阶层，而且还形成了一种特意设立的军队给养制度，而且这种制度正在尽可能地趋于完善。

无论军粮是由采购而来，还是从本国收缴而来，它们都必须被从远方运到仓库里，由专门的运输队将粮食从仓库送到军队，再在军队附近由专门的面包房烤成面包，然后再由军队的运输队将面包从面包房运走。

我们之所以考察这种制度，不仅仅是因为它可以说明在战争中这种制度的特点，而且也是因为这种制度绝对不会被完全废除，或者说其中的个别部分将会被一直沿用。

这样，军事组织就产生了逐渐摆脱对国民和地方政府的依赖的倾向，结果则是，虽然战争因此而变得更有规则，各部分之间的联系更为紧密，更加从属于战争目的——政治目的，但是战争中的一些活动却受到了更大的限制和束缚，战争的威力也大为减弱了。

由于军队受到仓库和运输队活动范围的限制，所以在一切活动中，他们都必须考虑怎么才能节约给养。在有些情况下，士兵只能吃到小得可怜的一小块面包，而且不会得到任何可以改变这种情况的希望。

有的人认为士兵缺乏给养只是无关痛痒的小事，并且说腓特烈大帝就是依靠这种缺衣少食的士兵建立了丰功伟业，但是事实上，这样看待问题是不公正的。

对于士兵而言，能够节衣缩食的确是一种美德，如果没有这种美德，军队就不会拥有真正的武德。但是前提条件是，节衣缩食只是一种不得已而为之的暂时性的行为，不能将此作为一种制度，或者说，不能将此作为对军队的给养进行苛刻计算的结果，否则士兵的精力就会遭到严重的削弱。

的确，腓特烈大帝利用缺衣少食的军队建立了丰功伟业，但是我们不能将此作为标准，这一方面是因为腓特烈大帝的敌人采用的给养制度与他采用的给养制度是相同的；另一方面则是因为，如果腓特烈大帝能够像拿破仑那样供养自己的军队，那么他就有可能建立更为卓越的功业。

为什么人们从来不敢将这种给养制度运用到马料的供应上呢？因为马料的需求量大，运输难度也很大，每匹马一日份的饲料比每个士兵一日份的口粮大约重十倍，而且军队中的马匹往往多于总人数的十分之一；在如今这个时代，军队中马匹的数量是总人数的三分之一或者四分之一，而在此前则是二分之一或者三分之一。也就是说，马料的重量是口粮的三倍、四倍，甚至是五倍，所以人们总是用就地劫掠这种最为直接的方法来解决马料问题。

当然，采取劫掠方法解决马料问题会使军队受到很大的限制，这种限制主要表现在两方面：第一，一般来说，只有在敌国的领土上作战的时候才能用这种方法；第二，在某地采取这种方法之后，军队不能再在此地长期逗留。

陷入联军包围中的法军

法国大革命时期，民众的力量再次登上战争舞台，仅仅依靠政府的财力维持民众武装显然力有不逮，所以那种以有限财力为基础的军事制度也随之冰消瓦解，与这种军事制度相关的给养制度也因此而分崩离析。

大革命的领导人并不是很关心仓库，也很少考虑如钟表一般精密的给养制度。他们只是将士兵送上战场，命令将军进行会战，并且命令军队通过征收和劫掠的方式获取军用物资。拿破仑指挥的战争以及反拿破仑战争处于上述两种极端之间，也就是说，在那个时代的战争中，采取哪一种给养手段主要是看哪一种手段更为适用——当然，今后恐怕也是如此。

现代的军队在获取给养的时候，应该尽量利用当地所能供应的一切，而不用去考虑这些东西的所有权。这种获取给养的方式共有四种：房主供养、强征、正规征收以及仓库供应。这四种方法通常是综合使用的，但是往往以其中一种方法为主，有时候也会只采用其中之一。

首先我们谈谈房主供养。

比如一个大城镇中，即使所有的居民都是消费者，他们也有几天的存粮，所以在居民密度最高的城镇，如果军队人数与居民相等，那么即使不需要特别筹备，这里的粮食也能供军队使用一天，如果军队人数比较少，则可以供养好几天。

在这种比较大的城镇中，给养效果往往是比较令人满意的，一支兵力比较大的军队可以集中在一个地点获得给养。在一些较小的城镇或者乡村中，给养效果则往往差强人意，在这种地方，一平方普里能有三四千居民就算相当不错，所以它能供养的兵力只能为三四千人，如果兵力超过这

莱比锡会战失败之后，法军开始撤退。

个范围，则必须分散到附近去舍营。

事实上，在农村或者在一些小城镇中，这里所能供应的给养物资数量比我们预想的要多。比如，一户农民的面包存储量，往往可以供全家食用八天到十四天，每天都可以得到肉类，蔬菜则可以吃到下届收获期。所以在没有军队驻扎过的地方，居民能够比较容易地供养兵力为当地居民三到四倍的军队——这种效果还是比较令人满意的。

由此可见，如果一个三万人的纵队不能在较大的城镇宿营，那么，它在平均每平方普里两三千人的地区宿营时，大约需要占据四平方普里的地区；如果一支九万人的军队（其中大约有七万五千人是战斗人员），分成三个纵队沿着三条道路并列前进，那么这支军队的营区的正面只要有六普里就足够了；如果有好几个纵队先后进入这个地区舍营，即使地方政府为了解决给养问题必须采取一些特别措施，他们也不会因为为了增加一天或者几天的给养物资而感到太大的压力；如果在这支军队抵达的第二天，又有兵力相同的军队抵达，那么这支后到的军队在给养物资方面也不会面临太大的困难。

由于马料不需要研磨烘焙，农民为自己的马匹准备的马料往往可以一直用到下届收割期，所以马料的问题比较容易解决，即使军队宿营的地区，当地人的马匹比较少，也不会缺少饲料。此外，在组织行军时，人们应该考虑地区的性质，不要让军队到工商业密集的地区舍营。

上述考察是比较粗略的，但是这并不妨碍我们从中得出结论：在每平方普里有两三千居民的人口密度为中等的地区，在不妨碍共同战斗的前提下，一支兵力为十五万人的军队适当地分散宿营时，可以获得能够维持一两天的给养。也就是说，即使没有仓库和其他给养物资，这样的一支军队连续行军时，也是可以得到有效维持的。

法国军队在大革命时期的行动，以及在拿破仑指挥下的行动，就是以这个结论为依据的。从阿迪杰河向多瑙河下游行军时，以及从莱茵河向维斯拉河行军时，虽然除了房主供养，法军没有采取其他任何方法，但是他们的给养并没有出现过什么问题。

由于法军的行动依据是物质上和精神上的优势，或者说，他们进行军事活动的前提，是确信必然会获得胜利，所以他们在任何情况下都不会踟蹰不前，一直是在胜利的道路上不间断地行军。

如果环境不是很有利，比如当地居民的密度不是很高、工人多于农民、土壤贫瘠、先前已经多次有军队驻扎过，那么获得给养的效果就比较差。如果军队需要在这种地区多停留几天，而且没有做未雨绸缪的准备，那么给养方面必然会产生很大的难题。即使在如今这个时代，如果一支兵力庞大的军队不采取两种措施，也是没有办法在此地多停留的。

这两种措施是，第一，给军队配备辎重队伍，使辎重队伍运送能够维持三四天之用的最为基本的给养物资，比如面粉和面包；此外再加上士兵自己携带的能够用三四天的口粮，这就能够使军队得到能够维持八天之用的最为基本的给养。第二，设置适当的军需机构，以便在军队休息的任何时刻都能从远方运来粮食，这样就可以随时放弃房主供养的方法，而改用另一种给养方法。

一般而言，采用房主供养的方法的前提，是军队必须舍营。这种供养方法的优点，是不需要任何运输工具，在短时间之内就能得到给养物资。

接下来，我们来谈谈军队强征。

一个单独的营有必要在一些村庄附近野营时，我们可以指定这些村庄供应给养物资。由此来看，这种给养方式在实质上与上一种给养方式并没有什么不同之处。

如果在某一个地点设营的军队兵力过大，那么为了给他们提供给养，除了从一些地区进行强征然后再来分配，就再也没有别的办法。

显而易见，这种方式无法为大规模的军队获得必需的给养物资。与一支军队在某个地区舍营时获得的给养物资相比，在该地区强征到的粮食必然会少得多。因为在舍营时，三四十个士兵进入一户农民家中，在必要时能够将农民最后的存粮搜刮出来，但是派遣一个军官率领几个士兵去强征时，既没有时间，也没有办法将所有的存粮都搜刮出来，而且由于经常性地缺乏交通运输工具，所以只能得到现有粮食中的一小部分。从另一个方面来看，如果大量军队集中在一个地方扎营，那么对于整个军队的需求而言，能够很快获得给养物资的那些地区就显得太小了。

设想一下：一支三万人的军队，如果只是在方圆三四平方普里的范围内强征给养物资，将会出现什么结果呢？结果当然是不利的，因为大多数邻近的村庄已有别的军队在宿营，这些军队是不会让营区所在的村庄交出给养物资的。此外，这些贪多的军队往往会造成很大的浪费，因为有时候他们得到的物资超过了实际所需，所以有的东西会被白白扔掉。

据此，我们可以得出结论：只有在军队的兵力不太大（兵力为八千到一万人的师）的时候，用

轰轰烈烈的莱比锡战役之后，战场归于平静，胜利者固然欢欣鼓舞，失败者固然垂头丧气，但是横尸战场的死者对这一切都无动于衷，他们只能在这里化为尘土。

强征手段获取军用物资才能收到成效。然而，即使在这种情况下，我们也只能将强征当成一种不得已而为之的办法。

先遣部队向敌军推进时，往往会采用强征手段获取给养物资，因为他们将要到达的地点不可能事先备好粮食，虽然有为主力部队配置的粮食供应点，但是先遣部队往往离这些粮食供应点比较远。对于独立性比较高的别动队而言，在获取给养物资的过程中，他们也只能采取强征的做法。对于其他类型的军队而言，在没有时间或者无计可施的情况下，也不可避免地会采用这种做法。

如果时间和环境允许一支军队采取正规征收的做法，那么获取给养的效果就越好，然而，在实际中，时间和环境往往不允许采取正规征收的方法，而且用强征方式见效比较快。

接下来我们将要说到的另外一种征收方法是正规征收。

这是现代所有战争的基础，也是筹备给养物资最为简单和最为有效的方法。

这种征收方式与强征方式最为主要的区别，在于正规征收是在地方政府的参与下进行的，军队不是通过暴力手段征收粮食，而是经过合理分派之后，让居民有秩序地缴纳粮食，只有在地方政府的配合下，这种工作才能做好。

这种征收方式的效果取决于时间，也就是说，时间越多，分派范围就越普遍，征收效果就越理想，为了达到最好的效果，我们甚至可以将现金采购作为一种辅助手段，这种情况与我们即将说到的第四种征收手段——仓库征调——有一定的相似性。

在本国征收物资时，采用这种方法没有什么难度，军队撤退时，采取这种方法也没有什么难度。然而，当我军向尚未占领的地区挺进时，安排正规征收的时间则比较少。

在通常情况下，先遣部队往往只是能够比主力部队提前一天抵达指定地点，所以他们只能向地方政府提出要求，让地方政府在某地准备一定数量的给养物资，然而此时只能在周围几普里的范围内征集给养物资（因为时间有限，主力部队第二天就会抵达）。所以对人数较多的军队来说，如果不随身携带几天的给养，只是依靠在仓促之中征调的给养物资是远远不够的，军需机构的任务，则是掌管这些物资，把它分配给那些没有物资储备的军队。

但是，（如果时间足够的话，）征集给养的困难是会逐日减少的。因为征集给养的距离在逐渐延伸，征集地的面积在逐日扩展，征集的效果自然会随之好转。比如可供征集给养的地区，第一天只有四平方普里，那么第二天就会扩展为十六平方普里，第三天则会扩展到三十六平方普里。

当然，这里所说的只是一种一般性的情况，事实上，征集给养物资的地区能否扩大，往往还会受到其他条件的限制。其中，最为主要的限制条件，是那些刚刚有军队经过的地区，无法像那些没有军队驻扎过的地区那样能够提供比较多的给养。

对当地居民分派任务之后，为了确保能够将大部分给养物资征集到手，必须依靠当地政府组建的征粮队，也就是说，在征调过程中，必须能够使当地居民有所畏惧，使他们意识到如果不服从指令就会受到责罚和惩处。

与军需机构和给养制度有关的细则非常繁杂，我们在此处不打算谈这些细节，而只是想谈谈通过利用它们能够产生什么结果。

哈瑙战役

莱比锡战役之后，法军撤往本国的途中在哈瑙被巴伐利亚和奥地利联军截断了退路。在拿破仑的指挥下，法军穿过森林，打垮了联军的骑兵和炮兵，然后调集近卫军重骑兵多次向联军主力发动猛攻，最终彻底击败敌人，得以安全回国。

根据我们通过考察一般性情况所得出的结论（法国大革命之后的战争经验已经证实了这个结论的正确性），即使一支军队的兵力比较庞大，只要它携带能够维持几天用的粮食，那么采取正规征收的办法就可以有效解决给养问题。军队抵达某地之后，可以立即采用正规征收的办法，但是仅限于附近地区；其后，如果征集地的范围需要扩大，那么就需要由层级更高的地方政府进行安排。除非当地的资源已经枯竭，被搜刮到了挖地三尺的地步，否则，正规征收的办法是永远可以使用的。

如果军队在某地的驻扎时间比较长，那么他们就可以将征调给养的要求，提交给当地的最高政府。下放征集任务时，地方政府当然会尽可能地均摊任务，在某些情况下，还可以通过收购手段缓解征收给养的压力。

即使是入侵的外寇，如果他们想要长期驻扎在我们的国土上，通常也不会粗暴地将供应给养的任务完全施加给当地居民。在此情况下，正规征收就会趋同于仓库供给，但是并不会完全演变为仓库供给，它对军事活动也不会有明显的影响。这是因为，尽管这样的军队可以从较远的地方运来给养作为补充，但是当地仍然是供应给养物资的真正的源泉。

这种情况与18世纪供应给养物资的情况是截然不同的：在18世纪，给养物资通常完全是由军队独力管理而与地方政府无关。这两种方法的主要区别在于，前一种给养方法对当地的运输工具和面包房的依赖性比较高，军队几乎可以完全废除有碍于作战的庞大的运输队。的确，如今的军队不能完全没有辎重，但是与此前相比，如今的辎重已经比较少了，而且辎重部队一般只是运送当天剩余的给养和供次日使用的给养。

在现代也有一些特殊情况，比如拿破仑于1812年在俄国作战时，法军就配备了庞大的辎重队，而且还携带着野战面包房，但是这毕竟是一个特例，因为三十万人在波兰和俄国那样的国家（农业发展水平落后的国家）沿着一条大路行军一百三十普里是少见的情况，而且当时还是青黄不接的季节。即使如此，我们也只能将法军当时采取的这些措施当成辅助手段，或者说，我们应该始终将就地征收当成获得给养的基础。

自法国大革命以来，法军始终将就地征调作为获取给养的最为基本的方法，甚至他们的对手

巴伐利亚骑兵（白衣骑兵）攻击法军的炮兵阵地时，法军骑兵（红衣骑兵和黑衣骑兵）突然出现，猛攻联军骑兵。

也不得不依样施为。从长远来看，这种制度也是很难被废除的。

无论是为了更有效地发挥战争的威力，还是为了便于军队轻装上阵，其他供应给养的方法都不如这种方式。这是因为，对于任何一支军队来说，无论向哪个方向进军，在最初三四个星期之内都不难获得给养，而且随着行军路程的延伸，他们可以利用仓库获得给养。

行军方向不同，面临的获取给养的困难程度就有高低之分，但是给养方面的问题绝对不会成为具有决定性意义的因素，所以这种困难并不会改变行军方向。但是有一种情况是特例，那就是在敌国撤退。

在这种情况下，给养供应面临的困难往往比较大。因为军队持续撤退时，往往会因为时间限制，无法专门停留在某地征调给养；而且由于此时军队与居民的关系是敌对的，必须始终保持集中，无法分开舍营，或者分为几个纵队在宽大的正面上撤退，如果只是分派任务而没有当地政府的配合，这显然是征收不到给养物资的。此外，由于在这种撤退活动中，当地居民往往会进行反抗，所以军队只好沿着主干线撤退。

1812年，拿破仑的军队在撤退时只能沿着原先的进军道路返回，就是因为受到了给养问题的限制，如果他率军沿着其他道路撤退，那么败局就会来临得更早。所以，虽然法国有些理论家针对拿破仑的此次撤退提出了很多的指责，但是这些指责都是不合理的。

我们最后将要谈到的给养方法是仓库供给。

只有当这种给养制度与17世纪最后三十年和18世纪实行过的给养制度相同时，它才能与正规征收方式产生区别。但是这种制度今后还会出现吗？

在尼德兰、莱茵河畔、上意大利、西里西亚、萨克森等地，曾经有大量的军队集结于此，并且进行了长达七年、十年，甚至是十二年的战争。如果我们知道这段历史，就会很难想象还能用什么方法获取给养（除了仓库供给，再无其他办法）。在这些旷日持久的战争中，哪一个地区能够为军队持续地提供给养而不会枯竭？

这就产生了一个问题：战争与给养制度，究竟是谁决定谁？我们的答案是，如果条件允许，最初是给养制度决定战争；如果条件不允许，战争就会对给养制度产生反作用，也就是说，是战争决定给养制度。

与以单纯的仓库供给制度为基础的战争相比，以就地征调制度为基础的战争对于作战更为有利，所以，如今没有一个国家敢于用前一种战争对抗后一种战争。如果一个颟顸的陆军大臣对这种具有普适意义的法则视而不见，在战争初期仍然沿用仓库供给制度，那么随着战争的推进，出于现实性的考虑，统帅就会放弃这种方法，改用就地征收的方式。

建立仓库供给制度耗费甚巨，受此影响，军备规模必然会被压缩，甚至有可能会裁撤军队。如果人们能够考虑这一点，那么我们就会知道，除非敌对双方通过外交途径达成协议，否则仓库供给制度就没有实现的可能，所以，今后的战争应该会在作战初期就采用就地征收的方法。

当然，有时候某个政府也会在这种方法之外，采取一些复杂的给养制度作为补充，以便减轻地方的负担，但是我们不打算谈这些问题，而只是想说政府的作用是有限的，在战争中，我们首先应该考虑的是燃眉之急，复杂的给养制度显然不在此列。

哈瑙战役期间，在前线指挥作战的法军高级将领（图中左侧）。

如果说作战成果并不像战争性质所规定得那么苛刻，战争中的运动也并不像战争性质规定得那么广泛，那么，采用就地征收的方式必然会使驻军所在地的资源趋于枯竭，地位不利的一方也必然会被迫签订和约，所以，在此形势下，为了减轻地方的负担，我们必须在军队内部建立独立的给养制度，比如拿破仑率军在西班牙作战期间，就不得不让军队携带给养物资。

在大多数的战争中，由于国家力量的消耗速度会加快，所以很多国家都不愿耗费巨资进行战争，而宁愿签订和约息事宁人，这是促使现代战争时间缩短的原因之一，也是缔结和约最为常见的一个原因。

我们这样说，并不是想全盘否定用旧式给养制度进行战争的可能性。如果根据实际情况的需要，应该采用旧式给养制度，各方面的条件也允许，那么旧式给养制度就会再次出现。但是这只是特殊环境下产生的一种特殊状态，并不是从战争的本义中产生的，所以我们不能认为这种给养制度是合理的。此外，虽然这种旧式给养制度较为仁慈，但是我们并不能因此认为这可以使战争趋于完善，[①]因为战争本身并不是仁慈的行为。

无论采取什么办法，在人口稠密的富庶地区获取给养物资，总比在人口稀少的贫穷地区获取给养物资容易。我们之所以谈到人口的疏密程度，是因为它与当地的存粮有两方面的关系：第一，人口稠密的地区，存粮必然很多；第二，人口稠密的地区，产粮量也比较大。当然，工业区是例外。

① “使战争趋于完善”，这句话的意思，应该是这种旧式给养制度并不能使战争的暴烈程度有所缓和。——译者注

如果供养一支兵力为十万人的军队，那么住有四十万人的四百平方普里的地区，一定比不上住有二百万人的四百平方普里的地区，即使前者的土壤更为肥沃。况且，人口稠密的地区，陆路交通和水路交通都比较发达，交通工具也比较多，更为有利于进行商业贸易，所以对各方面的要求比较多的战争，往往会在交通要道、人口众多的城镇、富饶的河谷或者水路便利的海岸进行。由此我们也可以看到，给养问题对于作战方向、作战形式、战区选择和交通线路的选择有多大的影响。

这种影响有多大？筹备给养物资的难易程度对于作战能产生多大的影响？这些问题都取决于作战方式。如果说战争是按照它的本质进行的，构成战争的各种要素在作战过程中完全施展了它们的效力，敌对双方迫不及待地想要通过战争一决高下，那么即使给养问题再重要，它也只是一个从属性的问题。如果敌对双方旗鼓相当，多年以来只是在某个地区进行拉锯战，那么给养往往就会成为最主要的问题——统帅变成军需官，指挥作战则变成了管理辎重队。

许多战争就是因此而徒劳无功，只是无谓地消耗力量，而且当事者还会将这些问题全都归咎为缺乏给养，但是拿破仑从来不是这样，他的口头禅是，不要给我谈给养问题！虽然这位统帅在俄

蓄势待发的法军骑兵

国的作战经历清楚地表明，我们不应该完全忽视给养问题，但是我们必须知道，法军在挺进时遭到巨大的损耗，在撤退时险些遭到灭顶之灾，缺乏给养只是原因之一。

的确，拿破仑是一个敢于兵行险招的狂热的赌徒，但是也恰恰是他以及在他之前的一些法国革命军的统帅，打破了给养问题方面的一些顽固的偏见。或者说是他们指出了给养问题只是一个条件，而不能被当成目的。

缺乏给养与劳累、危险一样，统帅在这方面对于军队的要求是没有严格的界限的。与柔弱仁慈的统帅相比，性格刚强的统帅往往能提出更严格的要求，虽然不同的军队的抗压能力是不同的，

但是我们可以从中总结出一条具有普适意义的原则：在任何时候，给养缺乏和高度压力只是一种暂时性的现象，随着时间的推移，给养问题必定会得到解决。

成千上万的士兵穿得破破烂烂，背着三四十磅重的行李，在恶劣的天气和崎岖难行的道路上行军，视死如归，但是他们得到的不过是少得可怜的一块面包。世上还有比这更让人动容的事吗？虽然在战争中这种事屡见不鲜，但是人们在事实上几乎无法理解，为什么在如此恶劣的条件下，这些将士并没有士气低落，或者成为强弩之末？为什么仅仅凭借信念，这些将士就能无往而不利？

凡是为了伟大的目标而要求士兵忍饥挨饿的统帅，无论是出于感性还是出于理智，随时都应该想到，在机会来临时，必须给予麾下将士相应的报酬。

接下来我们来谈谈给养问题在进攻和防御中的差别。

在防御期间，防御者可以不断利用先前准备好的给养物资，所以一般不会缺乏给养，在自己的

哈瑙战役俯瞰图

国土上防御外敌时是如此，在敌国进行防御时往往也是这样。但是，进攻者面临的情况显然与此不同，因为他们必须远离自己的给养基地，在继续前进的路上，他们每天都必须筹备必要的给养，所以会经常面临困难。

如果这些困难是在两种情况下发生的，那就有可能导致极为严重的问题。

第一，胜负未分期间，进攻者在行军途中缺乏给养。此时，防御者的给养物资近在咫尺，而进攻者则必须将给养物资安排在后方；由于进攻者的军队必须尽量集中，所以不能占据广大的地区，

而且一旦会战开始，甚至有可能出现辎重部队不能及时跟上的问题。如果事先没有做好准备，那么在会战开始的前几天，有的军队就会出现给养缺乏的问题，对于进行会战而言，这显然是不利的。

第二，当交通线路过长时，如果进攻者在行军途中即将抵达终点时缺乏给养，就有可能导致很严重的问题，特别是在贫穷的地区或者敌国行军时尤其如此。比如从维也纳到莫斯科，在这条交通线上，每获得一车粮食都得借助于暴力；而从科隆经过列日、鲁文、布鲁塞尔等地到巴黎，在这条交通线上，只需要一张商业合同和一张支票，就能得到可以供几百万军队使用一天的粮食。

缺乏给养往往会增加军队克敌制胜的难度，当各种力量损耗殆尽，撤退成为必然的选择时，导致战败的各种条件就会纷至沓来。

至于马料，正如我们说过的那样，在作战初期往往不会缺乏，但是在当地的资源即将枯竭的时候，最先缺乏的则是马料，因为马料的需求量是很大的，而且难以从远方调运，所以在缺乏粮秣的情况下，马匹往往比人更容易死亡，所以，如果骑兵和炮兵过多，有时候反而会成为军队的负担，也会削弱作战力量。

战场上的拿破仑

第十五章　作战基地

无论是进攻敌军、敌军战区，还是在本国边境设防，一支军队都必须依赖于产生它的地方，而且必须与这个地方保持联系，因为这里是军队存在的条件。军队兵力越是庞大，对产生它的母地的依赖程度和依赖范围就越大。这并不是说军队必须同整个国家保持密切联系，因为这既不可能，也没有必要，而是说它只要同它掩护的正后方保持联系即可。

如果有必要，我们在军队所掩护的正后方必须建立专门的设施以储备军用物资，同时，为了补充兵员，我们也必须建立一些相关的组织，所以该地是军队进行一切活动的基础，我们必须将它和军队视为一个整体。

如果为了确保万无一失，我们必须将军用物资存放在筑有防御工事的地区，那么基地的概念就会更加明确。但是防御工事并不是形成基地这个概念的基础，事实上，在很多场合，基地是没有防御工事的。

一支军队进入敌国之后，有很多必需品可以就地获得，所以有时候敌国领土也可以成为军队的基地，或者说至少可以成为军队的一部分。此时必须具备一个前提，那就是该地已经完全臣服，但是这种臣服是有一定的限度的，一般来说，只有在守备部队和巡逻队能够有效震慑土著民的范围之内，土著民才会完全服从。所以，就军队的需要而言，在敌国获取必需品的地区是有限的，而且往往无法满足军队的需要，也就是说，在此形势下，本国必须尽可能多地提供必需品，军队正后方的那部分本国地区无论如何都是构成基地的不可或缺的一部分。

军队的需求分为两类，一类是任何耕作区都能供应的，这种需求主要是给养品，这可以在敌国解决；一类是只能由建军母地解决，这种需求主要是其他方面的补充，比如兵员、武器弹药，一般情况下，这种需求只能由本国解决，虽然偶有例外，但是这种情况毕竟罕见，不能作为我们进行考察的依据。从另一方面来说，这也说明军队和本国的联系是不可斩断的。

给养物资的需求量大，消耗也快，即使遭到损失也比较容易补充，所以无论是在敌国还是在本国，给养物资往往储备在没有防御工事的地方。至于其他方面的补充，比如武器弹药等，则宁可从后方运来，也不能轻易储存在战区附近没有防御工事的地方，如果必须储存在敌国境内，则只能存放在要塞中。这也说明，基地之所以重要，不是因为它能供应给养物资，而是它能供应其他方面的物资。

这两类必需品使用前越是需要集中在大仓库里，这些大仓库越是需要汇集成仓储基地，这种仓储基地就越可以代替整个国家，它与基地的概念的联系也越紧密。但是，我们并不能因此认为这种仓储基地就是基地。

如果有些地区广阔而富庶，给养品和其他物资的补充来源比较丰富，为了使这些地区发挥更大的效力，我们已经在该地建立了几个比较大的补给点，而且该地交通发达，距离军队较近，与军队正后方的广大地区连在一起，在一定程度上处于军队的保护之下，那么这些地区就能够为军队提供强有力的支撑，并且可以为军队的各种运动提供更大的活动空间。

有的人曾企图利用一个概念来表示给养物资来源地的各种有利条件和不利条件的总和，具体做法是，用作战基地的大小来概括军队的有利条件，将基地两端和作战目标连起来，然后将这两线之间的夹角作为衡量有利条件和不利条件的依据。

由于这种做法是以一系列的概念替换为基础，这种偷天换日的做法必定会损害真理，所以这只是一种毫无意义的几何游戏。

正如我们所看到的那样，军队的基地由三部分组成，而且这三部分都是军队赖以生存的条件，即当地的补给物资、在各地建立的仓库，以及可以提供仓储物资的地区。

这三部分的位置是分开的，不能混一而论，更不能用随意想象出来的代表基地宽度的线条来表示，比如连接两个要塞的线条、连接两个城市的线条，或者沿着国境线所画的线条等。而且，因为这三部分的性质或多或少有相似之处，所以它们之间的关系不可能是固定的。

比如有时从远方运来的物资可以就地获取；有时甚至是粮食都得从远方运来；有时附近的一些要塞就是屯兵重镇、港口或者商埠，可以容纳一个国家的军队；有时所谓的要塞不过是一个不能自给自足的土城。所以，人们从作战基地和作战角引申出来的所有结论，以及以这些结论为基础所建立的整个作战理论，只是一些毫无意义的几何学性质的东西，在实际战争中会被人们弃若敝屣，它们只会在纯粹的逻辑领域引起一些错误的观念。

但是我们必须知道一点：这种错误中，错误的只是结论，构成这些观念的基础毕竟是真实的，所以这种见解总是反复出现。

无论基地的作用是大是小，也无论为什么基地的作用有大小之分，我们只需要知道，一般来说，基地对于作战是有影响的。此外，我们也不能将基地简化为可以作为规则的几个观念，而是必须在具体的情况下同时考虑我们在上面所说过的那几个方面。

如果某个地区或者某个方向已经做好了为军队提供给养物资和其他物资的准备，那么我们就必须将此地当成这支军队的基地，即使在本土上也是如此。变更基地耗时费力，即使在本土，也不可能经常变更基地，所以军队的作战方向总是会多多少少受到基地的限制。在敌国境内作战时，如果想将两国交界处的国境线全都作为基地，那么只有在到处都建立相关设施的情况下，才能做到这一点，但是想要做到这一点是很困难的。

在1812年战争中，面对法军势如破竹的攻势，俄军节节败退时，可以向任何方向撤退，因为俄国幅员辽阔，军队向任何方向撤退都有广大的活动空间，所以在此形势下，俄军可以将整个俄国当成基地，后来，俄军从各个方向向法军发动反攻，这就可以证明我们的说法并非空穴来风之谈。然

哈瑙战役全景图

而，就战局的每一个具体阶段来说，俄军的基地也并非那么辽阔，它的基地主要还是建立了可以输送军用物资的主干道上。比如俄军在斯摩棱斯克附近进行了三天会战之后不得不撤退时，虽然有人建议撤往卡卢加，将正在向莫斯科挺进的敌军引开，但是俄军最终还是选择了撤往莫斯科，原因正如刚才所说，除了莫斯科，俄军再无撤往其他方向的可能。也就是说，在这种形势下，只有经常长时间的准备，军队才能改变撤退方向。

军队的兵力越庞大，它对产生它的母地的依赖程度和依赖范围就越大，这是显而易见的。

军队好像一棵树，它只能从孕育它的泥土中获得生命力。如果是小树或灌木，移植它就比较容易，但是如果是一棵大树，那么移植它的难度就比较大。虽然一支小规模的军队也需要自己的生长土壤，但它在任何地方都容易扎根，兵力庞大的军队则并非如此，所以在谈到基地对作战的影响时，我们必须经常考虑兵力的规模。

对于军队来说，在短期内，给养品是比较重要的，在长期内，其他方面的补充则比较重要，因为后者的来源是固定的，而前者可以通过各种方法获取——这也进一步说明了基地对作战方式的影响。

1814年，俄军进入巴黎。

1812年，拿破仑以征服者的姿态率军进入莫斯科时何等风光，然而短短一年多之后，俄军就反过来以征服者的姿态进占巴黎，这一切不由让人感叹世事无常。

无论这种影响有多大，我们都必须知道，只有经过很长时间以后，这种影响才能产生决定性的作用，但是在这段时间内会发生什么则是未知数。所以，作战基地的价值对确定作战行动起决定性影响的情况是罕见的，只有人力的作用比较有限时，作战基地的价值才会产生决定性的影响。至于在基地方面可能产生的困难，应该与其他有效手段联系起来，才能进行全面的考量，当然，当决定性的胜利发挥作用的时候，这些困难就都消失了。

第十六章　交通线

在一般情况下，从军队配置地点到给养物资和其他补充物资聚集地之间的道路，也是撤退路线。这种道路有双重使命：它们既是补充军用物资的交通线，也是撤退路线。

按照目前的给养方式，军队主要是从当地就地获取给养，但是这不妨碍我们将军队和基地视为一个整体。作为这个整体中的一部分，交通线是连接基地和军队的纽带，应该被视为军队的生命线，沿线布置的医院、邮局、弹药库、行政机关等，它们的总的价值对于军队具有决定性的意义。

这些生命线不能长期中断，也不能太长，或者路况比较差，因为这样会使整体性的力量遭到一些损失，必然会削弱军队的力量。

从作为撤退线路的这个意义上来说，交通线实际上已经成为军队的战略后方。

综合这两种使命来说，这些交通线的价值取决于它们的长度、数量、位置、路况，以及沿线居民的情况和情绪，当然，沿线有没有要塞和天堑作为掩护，也是一个具有决定性意义的因素。

然而，从军队配置地点到给养物资和其他补充物资聚集地之间的道路，并不是全都是能派上用场的真正的交通线。虽然那些不是真正的交通线的道路在必要时可以加以利用，或者说可以将它们视为辅助线，但是只有那些沿线建有专门设施的线路才是真正的交通线，也就是说，只有那些沿线设有仓库、医院、邮局等机构，而且有宪兵队和守备部队看护的道路，才是真正的交通线。

关于这个问题，在本国国内和在敌国国内有一个容易被忽视但是很重要的差别。

在本国国内，军队就像在自己的家里一样，到处都设有自己的政府机关，到处都可以见到箪食壶浆的居民，虽然在本国国内也有专门设置的交通线，但是军队根本不受这些交通线的限制，在必要的情况下，他们可以选择其他的道路，即使这些备选道路不是太好。所以，如果军队被敌军迂回，必须掉转方向时，他们往往也可以利用这些备用道路。

然而，在敌国国内行军时，一般只有那些已有友军通过的道路才可以作为交通线。在这种情况下，即使一些微乎其微的原因，也可能导致截然不同的结果。

在敌国国内行军时，军队必须在行军途中设置一些可以构成交通线的设施，或者必须掩护分支部队设置一些可以构成交通线的设施，对土著民形成一种震慑力，使土著民意识到建立这些设施是无法避免的，这些设施也是无法改变的，甚至可以使土著民认为建立这些设施是为了缓解战争造成的破坏。此外，军队还可以在沿途留下一些小规模的守备部队来维护交通线的安全。

相反，如果在那些友军还没有用过的比较远的道路上设立相关机构，那么土著民就会将它

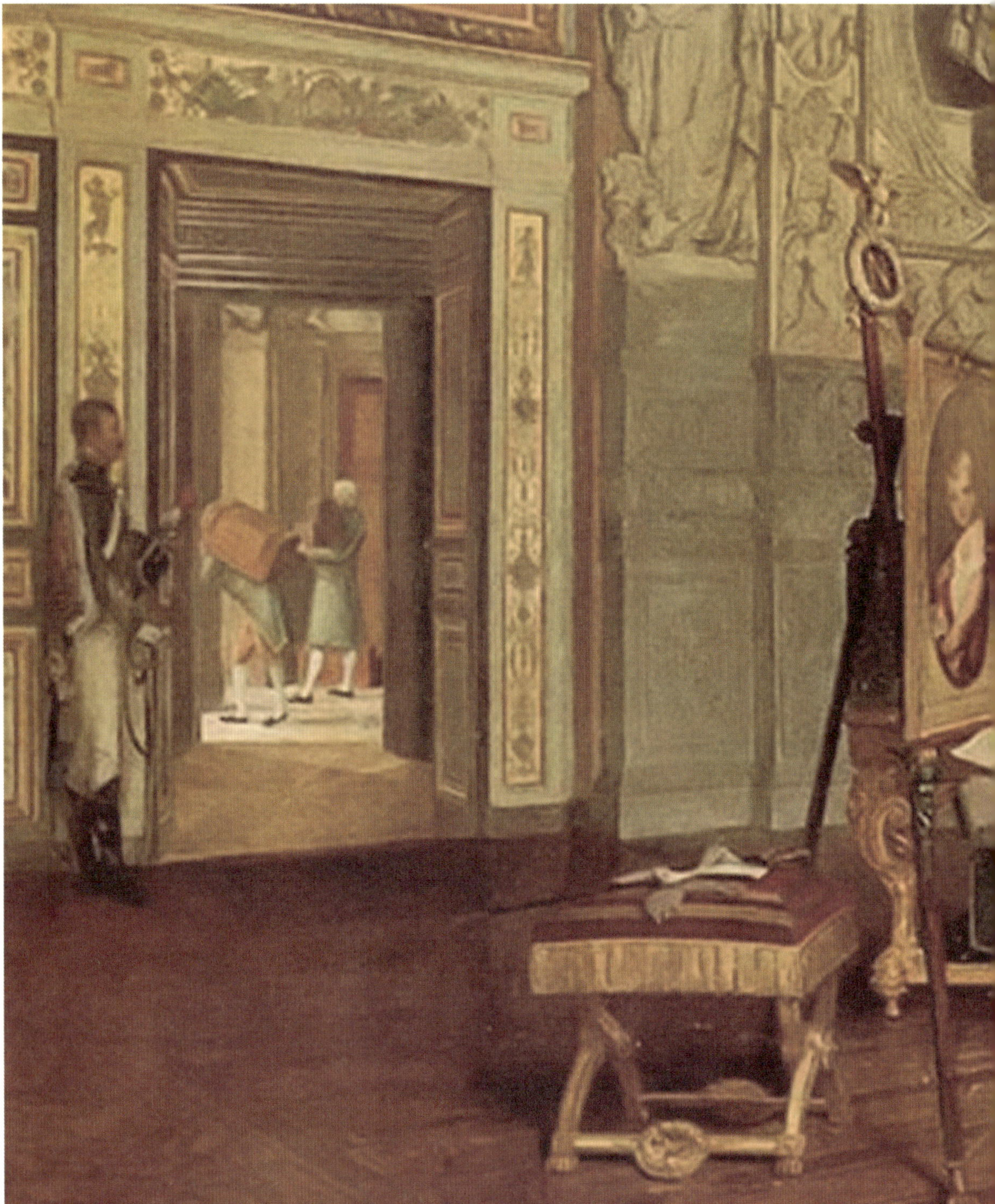

被流放之前，拿破仑在宫殿里对着罗马皇帝的画像沉思。

1814年3月31日，反法联军进入巴黎；4月11日，拿破仑宣布无条件投降，然后被流放到了地中海上一个叫厄尔巴的小岛上。图为被流放之前，拿破仑在宫殿里对着罗马皇帝的画像沉思。作为一代天骄，拿破仑曾经的梦想是征服整个欧洲，建立一个像古代的罗马帝国那样横跨欧亚大陆的大国，但是繁华三千如流水，因为莱比锡战役的失利，他的梦想成了泡影。

在枫丹白露宫举行退位仪式之后，拿破仑在宫殿前与追随他多年的近卫军告别。

拿破仑的退位仪式有些“壮士一去兮不复还”的意味，在枫丹白露宫前与追随自己多年的近卫军告别时，拿破仑发表了令人感动的告别演说。据说他离开皇宫的时候，那些追随他多年的老兵都痛哭失声。

们视为完全可以摆脱的负担。如果敌国还没有彻底沦陷，还没有进入到风声鹤唳的状态，这些相关机构以及官员就会遭到土著民的驱逐，所以要想建立新的交通线，首先必须建立强大的守备军队。而且，在某些情况下，即使守备部队兵力强大，仍然难以完全规避遭到反抗的危险。

总而言之，在敌国国内前进的军队无法使土著民彻底屈服，首先它必须依靠武力设置自己的行政机关，虽然设置这种机关不是时时处处都能行得通，此外还得做出牺牲，解决各种困难。所以，在敌国国内，军队行军时必然会受到比较大的限制，很难像在国内那样通过变更交通线的方法来变更基地，更害怕被敌军迂回。

一般来说，交通线必须足够宽阔，沿线地区经济水平较高的城市和重镇要塞也必须尽可能地多一些；此外，作为水路的河流和作为渡河点的桥梁，也有很大的作用；所以我们在选择交通线以及在交通线上建立相关设施的时候，一开始就会受到很多条件的限制，选择交通线的位置和军队的进攻路线的时候，也只有一定程度的自由，因为它们的具体位置必然会受到地理条件的限制。

军队与基地之间的联系是否紧密，都取决于上述一切条件。如果我们再将敌军与基地之间的联系和这些条件进行对比，那么我们即可看出，哪一方能够先切断对手的交通线和撤退路线，谁就能够更为有效地进行迂回。除了物质优势和精神优势，哪一方的交通线越是优越，哪一方就能有效地进行迂回。

由于交通线具有双重使命，所以进行这样的迂回也能达到双重目的：破坏或者切断交通线，使敌军陷入孤立无援的境地，迫使敌军撤退；切断敌军的退路。

对于第一个目的，我们必须指出，在现行的给养制度的基础上，交通线暂时中断不会产生太大的影响。要想加大这种影响力，就必须使敌军遭到一系列零散的损失，也就是说，我们必须在相当长的一段时间内，不断地切断敌军的交通线。

在采取复杂的给养制度的时代，成千上万辆辎重车往返奔驰，发动一次侧翼攻击就可以使敌军遭到致命的打击，然而（由于给养制度的改变），在如今，即使发动一次成功的侧翼攻击，最多也不过是使敌军的运输中断一次，敌军因此而遭到的削弱显然是比较小的，这种行动也无法迫使他们撤退。

在过去，侧翼攻击在书本中比在实际中更有用武之地，在如今，这种攻击方式在现实中的用武之地更是大为减少。一般来说（在敌国境内作战时），只有在交通线比较长，沿线状况相当不利，随时都有可能遭到土著民袭击的时候，侧翼受到威胁才会产生危险的后果。

在切断退路这个问题上，虽然退路遭到威胁有可能产生危险，但是不应该夸大这种危险，因为发生在最近的战争告诉我们，切断一支由大胆的指挥官指挥的军队的退路，比击溃这支军队的难度更大。

第十七章　地形

地形与军队的给养、军事行动本身都有极为密切的联系，而且这种联系将是永远存在的。此外，地形对战斗过程本身和战备活动也有决定性的影响。接下来我们将根据地形与军事行动的关系来研究地形问题。

地形的大部分作用表现于战术范围，但是结果则表现于战略范围。比如就结果而言，山地战斗的结果和平原战斗的结果是完全不同的。

只要我们还没有对进攻和防御加以区别对待，还没有对二者作进一步的考察，我们就不可能从地形所起作用的角度，去研究地形所有的主要特点，而是只能谈谈地形的一般特性。

地形对军事活动的影响主要表现在三个方面：妨碍通行、妨碍侦察、火力防护。

显然，这三种影响会使军事活动变得更为复杂、更为多种多样，并且更需要技巧。因为对于军事活动来说，地形的这三种影响是外部因素。

对军事活动毫无影响的地形是平原，但是在现实中，只有在兵力比较小的情况下，这种纯粹的、绝对开阔的平原才是存在的；即使是兵力弱小的军队，也只是在活动的某一时刻，他们才会面对这样的地形。

如果兵力比较大，军事活动的持续时间比较长，那么地形就必然会产生影响；对于整个军队来说，在任何时刻的任何活动中，都难以摆脱地形的影响。由此可见，地形的影响在军事活动中的影响几乎是贯穿始终的，当然，地形不同，地形的影响也不同。

通过观察大量的相关现象，我们就会发现，其他地区与完全没有障碍的平原地带的区别，主要表现在三方面：第一，其他地区的地势有高低之分；第二，其他地区有森林、沼泽、湖泊等天然障碍物；第三，其他地区由于耕作往往会有所变化。

如果某个地区在这三个方面与平原地带的区别越大，该地对军事活动的影响就越大。如果我们分别对这三个方面进行一定程度的探讨，那么我们就会发现三种与之相对应的地形，即山地、森林沼泽地和复杂的耕作区。在所有这三种地形上，作战活动会变得更为复杂，也更为需要技巧。

就耕作区而言，并非所有类型的耕作区对作战活动的影响都是相同的，影响最大的，是那种沟渠密布、栅栏和堤坝纵横交错、到处是分散的住户和小灌木丛的耕作区，耕作均匀的平坦的地区则便于作战。当然，这是就一般情况而言（只谈论地形障碍所产生的天然的抵抗作用），并没有将防御者利用地形障碍进行抵抗的情况考虑在内。

拿破仑在联军的监视下离开巴黎

我们在之前说过，地形对军事活动的影响主要表现在三方面：妨碍通行、妨碍侦察、火力防护，山地、森林和耕作区在这三方面都能够发挥各自的影响：森林的作用主要是妨碍观察，山地的主要作用是妨碍通行，复杂的耕作区的作用则是二者兼有。

森林地带的大部分地区都不便于活动，在这样的地形上，很难充分集中兵力进行战斗，但也不必像在山地以及其他地形极为复杂的地区那样必须分散兵力。也就是说，在这种地方，分散兵力是难以避免的，但是兵力分散的程度比较小。

山地的主要作用是妨碍通行，这种阻碍主要表现在两方面：不是随处都能通行；即使是可以通行的地方，军队的活动也必然比较缓慢。所以在山地进行各种军事活动的时候，速度必然会受到很大的限制，整个活动也必然需要耗费更多的时间，但是山地具有一种其他地区都没有的特点：可以将某地作为制高点，俯瞰其他地点。在下一节中，我们将会专门论述到制高问题，在这里只是想指出，山地的这种特点必然会分散兵力，有些地点之所以重要，不仅仅是由于它们本身重要，而且也是由于它们能够对其他地点产生影响，

当这三种地形的作用发挥到极致的时候，统帅的作用就会降低，下级军官和普通士兵的作用则会相应地提高，主要原因是军队越分散，每个行动者就越是需要独立行动。当然，一般来说，在行动比较分散、行动方式比较多、情况比较复杂的时候，统帅的才能往往能得到充分发挥，但是我们在这里必须知道一点：在战争中获得的所有成果的总和，比这些成果相互联系的形式更具有决定性的意义。如果我们将这种考察进行到最大限度，设想一支军队被分散成很长的散兵线，每个士兵都可以各自进行小型战斗，那么所有的活动的意义就取决于各个胜利的总和，而不是这些胜利相互联系的形式。计谋是否有效，必须取决于结果，所以在上述场合，个人的勇气、技巧和士气具有决定性的意义，只有在敌对双方军队的素质相同的情况下，统帅的才智才能起到决定性的作用。所以，在地形极为复杂、兵力极为分散的情况下，民众武装可以有效发挥其优越性，而且也只有在这样的地形上，民众武装才能有效发挥优越性。

军队的性质从一个极端到另一个极端，中间有一系列的过渡地带。由于常备军与民众武装具有一定的相似性，所以在全民皆兵的条件下，分散作战的方式同样也适合于常备军。

如果一支军队不具备这种性质（适合分散作战），也不具备相应的地理条件，但是敌军具备这方面的性质和条件，那么前者就需要避免分散作战，也需要回避地形复杂的地区，但是能够避开复杂地形，往往不是由军队自身决定的，因为人们并不能像选择货物那样随意选择战区。所以我们经常能够看到，有些在性质上适合集中作战的军队，总是对地形的性质视而不见，而是千方百计地使军队按照自己的方式作战。当然，这样做必然会带来一些不利，比如军用物资匮乏、宿营条件恶劣等，但是我们也应该知道，与此相比，军队不能发挥特长时而遭到的不利往往会大得多。

集中兵力和分散兵力背道而驰，哪一种方法适用于军队，取决于军队的性质（军队是常备军，还是民众武装）。然而，在最紧要的关头，即使是最适合集中行动的军队也必须适当分散，即使是最适合分散行动的军队也必须适当集中。比如法国军队在西班牙作战时，就不得不分散兵力；西班牙人民发动起义时，也曾经派出一部分比较大的兵力进行大规模的战斗。

英国画家的漫画，讽刺拿破仑被流放到厄尔巴岛时的窘态。

除了地形与军队性质的关系，地形与兵种比例的关系也是很重要的。

所有通行困难的地区，都不适合大量骑兵行动；同理，由于缺乏可以通行的道路，森林区也不适合炮兵行动；对于炮兵而言，地形复杂的耕作区的不利条件比较少。然而，由于森林区和山地都有利于进行火力防护，所以对主要依靠火力发挥作用的兵种来说，这两种地形显然是不利的。显而易见，在任何一种复杂的地形上，步兵的比例都会高于其他兵种。

第十八章　制高点

在军事艺术中，制高点这个词有一种很特别的魅力。地形对于军队的影响，有很大一部分是通过制高点发挥作用的。军事艺术中的许多法宝，都是以制高点为基础的，比如瞰制阵地、锁钥阵地、战略机动等。研究这个问题很烦琐，但是我们必须不厌其烦地加以详细考察，以便理解这个因素的分量。

对于任何物质力量而言，自上而下地发挥力量总是易于自下而上地发挥作用，战斗也是如此。之所以这样说，主要有三方面：

第一，任何高地都是通行的障碍；

拿破仑抵达厄尔巴岛之后被当地人接待时的场景

拿破仑被流放到厄尔巴岛之后，曾登上最高点俯瞰全岛，据说他当时只说了一句话：“不可否认，这个岛屿很小。”虽然经历了莱比锡战役的惨败，但是拿破仑并不甘心就此隐退，被流放期间，他一直密切关注着巴黎的一举一动，那些对他忠心耿耿的人也经常向他传递消息。

第二,自上而下地俯攻虽然不会明显地增加火力射程,但是一般而言,这比仰攻的命中率高;

第三,占据制高点便于进行观察。

这三个有利条件在军事活动中是如何结合在一起的,这不是我们要谈的问题。我们在这里只是将制高点在战术方面所带来的有利条件结合成一个总体,并且把它当成战略上的第一个有利条件。

上述三个有利条件中的第一个和第三个,在战略上必然会出现,因为无论是在战术上还是在战略上,都需要行军和观察。如果说对于配置在低处的军队而言,配置在高地的军队是一种障碍,那么这就是在战略方面可以在制高点中获得的第二个有利条件,而便于进行观察则是第三个有利条件。

制高、瞰制、控制的效力,正是由上述因素而生,这是一支被配置在山顶的军队居高临下地看到下面的敌军时,会产生安全感和优越感的原因,也是地处低处的军队看到高处的军队时总是感到自己处于劣势地位的原因,有时候这种心理上的印象可能比制高点在实际中所能产生的作用还要强。所以,在此情况下,我们必须将人的想象力也当成占据制高点所能获得的一个新的有利条件。

就便于运动这一点来说,高处的军队并不是占据着绝对有利的地位,只有在敌军想接近制高点时对高处的军队才是有利的。如果敌对双方之间有一个大峡谷,那么即使占据制高点,也难以从中获益。如果敌对双方想在平原地带进行会战,那么占据制高点甚至会产生适得其反的效果。

同理,就便于进行观察来说,占据制高点也并不是总是有利的,比如低处茂盛的森林和敌军所占据的山脉,往往都会成为妨碍观察的因素。人们选择制高点的时候是依据地图而选,但是在占据制高点以后,往往会发现这样做非但无益反而有害,事实上,这种情况是多不胜数的。

然而,我们并不能因此而否认占据制高点的军队在进攻和防御中的优越性,接下来,我们将谈谈高处的军队在进攻和防御中是怎么样具有这种优越性的。

从战略角度来说,占据制高点能够带来三方面的益处:对战术有利、增加敌军通行的困难、便于我军进行观察。关于前两个有利条件,一般而言,只有防御者才可以加以利用,因为在此形势下,进攻者是在不断运动的,无法利用这种有利条件,而驻守在某地的防御者则可以利用这些有利条件。至于第三个有利条件,则是进攻者和防御者都可以用到的。

制高点对于防御者的重要性,由此可见一斑,而且只有将阵地设置在山地上的时候,占据制高点才能带来决定性的利益,所以对于防御者而言,将阵地设在山地能带来一个非常有利的条件。

但是有一点我们必须清楚:我们在这里所说的制高点并不仅仅指的是某一个地点。如果事实如此,那么战略上的有利条件,就几乎只是表现为一次有利的战斗这样的战术利益。如果我们将一个广大的地区当成一个倾斜的平面,那么自高向低运动的军队,就可以连续行军几天,并且能够始终瞰制面前的低地;显而易见,战略上的有利条件会因此而增加,因为此时的制高点不仅意味着有利于在单次战斗中运用兵力,也有利于进行多次战斗。

对于进攻者而言,如果他们能够占据制高点,也可以获得防御者能从制高点中得到的有利条件。因为战略进攻不像战术进攻那样只是一次孤立的行动,不是连续不断的行动,而是通过多次

路易十八

拿破仑退位之后，流亡海外多年的路易十八回国登基，宣布实行君主立宪制，但是一些顽固派想恢复旧制度，所以路易十八在位时期，政党斗争激烈，朝野动荡。外加路易十八政府比较软弱，这也激起了法国人的反对和抵制。对于拿破仑而言，这却是一个东山再起的好机会。

行军实现的，而各次行军活动中都有长短不一的间歇，在间歇期，进攻者可以像他们的敌人一样处于防御状态。

在便于进行观察这一方面，进攻者和防御者都可以从制高点中获益，它主要体现在便于各支独立的军队发挥作用这一点上，因为整体可以从制高点中获得益处，各个不同的部分也可以同样获得，所以，各个大小不一的军队有这种有利条件的时候，总比没有这种有利条件的时候好，此外，在这种情况下，配置在制高点的军队面临的危险也比较少。

如果我军在制高点方面占有有利条件，而且在其他地理条件方面也比敌军有利，那么受到不利条件压迫的敌军就会尽快离开不利的位置。比如敌军在无法占领河谷两侧高地的情况下，就不能扼守这个河谷。

由此可见，制高点具有很大的控制作用，而且在现实意义上，这一点也是不可否认的。

然而，如果说瞰制阵地、锁钥阵地、掩护阵地等名称只是根据地势高低来确定的，这就等于没有抓住问题的实质，或者说只是抓住了一个没有实质的空壳。有的人为了给朴实的军事行动增加一些装饰物，抓住这些虚有其表的理论因素不放，使这些理论因素成了那些自诩为博学多才的军人们津津乐道的话题。事实上，因为这些理论因素与实际经验之间的种种矛盾，读者往往不会对此心悦诚服，即使有些作者也对此有所顾虑。

对于那些没有抓住问题实质的人来说，他们的做法相当于向无底之桶注水，他们的错误在于把事物的条件当成了事物本身，把工具当成了使用工具的手，把占据制高点当成了力量本身，把这样的条件当成了击剑活动中的砍或刺。事实上，占领某地只相当于为了砍或刺而抬起手臂，因为这样的阵地只是一种死的工具，它们的特性只有通过人为活动才能表现出来，只是一种还没有和数字联系起来的正号或者负号，而所谓的砍或刺指的就是胜利的战斗。无论是在理论中还是在实际战斗中，我们必须记住这一点。

既然只有获胜的次数和获得的战果的重要性才具有决定性的作用，那么显而易见，敌对双方的军队和指挥官必然会跃居首要地位，而地形所起的作用则只是次要的。

第六篇

VI

防御

第一章　进攻与防御

防御的概念

防御的概念：抵御进攻。

防御的特征：等待进攻。

如果某个军事活动的特征是等待进攻，那么它就是防御。在战争中，只有根据这个特征，才能将进攻与防御区别开。

然而，由于纯粹的防守意味着只有一方在进行战争，所以纯粹的防守与战争的概念是完全矛盾的，在战争中，我们只能将防守当成相对的，所谓的防御的特征，只是在总的方面而言，而不是对组成防御的各个部分而言。

在一次战斗中，如果我们等待敌人发动冲锋，那么这就是防御战斗；在一次会战中，如果我们等待敌军进入我军的火力射程之内，等待敌军出现在我们的阵地之前，那么这就是防御会战；如果在一次战局中，我们等待敌军进入我们的战区，那么这就是防御战局。

在这些情况中，等待和防御的特征都是在总的方面来说的，它们与战争的概念并不矛盾，因为等待敌军发动冲锋或者等待敌军向我们的阵地发动进攻对我们而言是有利的。然而，我军要进行真正的战争，就必须对敌军发动还击，而防御战中的这种进攻是在总体上进行防御的情况下进行的，所以我们采取的进攻行动仍然是在阵地或者战区的范围内进行的。

因此，在防御战局中可以有进攻行动，在防御会战中可以用某些师发动进攻，对于那些在阵地上等待敌军发动进攻的军队而言，他们也可以对进犯的敌军发动火力攻击。

简而言之，防御这种作战形式并不是单纯的盾牌，而是由巧妙的打击铸造而成的盾牌。

防御的优点

防御的目的是据守。

由于据守比攻占容易，所以我们得出结论：如果使用的是同一支军队，进行防御就比发动进攻容易。然而，为什么说据守比攻占容易呢？

因为进攻者没有利用的时间，防御者可以加以利用，并可以进而从中获利，比如进攻者由于估

拿破仑归来

1815年2月26日，得知法国政局动荡的拿破仑逃离厄尔巴岛返回法国，在赶往巴黎的途中，无数追随者闻声而来，路易十八则再次逃亡海外。

拿破仑的亲随趁守卫打瞌睡的时候，偷到房门钥匙，帮助拿破仑逃跑。

拿破仑逃离厄尔巴岛的消息传到巴黎的时候，一家报纸当时连续6天报道了这起事件，标题令人发噱。第一天是“科西嘉的恶魔在儒安港登陆”，第二天是“吃人的魔鬼向格腊斯前进”，第三天是“篡位者进入格勒诺布尔”，第四天是“波拿巴占领里昂”，第五天是“拿破仑接近枫丹白露”，第六天是“陛下将于今日抵达自己忠实的巴黎”。

计失误，或者由于恐惧和迟钝错失战机，而防御者则可以对此加以利用。在七年战争中，普鲁士军队就曾多次利用防御的优点避免了灭顶之灾。这种由据守和防御所带来的优点，包含在防御的性质中，此外，对于防御者而言，由战争本身带来的优点，即地形之利，也可以使防御者优先获益。

明确了这些一般性的概念之后，我们接下来谈谈防御本身。

在战术范围内，凡是我们诱使敌军主动发动攻击，来到我军的阵地前所进行的战斗都是防御战斗。当敌军在我军阵地前出现的那一刻，我军就可以采取进攻手段，并且可以利用防御的两个优点，即以逸待劳和地形之利。在战略范围内，不同之处只在于战斗变成了战局，阵地变成了战区，战局变成了整个战争，战区变成了全国国土。在两种情况下，如同在战术范围内一样，如果采用进攻手段，仍然不会失去防御的优点。

我们之前说过，防御比进攻容易，但是防御的目的——据守——是消极的，而进攻的目的——攻占——是积极的；通过攻占可以增加作战手段，然而通过据守则无法做到这一点。

为了表述得更为确切，我们应该说，就作战形式本身而言，防御的力量比进攻更强。这也是我们通过上述想要得出的结论。

虽然这个结论完全取决于事物的性质，而且这个结论已经被经验验证过，但是目前流行的说法却与这个结论完全相反，这也可以说明那些浮光掠影地看待问题的理论家在概念上造成了多大的混乱。

防御的力量较强，但是带有消极性质，所以，只有在我军力量弱小而且必须运用这种作战形式时，我们才能利用它。一旦我军的力量强大到可以动用积极的目的，那么我们就应该放弃防御。

由于人们通过防御获胜之后，往往可以使自己的兵力占据优势地位，所以战争的进程往往是以防御开始，而以进攻结束。如果将防御作为战争的最终目的，那么这与战争的概念就是水火不容的，因为这相当于在总的方面将防御当成消极的，也相当于把组成防御的各个部分当成了消极的。也就是说，如果在战争中只是将通过防御而斩获的战果用于防御，根本不想发动进攻，就如同在会战中让纯粹的防守占据支配地位一样，是十分荒谬的。

有的防御者一直将防御坚持到了最后一刻，从来没有考虑过发动反攻，这样的史例并不罕见，或许有的人会举这样的例子来反驳我们的说法。但是我们需要说明的是，这些人忘记了我们看待这个问题的前提——从总的方面看待问题；或者说，他们用来反对我们的看法的史例，必须被看成发动反攻的时机还不成熟的具体情况。

比如在七年战争中，至少是在最后三年，腓特烈大帝并没有发动反攻的意图，我们甚至可以认为，在这次战争中，腓特烈大帝只是将进攻当成了一种比较好的防御手段。当时，他采取守势是因为环境的压迫，而且只要一个统帅采取的手段符合他当时面对的处境，那么他的做法就是正确的。在那样的情况下，腓特烈大帝采取的所有行动的基础，是他有对奥地利发动反攻的打算，而他之所以没有发动反攻，是因为时机不够成熟，如果考虑不到这些问题，那么我们在考察这个战例时，就是没有联系总体情况。

即使在这个战例中，我们也可以找到一些根据来作为我们这种说法的佐证，即腓特烈大帝后来与奥地利缔结和约。如果不是奥地利人意识到仅凭自己的力量无法与腓特烈大帝抗衡，意识到自己只有必须比过去更为努力才不会丧失领土，那么这个和约就是无法缔结的。事实上，如果不是腓特烈大帝分出去一部分兵力与俄国、瑞典和神圣罗马帝国的军队作战，那么他就会力图在波西米亚和摩拉维亚再次击败奥地利军队。对于这一点，谁能提出质疑呢？

在明确了防御的概念以及这个概念的界限之后，接下来我们再来谈谈防御是较强的作战形式这个论点。

其实，对防御和进攻进行仔细考察之后，这个论点就已经很清楚了。现在我们只想指出的是，与此相反的论点是多么自相矛盾，并且与现实是多么格格不入。

由于防御终究带有消极性，所以，如果说进攻是较强的作战形式，那么我们就不会有采取防御这种作战形式的理由；如果敌对双方的意图都是进攻，那么防御这种作战形式就没有存在的必要。然而，追求的目的越高，付出的代价越大，这是自然之理。

哪一方认为自己的力量大，哪一方就可以采取进攻的作战方式，并且可以进而追求较大的目的；同理，哪一方给自己设立的目标比较小，哪一方就可以采取防御的作战形式。通过考察以前的历史，我们就会发现，从来没有出现过兵力较弱的军队在某个战区发动进攻的情况，也从来没有出现过兵力较强的军队在另一个战区进行防御的情况。如果说从古至今的情况与此恰恰相反，那么这就可以证明，即使是最喜欢进攻的统帅，也会认为防御的力量比较强。在谈论具体的问题之前，我们必须在以下几章里先说明几个问题。

第二章 进攻和防御在战术范围的比较

首先，我们来讨论一下可以在战斗中克敌制胜的因素。

一般来说，军队的士气、训练水平等素质不在军事艺术的范围之内，而且它们在进攻和防御过程中的作用是相同的，所以我们不打算对其进行探讨。此外，我们也不打算探讨军队的兵力数量，因为这是一个既定事实，并不取决于统帅的意志，而且这个因素与进攻和防御的利害关系都是相同的。

除了上述因素，我们认为在战斗中有三个利于克敌制胜的因素，即出其不意、地利、多面攻击。

出其不意的效果，是说使敌军在某地遭遇到远远出乎他们意料的优势兵力。这种兵力数量上的优势与总的兵力数量极为不同，在军事艺术中，这是一种最为重要的行之有效的手段。

如何利于地利之便克敌制胜，这一点无须赘言，但是我们必须知道一点：这里所说的地利，不仅仅指的是进攻者在前进途中所遇到的障碍，也包括有利于隐秘地配置我军的地形。即使是极为普通的地形，也是谁越是对它了若指掌，谁就越能从中获利。

多面攻击指的是战术上大大小小的迂回，这种手段产生作用的方式，是使敌军担心遭到火力攻击，也就是使敌军担心后路被切断。

那么，这些因素与进攻和防御的关系是什么呢？

通过探讨上述三种因素，我们可以得到答案：进攻者可以利用第一个因素和第三个因素中的一小部分，防御者可以利用这两个因素中的大部分和第二个因素的全部。

进攻者要想通过出其不意的方式获得真正的利益，就必须动用所有的军队对所有的敌军发动一次真正的突袭，而防御者却可以在战斗过程中通过各种力度不等的袭击来做到出其不意。

由于防御者处于静止状态，所以进攻者能够比较容易地包围防御者的军队，或者切断他们的退路。然而，进攻者采取的这种迂回只是对整体来说的，对于组成军队的各个部分或者对于战斗过程来说，防御者比进攻者更容易发动多面攻击。

防御者能够发动各种力量不等的突袭，是因为进攻者必须沿着大道或者小道行军，容易暴露行踪，防御者则可以隐秘地配置军队，甚至可以做到在具有决定性意义的时刻来临之前不被进攻者发现，所以说防御者可以充分利用地利之便。自从正确的防御方法被推行之后，先前那种针对防御者进行的侦察已经完全失效，虽然人们有时候还会利用这种侦察方式，但是往往收效甚微。在事先选择好的地形上，防御者可以先行配置军队，并且可以在开战之前充分熟悉地形，所以占据

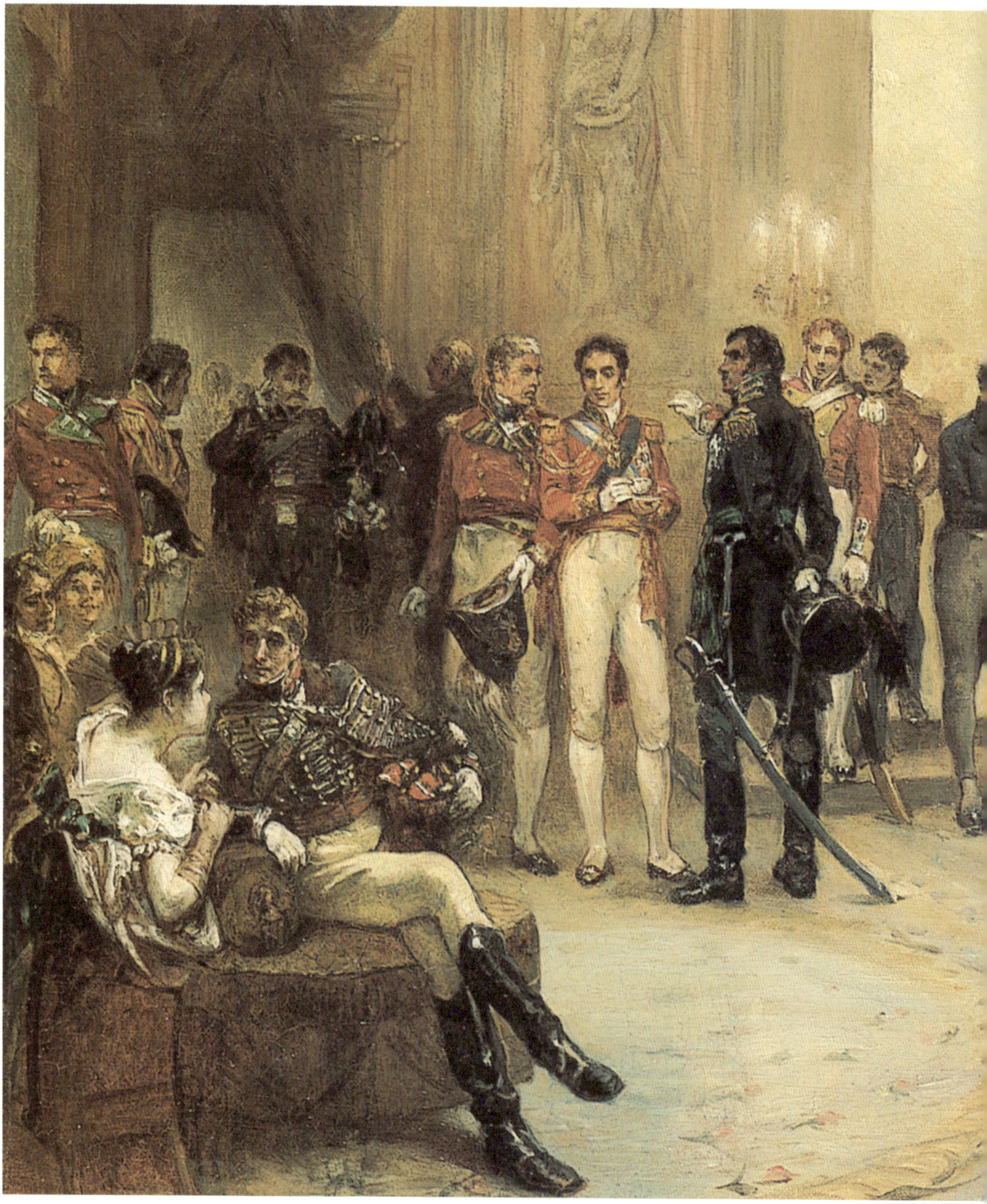

威灵顿公爵在宴会上突然得知拿破仑急袭的消息

画面左侧以威灵顿公爵（穿黑色军服者）为中心的几个人面色凝重，显然被突然传来的消息震惊了，但是其他人对此事毫无所知，依然在宴会上愉快地攀谈。通过这种对比，画家极为巧妙地表现出了“山雨欲来风满楼”的气氛。此前，欧洲列强以为拿破仑垮台之后就天下太平了，为了争夺利益，他们争吵不休，然而听说拿破仑逃离厄尔巴岛之后，他们立刻暂停争执，联合组建了第七次反法联盟。

向滑铁卢行进的法军

滑铁卢战役发生于1815年6月，交战方分别为第七次反法联盟和法军，这是拿破仑战争中的最后一次战役，也是军事史上最为著名的战役之一，在这次战争中，敌对双方都真正地做到了倾力而为。虽然最终法军失败了，但是在拿破仑指挥的战争中，这是最为浓墨重彩的一笔。

地利之便的防御者比进攻者更容易做到出其不意。

以往有一种流行的观念：被动地接受会战等于输了一半。时至今日，仍然有很多人无法摆脱这种陈腐的观念。这种观点早在七年战争期间，就已经被少数人宣扬过，产生它的基础是二十年前流行的防御方式。当时，人们所理解的地利之便，主要指的是占有一个难以接近的作战正面（比如陡峭的山坡等）。

此外，由于当时进行军队配置的特点是没有纵深，两翼行动不便，所以配置军队时，总是从一个山头延伸到另外一个山头，如果两翼可以找到依托，那么被配置的军队就像一块被绷在刺绣架子上的布一样，必须确保任何一点都不被敌军突破。也就是说，在这种情况下，军队占领的地区的任何一点都对整体有直接的影响，必须守好每一个点。如此一来，在会战过程中，就难以做到机动化，更谈不上什么出其不意。显然，这种防御方式与正确的防御方式是恰好相反的。

事实上，人们之所以有时候轻视防御，往往是因为时代的改变使得某些防御方法过时了，我们刚刚所谈到的这种防御方法就是因此而遭到了人们的轻视——虽然在某个历史时期内，它的确比进攻更为有效。

在此，我们不妨来研究一下现代军事艺术的发展进程，在三十年战争以及西班牙王位继承战期间，对于会战而言，最为紧要的事情是军队的展开和配置，这也是会战计划中最为重要的内容。在此形势下，由于防御者的军队可以抢先展开和进行配置，所以这对防御者而言是有利的，之后，随着军队机动能力的逐渐提升，对于防御者有利的这些条件渐渐丧失殆尽，所以进攻者在某个历史时期内逐渐占据了优势。此后，防御者设法以河流、山谷等天堑为掩护，又夺回了具有决定性的优势，直到进攻者的机动能力再次提升，以至于敢于分成几个纵队进入这些地形复杂的地区作战，并且能够对敌军发动迂回时，防御者的优势才再次逐渐丧失。由于进攻者敢于采取这样的行动，所以防御者不得不将正面配置得越来越宽，为了攻破敌军的守势，进攻者再次想出办法：在几个点上集中兵力，突破敌军纵深很浅的阵地。当然，防御者的方法也被迫进行了相应的改变，而且在最近的几次战争中，防御者也确实做出了相应的改变：先将军队集结成几个比较大的部分，不预先展开，而是尽可能地隐藏起来，做好战斗准备，等敌军的意图进一步暴露之后再采取行动。

这种防御方法与在仅需要单纯防守的地区所进行的消极防御并不矛盾，相反，由于后者的优点极为明显，所以它在以往的战局中曾千百次地出现过，但是这种防御方式在目前已经不再占据主要地位。

如果进攻者再次发明某种更为有效的方法，防御者则必然会改变防御方法，但是地形对于防御者的有利作用是无法否认的，而且地形在如今对军事活动的影响比在过去所起的影响更大。

第三章　进攻和防御在战略范围的比较

在战略意义上，有利于收获战果的因素是什么？

我们之前说过，胜利这个概念在战略意义上是不存在的。

所谓战略成果，一方面是为在战术上获得胜利做好准备，另一方面指的是有效利用在战术上获得的胜利。

会战胜利之后，由于敌军的基础已经被撼动，所以通过在战略上进行合适的安排，我们能够使会战的效果最大化，能够从敌军手中尽可能多地缴获战利品。在会战中，我们只能从敌军手中艰难地一点一滴地夺取战利品，但是如果战略安排适当，我们就能大量地缴获战利品，缴获的战利品越多，战略成果就越大。

能够获得这种成果或者说能够比较容易地获得这种成果的条件，也就是说，在战略上起作用的主要因素有六个：第一，地利；第二，出其不意；第三，多面攻击；第四，战区通过要塞以及其他附属设施所产生的有利作用；第五，民众的支持；第六，对士气的运用。

那么，这些因素与进攻和防御的关系是什么样的呢？

防御者占据地利之便，与进攻者具备发动奇袭的有利条件，在战术范围和战略范围内是一样的。但是，在战略范围内，奇袭手段更为有效，而且更为重要，在战术范围内，奇袭很难发展成为具有决定性意义的胜利；在战略范围内，则可以通过奇袭手段一举结束整个战争。但是，我们必须知道，对于进攻者而言，奇袭在战争的天平上并不是分量很重的砝码，一般来说，采取这种手段的前提，是敌军犯了少见的致命的错误。

在某些地点配置优势兵力，以便达到出其不意的效果，这与战术上的情况是很相似的。如果防御者将兵力分割配置在与自己的战区接近的地带，那么进攻者就可以趁机集中所有的兵力向这些被敌军配置在战区附近的军队发动攻击。然而，由于防御艺术已经随着时代的发展而有所改变，所以防御原则也进行了相应的调整。只要敌军没有沿着防守空虚的道路奔袭对手重要的仓库、要塞或者首都，那么防御者就无须分割兵力；退而言之，即使防御者有这种顾虑，他们也应该在进攻者有可能经过的道路上迎击敌军，否则他们就有退路被断的风险；即使进攻者选择的是另外一条道路，而不是防御者所在的道路，防御者也可以在几天之后动用所有的兵力截击敌军。

在大多数情况下，防御者甚至可以在进攻者必然会经过的道路上以逸待劳。如果进攻者不得不分兵前进，那么防御者的有利地位就会得到相应的加强，能够进而集中优势兵力将敌军各个击破。

苏尔特元帅

苏尔特元帅是拿破仑麾下名将之一，也是优秀的战术家和战略家，曾参与滑铁卢战役，参战期间的职务为总参谋长。此人的特点是遇事冷静，缺点是贪财高傲，很难与别人相处。拿破仑下达指令的时候虽然简洁，但是有时候含糊不清，而苏尔特元帅恰恰缺乏能领悟这种指令并且迅速将指令贯彻到全军的能力。滑铁卢战役期间，拿破仑生气而无奈地说，同样的指令，如果让贝尔蒂埃（当时已经身亡）来执行，那么在同样的时间里，贝尔蒂埃能派出100个传令兵，而苏尔特只能派出1个。

在战略范围内，侧翼攻击和背后攻击涉及的是战区的侧面和背面，所以这两种攻击方式的性质，在战术范围内和在战略范围内是大为不同的，在战略上主要表现为：

第一，火力攻击的威胁不存在了，因为火器的射程不可能横穿整个战区；

第二，被迂回者的后路被截断的危险降低了，因为在战略范围内，一支军队的活动空间很难像在战术范围内那样被敌军完全封锁；

第三，在战略范围内，由于空间比较大，所以内线（较短的路线）的作用会有所提升，这对抵抗多面攻击极为有利；

第四，在战略范围内，交通线的脆弱性是一个新的不利因素，一旦交通线被切断，将会产生很大的影响。

从莫斯科撤往法国途中的内伊元帅

内伊元帅是拿破仑麾下名将之一，滑铁卢战役期间任法军左翼军团司令，此人的特点是勇敢无畏，缺点是比较感性，容易冲动。拿破仑逃离厄尔巴岛返回法国的消息传出之后，他曾向路易十八保证一定生擒拿破仑，但是见到拿破仑的劝降信之后，他马上临阵倒戈。滑铁卢战役之后，他被波旁王朝逮捕，以叛国罪的罪名处死，执行死刑时，他拒绝带上眼罩，并获准由他自己下令行刑士兵开火。

在战略范围内，由于空间较大，所以在一般情况下，只有掌握着主动权的进攻者才能发动多面攻击（对防御者发动围攻）。在战术范围内，被包围者可以对包围者发动反围攻，但是在战略范围内无法这样做，因为被包围者在此形势下配置军队的时候，无法构成相应的纵深，也无法完全掩盖行踪。当然，这一切都是由事物的本质决定的。

的确,进攻者对防御者发动围攻比较容易,但是在战略范围内这样做并不能带来很大的利益,那么,进攻者为何还会发动围攻呢? 这是因为在战略范围内,发动围攻能对交通线产生一定的影响,这样做有可能成为克敌制胜的一个因素。在敌对双方接触初期,或者说敌对双方原先的部署还没有发生明显的变动时,这个因素所起的作用是比较小的。但是,随着战局的推展,当入寇敌国的进攻者变成防御者之后,这个因素的作用就会逐渐显现,此时,由于防御者的交通线变得更为脆弱,所以原先的防御者就可以转变为进攻者,利用敌军的疏漏而破之。然而,这种进攻的优越性并不是进攻本身的优越性,因为产生它的基础依然是防御。

在战略上起主要作用的因素中的第四个因素,即战区的各种有利作用,自然是针对防御者而言的。

当进攻者发动一次战争之后,由于随着战线的推进,他们会逐渐远离自己的战区,所以战区对他们的有利作用必然会有所削弱,因为要塞和仓库都被他们留在了背后。需要覆盖的作战地区越大,他们受到的削弱就越大,而防御者的军队依然可以保持与各方面的联系——他们依然可以利用各种要塞,离物资仓储基地比较近,并且便于补充兵员。

由于有的防御是在敌国进行的,所以第五个因素,即民众的支持,并不是在每一次防御中都可以利用的。需要说明的是,这里所说的民众支持,不仅仅指的是可供利用的民众武装,也指的是军队遇到的民间阻力比较小,离军用物资的仓储基地比较近,补给来源丰富。

1812年的战局就像放大镜一样,能够使我们清楚地看到第三个因素和第四个因素的效果:渡过涅曼河时,法军的总兵力是五十万人,参加博罗季诺会战时,兵力只有十二万,抵达莫斯科的法军则更少。我们可以说,这次巨大的战局的效果是很大的,即使俄国人后来没有继续发动反攻,也可以在长时间内确保不至于再次遭遇外寇入侵。除了瑞典之外,欧洲没有一个国家与俄国的情况相似,但是这个因素(民众的支持)仍然是起作用的,只不过作用的大小有所不同。

对于第四个因素和第五个因素,我们还需要再做一些说明:只有在真正进行防御(在本国境内进行防御)的时候,这两个因素才能有效地发挥作用。如果是在敌国境内进行防御,并且防御与进攻是交织在一起的时候,这两个因素的作用就会有所下降。

如果我们能考虑这种情况,那么我们就能发现,在此形势下,这两个因素就像第三个因素(多面攻击)一样,会对进攻造成新的不利。因为进攻不完全是由积极因素构成,就像防御不完全是由防御因素构成一样,有时候那些无法直接导致媾和的进攻,往往都会以防御告终。

由于夹杂在进攻中的所有防御因素都具有进攻的性质,或者说它们只是受到削弱的进攻形式,所以我们认为这一点是进攻中普遍存在的弱点。这并不是毫无意义的诡辩,相反,这是所有进攻的主要弱点,所以我们在制定所有的战略进攻计划时,必须在一开始就注意到这一点,尤其需要注意紧随进攻而来的防御。

巨大的士气有时候能像催化剂一样渗透到战争的各个方面,所以在一定的情况下,统帅能够利用它们来增强力量。但是,防御者和进攻者都可以拥有这种力量。虽然在发动进攻时,有些精神力量能发挥显著的作用,比如敌军的混乱和恐惧等,但是一般而言,只有在对敌军发动具有决定

青年时代贫穷而好学的德鲁奥

滑铁卢战役失败之后，拿破仑麾下很多将领都互相推诿责任，但是有一个人却主动揽责任，这就是大战期间任法军近卫军司令的德鲁奥将军。德鲁奥出身贫寒，但是勤奋好学，为人正直，即使在拿破仑被流放期间，他也对拿破仑忠心耿耿。因为人品高尚，他被时人誉为“大军团的圣贤”。滑铁卢战役之后，拿破仑再次被流放，德鲁奥拒绝波旁王朝的征用，过着自愿流放的生活，1847年离世。

性意义的打击之后，这种精神力量才能发挥作用，对于具有决定性意义的打击本身而言，这种精神力量往往并没有太大的作用。

防御是一种比进攻的力量强大的作战形式，至此，我们已经充分论证了这一点。此外，我们还需要谈到一个之前没有提过的小因素，那就是勇气——军队意识到自己是进攻者而在心理上占据优势的一种感觉。事实上，这种感觉的确是存在的，但是，随着战争胜负形势的变化、指挥官信心的变化，这种感觉很快就会被其他的更为强烈的感情淹没。

第四章　进攻的向心性和防御的离心性

在进攻和防御中，进攻的向心性和防御的离心性分别指的是使用军队的两种形式；无论是在理论中还是在实践中，这两个概念经常出现，所以人们在不知不觉中形成了一种印象，认为它们似乎是进攻和防御所固有的形式。然而，稍微加以思索，我们就会明白，其实并非如此。

在随后考察进攻和防御的关系时，为了避免这些错误观念的影响，我们有必要对进攻的向心性和防御的离心性进行一些详细考察。在此，我们先将它们当成纯粹抽象的东西，就像提炼酒精一样，先把它们的概念提取出来，至于这些概念的作用，我们则留待以后再议。

无论是在战术范围内还是在战略范围内，我们都可以认为防御者处于等待状态，而处于运动状态中的进攻者，则是针对防御者的等待状态而进行运动。由此可以得出结论：只要进攻者一直处于运动状态，防御者一直处于静止状态，那么就只有进攻者可以随意发动围攻。

在此形势下，进攻者可以通过权衡利弊来决定是否发动向心进攻，这也应该被当成进攻的普遍性的优点，然而，进攻者只是在战术范围内才有这种自由，在战略范围内则没有这种自由。因为在战术范围内，防御者的两翼的依托很难有绝对的安全保障，而在战略范围内——当防线从一个海岸延伸到另外一个海岸，或者从一个中立国延伸到另外一个中立国时——防御者的两翼的依托点则往往是安全的，在此情况下，发动向心围攻简直等于痴人说梦，进攻者的选择空间也必然会受到限制，尤其是当不得不发动向心进攻时，这种选择自由无疑会受到更大的限制。

比如俄国和法国想进攻德国，那么它们的军队只能对德国形成合围的态势，而不能事先集结在一处。

如果说在大多数情况下，对于发挥兵力的作用而言，向心进攻只是一种比较弱的作战方式，那么进攻者因为选择空间比较大而获得的利益，恐怕会被在没有选择自由的场合被迫采用的这种较弱的形式而完全抵消。

接下来我们来进一步考察一下这两种形式在战术范围和战略范围内的作用。

军队从圆周向圆心发动向心行动时，分部前进的兵力会越来越集中，人们曾经认为这是一个优点。在此形势下，兵力的确会越来越集中，但是这并不是什么优点，因为双方的兵力都在集中。在兵分多路，进行离心运动时，效果也是同样。但是向心运动的另外一个优点是真正的优点：军队进行向心运动时，分部挺进的兵力都会对一个共同点发挥作用，在进行离心运动时则并非如此。

向心运动能够产生哪些效果呢？关于这个问题，我们必须从战术和战略这两个方面来进行探讨。

格鲁希元帅

格鲁希老实本分，追随拿破仑多年，苦劳大而功劳小，滑铁卢战役期间任法军右翼军团司令。大战期间，格鲁希不知变通，没有及时增援友军，错失良机，成为直接导致拿破仑战败的原因之一。波旁王朝复辟之后，他流亡美国，1821年因大赦回国。

卡托鲁·布拉之战

卡托鲁·布拉之战是滑铁卢战役的前哨战。在这次战役中，法军在战术上获得了有限的胜利，但是这对扭转战略形势并无太大的助益。

向心运动所产生的有利效果有三点：第一，分部行进的兵力之间的距离接近到某种程度时，火力攻击的效果会增加一倍；第二，可以对集中在某一处的敌军发动围攻；第三，可以切断敌军的退路。

与战术空间相比，战略空间的范围比较大，所以，虽然在战略范围内也有可能切断敌军的退路，但是这样做的难度也会很大。

一般而言，对集结在某一处的敌军发动围攻时，敌军的兵力越小，发动围攻就越有效。比如一个军可以发动围攻，一个师可以勉力而为，一个营只有集结在一处的时候才能做到这一点，单兵则根本无法进行围攻。

在战略范围内有大量的军队、广阔的时间和充足的时间，在战术范围内则恰恰相反。由此可见，在战略范围内发动围攻不可能取得在战术范围内发动围攻的效果。

虽然从本质上来说，火力效果不是战略范围内的问题，但是在战略范围内，有一个与此相对应的问题：基地受到威胁。当敌军在我军背后某地获胜时，我军的任何部队都会在不同程度上产生基地受到威胁的感觉。

由此可以得出定论：军队在（敌军后方）进行向心运动时，既可以对甲产生效果，也可以对乙产生效果，既可以对乙产生效果，也可以对甲产生效果，而且总的效果并非二者的叠加，而是会大于二者的总和。在战术范围和战略范围内，这个优点的表现形式虽然是不同的，但是它的确是存在的。

军队在进行离心运动时具有什么优点呢？优点主要有两个：军队集结在一处；内线运动。至于军队如何利用它们获得事半功倍的效果，以及如何迫使敌军在没有巨大兵力的情况下就不敢轻举妄动，这些问题已经没有给予论证的必要。

尽管防御者开始运动的时间一般比进攻者晚，但是防御者毕竟可以及时摆脱被动的等待状态。一旦防御者开始行动，只要能够有效利用上述两个优点，对于获得胜利而言，他们的行动就可以产生决定性的意义，虽然进攻者所采取的向心运动对于获得胜利也有决定性的意义，但是前者的意义比后者更大。斩获战果的前提是克敌制胜，在考虑切断敌军的退路之前，必须先战胜敌军。简而言之，向心运动和离心运动的关系，在大体上与进攻和防御的关系相似。

向心运动是一种较弱的作战形式，但是具有积极性，能产生辉煌的战果；离心运动是一种较强的作战形式，但是具有消极性，能够比较有把握地获得战果。尺有所短，寸有所长，这两种作战形式是不相上下的。

在此，我们再说明一点：防御者并不是在任何情况下都不可发动向心运动，向心运动的效果并不总是能够使进攻占据压倒性的优势。

我们在上面所作的结论，既适用于战术，也适用于战略。此外，我们还得指出只与战略有关的一点，也是极为重要的一点：内线运动的利益是随着空间的扩大而增加的。在几日行程或者二三十普里的范围内进行内线运动所赢得的时间，必然多于在几千步或者半普里范围内进行内线运动所赢得的时间。前者的空间比较大，属于战略范围，后者的空间比较小，属于战术范围。

虽然在战略范围内达到目的比在战术范围内达到目的需要更多的时间，击败一个军团也无法像击败一个营那样速战速决，但是在战略范围内赢得的时间也有一定的限度，一般来说，在战略范围内赢得的时间应该与一次会战的持续时间相等，或者说，最多可以将会战的日期拖延几天，以尽可能地避免无谓的牺牲。

此外，在战术范围和战略范围内，敌军抢先行动所产生的结果也有很大的差别。在战术范围内，其中一方几乎是在另一方眼皮底下行动，所以处于外线的一方往往可以及时探知敌军的动向，然后采取对策；在战略范围内，一方的运动可以在一昼夜的时间内不被敌军探知的情况也是很常见的。如果一部分军队只是在行军，并且是被派遣到很远的地方，那么这支军队甚至在几个星期内都可以不被敌军发现。由此可见，其中一方利用最适合隐蔽的地形能带来多大的利益。

关于如何发挥向心运动和离心运动的效果，以及它们与进攻和防御的关系，我们暂时说到这里，在随后谈到进攻和防御时，我们还要继续说到这方面的问题。

第五章　战略防御的特点

防御是一种较强的作战形式，人们利用这种形式，是为了在获取优势之后转入进攻阶段，即转向战争的积极目的。

作战并不是一味忍受，所以，即使战争的意图是保持原状，单纯的防御与战争的概念也是相抵触的。当防御者获得显著的优势之后，防御就完成了自己的使命，如果防御者此时不愿采取守势，他们就必须利用既得优势发动反攻。理智告诉我们：机不可失，防御者此时必须利用既得优势防止敌军发动反扑。

然而，应该在何时何地转守为攻，必须由其他具体情况而定，这些问题我们将在后文中进行阐述，在此我们要说明的是，应该将转守为攻看成防御活动的必然趋势和防御活动的一个组成部分。无论在什么场合，如果通过防御获得的胜利没有被加以利用，任由其自生自灭，这将是重大的错误。

在复仇的利剑上，迅猛地转守为攻是最为熠熠生辉的剑锋。如果在进行防御时意识不到这一点，不将此作为防御的一部分，那就永远无法理解防御的优越性，也会永远误以为只有进攻才能摧毁敌军的力量，并增加自己的力量。

有的人认为进攻总是意味着出其不意地发动攻击，防御则总是在困难的处境中所采取的不得已而为之的下策，事实上，这完全是一种错误的理解。

征服者下定作战决心必然早于没有敌意的防御者，如果征服者能够保守机密，他们就往往可以在某种程度上出其不意地攻击防御者。但是这并不是战争中的必然现象，实际情况并非如此。与其说战争是因为征服者而生，不如说是为防御者而生，因为入侵会引发防御，有防御才会产生战争。进攻者总是喜欢不战而屈人之兵，他们非常愿意兵不血刃地进入敌国，然而为了挫败外寇的图谋，防御者就必须进行战争，或者说必须做好战备工作。换言之，最需要厉兵秣马以备战的国家，正是那些被迫进行防御的弱国。这也是军事艺术对人们的要求。

在大多数情况下，哪一方先出现在战场上，并不是取决于他们的意图是进攻还是防御，而是取决于另外一些东西；虽然进攻意图和防御意图并不是哪一方先出现在战场上的原因，但它们是谁先出现在战场上的结果。

突袭对谁有利，谁就会提早做好战备工作，而战备工作做得比较晚的一方，则只能利用防御的优点来缓解战备工作迟缓所产生的不利。提早做好战备工作即可抢占先机，虽然一般来说，这一

滑铁卢战役之前，英荷联军统帅威灵顿公爵与普鲁士军的统帅布吕歇尔会谈，商议作战计划。

点往往被看成进攻的优点，但是这个优点并不是在任何场合都能发挥作用。所以，防御的理想状态，应该是尽可能地做好战备工作：有一支骁勇善战的军队，有一个不惧强敌的统帅，有易守难攻的要塞，还有能够使敌军有所顾忌的民众。

有的人认为进攻意味着勇猛，防御意味着软弱，但是具备上述条件之后，再比较防御和进攻，可能大家就不会再以为防御者的角色是可怜的，也不会再以为进攻行动是轻而易举和万无一失的。

第六章　防御的手段

在防御中，能够决定战术成果和战略成果的因素，除了军队的绝对数量和绝对质量，地利、出其不意、围攻、战区的有利作用、民众支持等因素也能发挥巨大的作用。与进攻者相比，防御者在利用这些因素时如何能够占据先天优势？关于这个问题，我们在前面已经说过，接下来我们再谈谈主要供防御者利用，并且能够为防御提供支撑的一些手段。

第一，后备军。

在现代，后备军已经可以深入到敌国境内进行远征，在有些国家——比如普鲁士——后备军几乎已经被当成了常备军的一个主要的组成部分，所以它的功用已经不仅仅局限于进行防御。

从1813年到1815年，广泛利用后备军这种方式是在防御战中出现的，只有极少数地方采取了普鲁士组织后备军的方式，而那些组织架构不完善的后备军，显然更适用于防御，而不是适用于进攻。

从纯概念的意义上来说，后备军包含着这样一个意思：全体民众出于自愿，以自己的精力和财产协助常备军作战。后备军越是具备这个特点，就越是会成为变相的常备军，也会越具备常备军的优点，当然，这样的军队也会越缺乏后备军的优点。

真正的后备军的优点，就是拥有极为广泛并且很容易因为精神信念的作用而大大增强的力量，后备军的实质也恰恰表现在这里。或者说，这种组织形式必须让全民有发挥协助作用的余地，否则我们就无法指望后备军能获得什么成就。

显然，后备军的实质与防御的概念有非常密切的关系，这样的军队也更为适用于进行防御，也可以遏制敌军的攻势，一般来说，这种效果主要在防御中才能表现出来。

第二，要塞。

能够被进攻者利用的要塞仅限于边疆附近，所以对于进攻者来说，要塞的作用并不是很大，但是对于防御者来说却并非如此，因为防御者能够动用全国的要塞。如果某个要塞能够迫使敌军发动围攻，而且我军能够确保这个要塞万无一失，那么这种要塞的作用，就比那种坚固得令敌军望而却步、无法有效牵制敌军或者歼灭敌军的要塞的作用大。

第三，民众。

虽然战区内每一个居民就像河流里的一滴水一样，无法对战争产生影响，但是，即使没有发生民众暴动，仅仅是全国居民的存在而产生的影响，就能对战争产生举足轻重的作用。

拿破仑视察前线，部署作战计划。

从图中来看，这里刚刚经历过一次小规模的激烈战斗。拿破仑很清楚，滑铁卢战役是他东山再起的希望之所在，一旦战役失败，自己就会遭到联军更为强烈的报复。但是面对这一地伤亡的时候，不知道他是否会衡量累累白骨和自己的梦想的分量。

如果民众确实诚心服从本国政府，那么本国军队在本国进行军事活动的时候就比较容易。敌军如果想使居民服从，就必须公开使用暴力，使用暴力则必然会动用军队，这无疑会大量消耗敌军的兵力，并且会增加敌军的疲劳程度。退而言之，即使本国居民没有那种热情的自我牺牲的精神，长期养成的服从习性也会使他们对本国军队贡献出一切。

事实上，在任何情况下，居民出于真诚而进行的协助并不罕见，尤其是在不需要居民通过流血牺牲的方式进行协助的时候，居民更是乐意协助本国军队，比如可以在居民的协助下获得一种对于作战意义重大的东西——情报。

这里所说的主要不是由于重大的需要而通过侦察获得的情报，而是指能够与居民保持良好关系的军队，在日常勤务中遇到那些令人疑惑的细小情况时，通过居民得到的情报，所以，每个侦察队、每个哨兵和每个出外执行任务的军官，都需要通过居民了解关于敌军和友军的情报。

这种情况是一般性的，也是会经常发生的。此外，我们再来研究一下特殊情况：居民直接参与战斗，以及有居民直接参加的战斗发展到最高阶段——像在西班牙那样主要以民众战争的形式进行战斗。这种情况不单单是一种民众支持，而且也可以说这是出现了另一种真正的力量。由此，我们可以提出第四点：民众武装或者民兵是一种独特的防御手段。

第五，同盟国是防御者最后的支柱。

虽然进攻者也有同盟国，但是我们在这里所说的并不是这种同盟国，而指的是与某个国家有唇亡齿寒的利害关系的国家。通过观察目前欧洲各国的情况，我们就会发现，国家和民族的利益，都是极为复杂地交织在一起的，而且这种利益关系是变化多端的。这些利益交叉点都是具有稳定作用的结，在这些利益结点上，用力方向不同的力量都是平衡的，而且这些结又可以联系成较大的整体，整体上的任何变化都必然会影响这些利益结点之间的联系。因此，各国之间的相互关系的总和，更多的是有助于维持整体的现状，而不是使它发生变化，事实上，各国也都倾向于维持现状。

我们认为，应该按照上述理解所谓的政治均势，而且那些已经在多方面进行接触的文明国家，都会自然而然地产生这种政治均势。

那么，为了维持共同的利益而要求维护现状的倾向，能够发挥多大的作用呢？这是另外一个问题。但是，我们可以设想，个别国家之间的关系往往会发生变化，有的变化便于维护整体现状，

四壁村之战

滑铁卢战役之前，法军与联军在四壁村也发生过一场激战。在这场战役中，法军获胜，联军遭到挫败，但是在遭到挫败之后，联军意识到了团结一心的重要性，为后来的反败为胜奠定了基础，法军则在此次胜利之后表现出了失败的迹象，其中最为突出的表现就是人心涣散，高层互相猜忌，指挥不灵。图为四壁村之战中，法军骑兵攻击英军步兵。

有的变化则不利于维护整体现状。

在第一种情况中，这种变化是保持政治均势的力量，也就是说，在这种情况下，各国的利益是共同的，它们也可以实现利益均沾。但是在后一种情况中，这种变化是病态的，当然，在由许多国家组成的整体中出现这种变化也是正常的。

在历史上，曾经有某些国家能够推动只对自身有利的变化，而整体却对该国的行为噤若寒蝉，有时候，某些国家甚至能够对其他国家颐指气使，几乎成了整体中的绝对的统治者。如果有人向我们指出这一点，那么我们的回答是，这种状况并不能说明我们刚才所说的那种各国为了维护共同利益而要求维持现状的倾向会荡然无存，而只能说明这种倾向在当时的作用不是很大。

我们所说的保持均势的倾向就是维护现状，但是这种说法有一个前提，即现状是平静的，或者说均势就是现状，一旦这种平静状态发生变化，出现剑拔弩张的局面，保持均势的这种倾向就有可能发生变化。

如果我们从本质上看问题，那么我们就会知道，政治均势一般只会涉及少数国家，大多数国家则往往与此无涉。我们可以肯定，大多数国家都知道自己的生存状态是由各国的共同利益来维持的，那些与整体关系比较好的国家在进行自卫时，它的支持者往往多于反对者。

如果谁嘲笑这些考察是空想，那么他就是在与哲学为敌。

哲学上的真理能够使我们认识事物各个要素之间的相互联系，然而，如果不考虑那些偶然现象，而只是企图从这种相互联系中推导出一种能够指导每一个具体现象的法则，这当然是不妥当的。同理，如果只是拘泥于旁枝末节，一味纠缠于偶然现象，并且用这些细节性的偶然现象编纂历史，只是满足寻找到的直接原因，而没有深入探讨那些在根本上起支配作用的总体关系，那么由此而来的见解就只是对某个具体现象才有价值。

如果说那种普遍追求平静状态和致力于维持现状的倾向并不存在，那么许多文明国家就不会留存至今，它们必然会合并成为一个国家。既然如今我们所看到的这种状态的欧洲已经存在了一千多年，那么我们就必须将此归功为基于共同利益而要求维持现状的倾向。虽然整体无法永远维护好每一个国家，但是这只是一种不正常现象，而且这种现象并不会破坏整体，反而会被整体消除。

一旦出现某些可能会严重破坏均势的变化，这种变化就会被其他国家的或明或暗的反抗消除，关于这一点，我们浏览一下历史就会明白，在此没有罗列事实的必要。

在历史上，曾经有一个无辜的防御者被别国瓜分而没有得到任何外援。那些认为所谓政治均势是子虚乌有的人经常援引这个史例，接下来我们将来谈谈这个史例。

我们所说的这个国家是波兰，这个拥有八百万人口的国家被另外三个国家瓜分了，整个欧洲却没有一个国家对波兰伸出援手。从表面上来看，政治均势并没有起到什么作用，或者说，这个史例至少可以说明政治均势在个别情况下毫无作用。

一个幅员辽阔的国家被几个强国瓜分豆剖，这似乎只是一种特殊情况。由于这种特殊情况没有对欧洲各国的共同利益产生影响，所以有的人认为，那种能够维护各个国家共同利益的倾向其实是海市蜃楼。但是，我们依然坚决认为，无论个别事件多么突出，它都无法成为否定一般性情况的论据。

事实上，波兰的灭亡并不像表面上看的那样难以理解。

难道我们真的可以将波兰当成一个欧洲国家来看待吗？难道在欧洲各国中，波兰与其他成员国的水平是旗鼓相当的吗？答案显然是否定的，因为它是一个鞑靼国，不过它并不像克里米亚的鞑靼人那样位于黑海之滨，或者说位于欧洲的边缘地区，而是位于欧洲各国之间的维斯拉河流域。

我们这样说并不是轻视波兰人民，也不是说波兰被瓜分是理所应当，而只是为了说明真实情况。近百年来，波兰在欧洲基本上没有什么政治作用，对于其他国家来说，它反而是引起纷争的导火索。

就自身状况和国家结构而言，波兰是不可能与欧洲其他国家长期共存的，即使波兰的首脑有改变国家现状的决心，这个工作也需要耗费半个世纪甚至是一个世纪才能完成。况且，波兰的那些领袖，自身就带有很浓厚的鞑靼习气，很难产生改变国家现状的愿望。动荡不安的国家形势和轻率狂躁的国民习性互相助长，最终使这个国家坠落到了万劫不复之地。

早在波兰被瓜分之前，俄国人就将波兰视为禁脔，对于当时的波兰来说，独立自主的国家概念已不复存在。我们可以肯定，即使波兰后来没有被瓜分，它也会成为俄国的一个省份。如果事实完全与此相反，如果说波兰是一个有自卫能力的国家，那么那三个强国就不能轻而易举地将其瓜分，同时，那些与波兰有唇亡齿寒的利益关系的国家就有可能伸出援手，比如法国、瑞典、土耳其等国。然而，如果一个国家完全将自己生存的希望寄托给别国，这也是不切实际的。

一百多年以前，如何瓜分波兰这个问题就经常被人提起，当时，人们根本没有将波兰当成一座守卫森严的住宅，而是将它当成一条可供外国军队随意来去的公用通道。难道其他国家有制止这一切的义务吗？难道波兰的政治尊严需要其他国家挺身而出加以维护吗？从道义上来说，这几乎是强人所难。从政治意义上来说，当时的波兰就像一片荒无人烟的草原，人们不能始终保护这片草原不受别国侵犯，也不能始终保障这个国家的政治尊严。

综上所述，我们可以知道，对于波兰的灭亡，我们无须大惊小怪，就像我们平静地对待克里米亚鞑靼国的灭亡一样。虽然对于土耳其来说，波兰的存亡与它有极大的利害关系，但是土耳其也知道保护这样一片毫无抵抗能力的草原是徒劳无功的。

接下来我们回到主题上来。与进攻者相比，防御者往往更能得到外援，我们认为这一点已经得到了充分的证明。换言之，防御者的存在对于其他国家越重要，它的政治状况和军事状况越健全，它就越有把握得到外国的援助。

我们在上面所说的供防御者使用的手段，当然不是在每一次防御中都能用到，但是就防御这个概念的总体方面来说，它们全都隶属于防御。

第七章　进攻和防御的相互作用

进攻与防御，是泾渭分明的两个概念，接下来，我们准备分别对二者进行考察。

进攻的规则以防御的规则为依据，防御的规则以进攻的规则为依据，这是十分自然的，也是很有必要的。

如果我们打算为一系列概念找到源头活水，或者说想使这些概念能够成立，就必须在进攻和防御中找到一个起点，下面我们所谈的第一个问题就是这个源头——防御。

如果从哲学角度来研究战争，我们就会发现，战争这个概念并不是因进攻而生，而是因防御而生，因为进攻的目的是占领而不是斗争，而防御的直接目的则为斗争。显然，防御与斗争并不是一回事：防御是为了应对进攻，它必须以敌军的进攻为前提；进攻的目的并不是为了应对防御，而是为了占领某地，所以它不是必须以敌军的防御为前提。

从这个意义上来说，防御者具有两个特点：第一，防御者能够首先使战争因素发生作用；第二，防御者能够首先从自己的立足点出发考虑敌对双方，并且能够为战争制定最初的法则。

英军步兵结阵反击

由于火器技术的限制，当时的枪械无法连发，为了结成密集的火力网，所以步兵射击时往往是分排的。也就是说，第一排射击完毕之后，立刻下蹲装火药，然后是第二排射击，再然后是第三排射击。以此类推，当最后一排射击完毕之后，第一排士兵马上可以接续。所以，我们看到的图中的第一排英军士兵是下蹲的。

我们在这里所说的不是个别情况,而是为了确定理论的发展而设想的一般性情况。由此我们可知,进攻和防御发生相互作用的起点就是防御。

如果上述结论是正确的,那么我们可以知道,即使对进攻者的行动一无所知,防御者也可以拥有一些如何行动的依据,而且这些行动依据也决定了如何部署军队。相反,只要进攻者还没有了解敌情,他们就无法确定行动依据,在此形势下,他们所能做的,仅仅是带领军队待命。事实也正是如此,因为拥有军队并不等于可以发动战斗。退而言之,(在对敌军一无所知的情况下,)即使进攻者有利用军队发动战斗的意向,不经宣战就攻占别国领土,实际上这也不能被当成积极的军事行动。然而,此时防御者不仅可以集中军队,还可以根据自己的作战意图部署军队,当然,他们的行动也是真正符合战争概念的行动。

此外还有一个问题:在进攻的概念没有出现之前,在理论上最先确定防御行动的或然性的根据是什么呢? 显然,这种根据是进攻者的进攻路线,防御者的目的则相应地为打断进攻者的前进路线,当然,防御者此时必然会联系本国国土的实际情况来考虑问题,所以这就产生了最初的也是最为一般的防御方法。这种方法一经确定,进攻者就会针对它们采取对策;通过研究进攻者的作战手段,防御者也会紧随其后制定新的防御原则。这就在敌对双方之间产生了相互作用,只要不断出现的新成果值得考虑,理论就可以持续地研究这种相互作用。

我们进行上述分析,是为了使随后的考察更为透彻、更加有据可依。然而进行这种分析不是为了在战场上应用,也不是为了统帅而进行研究,我们针对的对象,是一些至今还是草率地研究问题的理论家。

第八章　抵抗的方式

防御的概念是抵御，抵御中包含着等待。按照我们的观点，等待是防御的主要特征和主要优点。由于战争中的防御不是一味忍受，所以等待只是相对的，而不是绝对的。

从空间上来说，与等待有关系的事物为国土、战区、阵地等；从时间上来说，与等待有关系的事物为战争、战局、会战等。

我们都很清楚，这些事物只是经纬交织的许多事物的中心，并不是永恒不变的。在实际生活中，我们往往无法对这些事物进行严格分类，但是，由于它们的概念是十分明确的，所以，我们能够以它们为依据来确立其余的观念。

从这个意义上来说，国土防御无非是等待敌军进攻我国国土，战区防御无非是等待敌军进攻我军战区，阵地防御无非是等待敌军进攻我军阵地。一旦敌军抢先动手，对于防御者而言，防御的主要特征和主要优点——等待——就已经实现了，在此之后，即使防御者进行一些具有进攻性质的活动，防御的概念也不会因此而发生变化。

从时间概念来划分，战争与国土、战局与战区、会战与阵地，这些概念都是相对应的，所以，我们在上面对国土、战区、阵地的论述，也同样适用于战争、战局和会战。

防御是由等待与行动这两种性质不同的事物组成的，通过在有所行动之前等待，然后再将等待与等待的对象联系起来，我们就可以将这两部分融合成一个整体。然而，一次防御行动，尤其是一次规模大得如同一个战局或者整个战争一样的防御行动，却不能被划分为两个阶段：第一个阶段是等待，第二个阶段是行动。正确的说法应该是，这种防御行动是由等待和行动交织而成的，所以等待能够像一条长线一样贯穿在整个防御行动之中。

我们之所以如此重视等待，是因为我们探讨的问题本身要求我们这样做。

迄今为止，还没有一种军事理论能够将等待作为一个独立的概念单独提出来，但是在实际生活中，它早已成为采取军事行动的一种依据，虽然人们这样做往往是无意识的。在整个军事行动中，等待是一个基本的组成部分，甚至可以说，没有等待，整个军事行动都有可能不会存在。

那么，等待这个因素是如何贯穿在整个防御行动之中的呢？这个因素可以产生哪些程度不同的防御方式呢？

在国土防御中，政治关系纷繁驳杂，而且影响比较大，为了便于简单明了地阐明我们的观点，我们打算将与国土防御有关的问题留到《战争计划》这一篇中进行研究；阵地防御和会战中的防

老近卫军

老近卫军是拿破仑帝国卫队的精锐成员，在追随拿破仑南征北战的过程中获得了英勇善战而令人恐怖的声名。入选老近卫军的条件有三个：35岁以下；至少服役10年；至少参加过3次战役。除了军饷和地位方面享有特权，老近卫军享有的另外一个特权是言论自由，可以随时随地发表不满意见，所以当时很多人称他们为"les Grognards（满腹牢骚的人）"。滑铁卢战役期间，老近卫军立下了显赫的战功；战后，老近卫军军团被波旁王朝解散，一部分成员被分散到了其他军队，一部分成员在波旁王朝的监视中度过余生。1840年，当拿破仑的遗体被运回巴黎时，许多尚在人世的老近卫军成员还穿着破旧的制服上街游行，以示哀悼。

御是战术问题，只有在将它们作为一个整体的前提下，才能将它们视为整个战略活动的起点；所以，最能说明防御情况的是战区防御。

我们说过，等待和行动是组成防御的两个重要因素；没有等待，防御就无法成为防御，没有行动，防御就无法成为战争。以此为基点，我们可以得出一个结论：防御无非是能够更有把握地克敌制胜的一种较强的作战形式。对于这个结论，我们在前面已经论述过，我们之所以必须坚持这个结论，主要有两个原因：第一，从根本上来说，只有它能够使我们规避错误；第二，这个结论越是深入人心，越是易于被人掌握，防御行动的力量就越强。

如果有人想继续对构成防御的第二部分进行区分，只将狭义的防御——守卫国土、战区、阵地——当成必要的部分，而将转入进攻阶段的还击当成与防御行动无关的东西，那么，这种看法与我们的观念就是相抵触的，进行这种区分也是无意义的。

我们必须将以牙还牙的思想（必须转守为攻的思想）作为进行防御的基础，即使防御者发动反攻的初期比较顺利，能够使敌军遭到一定的损失，这也无法构成进攻和防御在关系对比上所需要的平衡，所以，虽然我们说防御是一种能够克敌制胜的较强的作战形式，但是通过防御所获得胜利能否超过防御原先的目的，这一点则必须视具体情况而定。

克敌制胜，这个目的只有在一定条件下才能实现，所谓的一定条件，指的是防御者能够反守为攻。如果防御者无法做到这一点，那么他们就只能满足于现状。我们说过，防御与等待是密不可分的，满足于现状只是处于等待状态之中的防御的目的，也是它最为直接的目的。只有在防御满足于这个较低的目的时，它作为较强的作战形式的那些优点才能发挥出来。

比如一支军队的任务是防守某地，那么防御就有可能表现为以下几种形式：

第一，一旦敌军进入该战区，我军就可以立即发起进攻。

第二，我军在战区边缘占领阵地，等待来犯之敌出现在阵地面前，然后发动进攻。

在此情况下，我军所采取的军事行动的波动性比较大，等待的时间比较长。在敌军真正发起进攻的情况下，虽然我军采取这种防御方式所赢得的时间并不比通过第一种方式所赢得的时间多，但是在第一种场合下必然会发生会战，而在第二种场合下则不一定会发生会战——因为敌军缺乏发动进攻的信念——所以在后一种场合下，通过等待得到的利益可能会更大。

第三，我军在战区边缘的阵地上等待敌军下定会战决心，也等待敌军发动进攻。

在这种场合下，我军将会进行一次真正的防御会战，但是，正如我们之前说过的，在这种防御会战中，我军可以发动一些程度不同的进攻。与第二种情况一样，在此形势下，我们根本不需要考虑时间问题，但是敌人能否下定决心则是一个新的问题，因为敌军在发起进攻之后，如果发现我军阵地过于坚固，他们就有可能放弃进攻。

第四，我军在本国腹地进行抵抗。

我军由边境撤往腹地，是为了削弱进攻者的力量，使进攻者的攻势自然而然地成为强弩之末；或者说，我军撤往腹地的目的，是为了在敌军的攻势成为强弩之末时，使敌军无法抵抗我军的进攻。如果我军在撤退过程中能够留下一些要塞，迫使进攻者不得不分兵围攻，那么这种作战方式的效果就会更为明显。

在此形势下，进攻者的力量将会遭到多大的削弱，防御者有多大的机会能够集中优势兵力在某地进攻敌军，这是十分明显的。

战斗中的老近卫军

退而言之，即使撤退道路上没有这样的要塞，我军在撤往本国腹地的过程中，也可以渐渐获得自身所需的均势或者优势。因为对于进攻者来说，在战略进攻的过程中，他们每前进一步都会使兵力遭到削弱——一方面由前进本身引起，一方面由分割兵力的需要引起。

在第四种场合下，我们应该将通过撤退所赢得的时间当成一种重大的利益。如果敌军围攻我们的要塞，而且攻占这个要塞需要几个星期或者几个月的时间，那么这段时间就可以为我所用。如果进攻者的力量遭到削弱，是因为征途漫长、前进过程中兵力有所损耗、不得不分兵把守某些地点，那么我军就有可能赢得更多的时间。

当进攻者到达再也无法继续推进的终点时，除了需要考虑敌我双方的兵力对比，还需要考虑我军在等待过程中不断累加的利益。即使进攻者抵达行进极限的时候，仍然有能够与我军主力作战的能力，他们也有可能缺乏发动进攻的决心，因为与在战区边缘相比，他们在此时需要下定更大的决心才能发动进攻：一方面是因为进攻者的军队此时士气老钝，面临的危险在增加；一方面则是因为对于一些优柔寡断的统帅而言，到达并攻占行军极点之后，他们或者会真正地认为没有发动会战的需要，或者会借口没有发动会战的必要，从而放弃会战。

英军黑卫士兵团

英军黑卫士兵团是一支战斗力不逊于法军老近卫军的军队，创建于18世纪初，在滑铁卢战役中有不俗的表现。

在上述四种防御方式中，防御者都可以利用地利之便、要塞，以及民众的支持。这些因素的作用，是按照这四种防御方式的次序递增的，而且在第四种防御方式中，这些因素是削弱敌军力量的主要利器。此外，防御者通过等待而获得的利益，也是按照这四种防御方式的次序递增的。显然，这四种防御方式的依次变换也意味着防御力量的依次增强。

我们认为在一切防御中，最为消极的防御是力量最强的防御。或许有人会对此提出质疑，但是我们并不害怕人们的非难，因为我们所说的防御并不是完全不抵抗，而是延缓抵抗。或者说，在防御过程中，我们可以利用坚固而易守难攻的壁垒进行更为有力的抵抗，然后趁敌军的兵力损失过半的时候发动反攻。

事实上，这种说法并不是绝对不合理的。如果道恩将军没有利用科林附近的坚固的防御阵地，恐怕他就无法获得那次胜利；如果在腓特烈大帝率领不超过一万八千人的军队撤退时，道恩将军能够发动猛烈的追击，那么他就有可能获得战争史上最为辉煌的胜利。

由此，我们可以断言，防御者的抵抗力量和还击力量都会按照上述四种防御方式的次序依次递增。然而，防御者通过这些防御方式而得到的优势，是必须付出一定的代价才能得到的。

如果我们在自己的战区内等待敌军到来，并且没有从一开始就对来犯之敌发动进攻，那么我们的损失就会大一些。敌军所占领的空间越大，接近我军阵地耗费的时间越长，我们的损失也会大一些。如果我们想在防御状态中接受会战，将决定会战时间的控制权交给敌军，那么敌军将会长期占领他们目前已经占领的地区，这无疑会加大我们的损失。也就是说，我们通过等待所赢得的时间，是以这些损失为代价的。显然，如果我军撤往本国腹地，这些损失也会相应地增大。由于这些损失往往是间接性地影响防御者的军队，所以防御者并不会太明显地察觉到这种影响。

如果我们想要考察这些防御方式的效果，我们就必须看一下进攻者的目的。

如果我军在自己的战区内等待敌军到来，那么敌军发动进攻的目的，就是为了完全攻占我军的战区，或者攻占我军的大部分战区，因为对于敌军来说，如果攻占的地区比较小，这在战略上往往没有什么意义。如果因为对我军有所畏惧，所以敌军没有发动进攻，也没有迎接我军的挑战，那么我们就算达到了防御的目的，我们的防御措施也就算起到了显著的作用。当然，由此而得到的成果只是消极成果，对于发动真正的还击没有什么直接的益处，但是它能间接地增强反攻的力量，有利于为发动反攻做准备。

简而言之，在采用前三种防御方式时，也就是说，当防御在战区边缘进行时，不进行决战就算是达到了防御的目的，但是在采取第四种防御方式时，情况则并非如此。

如果敌军围攻我们的要塞，那么我们就必须适时解围，以积极的行动来决定胜负。如果敌军对我军穷追不舍，绕过那些要塞进入到了我军腹地，我们同样必须采取一些积极的行动。在此形势下，虽然我们有足够的时间，可以等到敌军成为强弩之末时再发动反攻，但是转守为攻的前提是始终不变的。

的确，我军在撤退过程中会丢城失地，但是这些地方只是暂时借给了敌军，剑拔弩张的状态仍然在持续，决战仍然在将来，只要防御者的力量与日俱增，进攻者的力量江河日下，延期再战对防御者就越有利。一旦转守为攻的时机来临，防御者就应该发动反攻，寻求决战，此时，通过等待积累的利益也能够得到最大化的发挥。当然，反守为攻的时刻取决于很多情况，并没有固定的界限，一般而言，冬季的来临往往可以被看成自然界限，如果我们无法阻止敌军在已经攻占的地区过冬，那么我们往往就应该放弃这个地方。当然，这个规律并不是绝对的，只要我们想想托里希·佛德腊希这个史例就能明白这一点。

从一般意义上来说，什么是决战呢？

在以往的考察中，我们一直将决战想象为会战的一种形式，但是决战不一定非得采用这种形式，有时候，决战也可能是能够导致剧变的一系列分兵进行的战斗。这些行动能够导致剧变，可能是因为它们是真正的血战，也可能是因为这些战斗所产生的可能性迫使敌军不得不撤退。

黑卫士兵团在训练新兵

除了真正的战斗，在战场上不可能以其他方式进行决战，根据我们对战争的理解，得出这个结论是自然而然的。即使敌军仅仅是因为缺乏粮秣才撤退，这也是我们的武力所导致的结果，如果我们没有军队，那么敌军就一定会设法解决粮秣问题；即使敌军在抵达行军路线上的极点时已经疲惫不堪，能够促使他们撤退并且甘愿放弃已经得到的一切的，也仍然永远是我军武力的震慑力。当然，这样的决战与在战区边缘进行的决战有很大的区别。

法军胸甲骑兵

拿破仑尤其钟爱胸甲骑兵，统治期间，一度将胸甲骑兵团的数量扩充到了14个。骑兵的胸甲虽然不能有效抵挡火器的攻击，但是能够抵挡冷兵器，所以在那个冷兵器和热兵器夹杂使用的年代，胸甲骑兵的效用还是比较大的。

在战区边缘进行的决战中，我们必须以战止战，以我军的武力制服或者摧毁敌军的武力。但是在敌军成为强弩之末，抵达行军极限的时候，因为劳累，他们的兵力已经差不多损耗了一半，此时我们的武力所能发挥的作用与前者相比是截然不同的。在此形势下，我们的军队虽然是决定胜负的最终因素，但是并不是唯一因素，或者说，对于我军而言，敌军在挺进过程中的损失就相当于我军做好了准备，当敌军的损失足够大的时候，仅仅是因为我军有发动反攻的可能，敌军就会不战而退。在这种情况下，敌军在挺进过程中的损耗是决定胜负的真正原因。当然，防御者的武力在任何情况下都会发挥相应的作用，只是在分析实际问题时，我们必须知道防御者的武力和敌军的损耗这两个因素，哪一个更能起到主要作用。

从这个意义上来说，有两种决定胜负的方式：进攻者被防御者的武力消灭，或者进攻者因为不堪承受劳累而自行瓦解。事实上，这也是对付进攻的两种方式。

显然，第一种决定胜负的方式主要适用于前三种防御方式，第二种决定胜负的方式主要适用于第四种防御方式，而且，一般只有防御者撤往本国腹地时，才能利用第二种决定胜负的方式。同时，正是因为能够通过这种方式一决胜负，所以有时候防御者宁愿进行需要付出极大代价的撤退。

如此一来，我们就知道了两种不同的抵抗原则。在战史中，有一些史例能够十分清楚地将这两个原则区别开。

1745年，腓特烈大帝在霍亨甫利得堡进攻奥地利军队时，奥地利军队正好刚从西里西亚山上下来，此时奥地利军队的力量既不可能由于兵力分散而遭到削弱，也不可能因为劳累而遭到削弱。

与此相反的是，威灵顿将军在托里希·佛德腊希深沟高垒而拒绝迎战，就是一直在等待马森纳的军队因为饥寒交迫而不得不自行撤退。在此情况中，削弱进攻者力量的其实并不是防御者的武力。

虽然在其他一些史例中这两种抵抗原则兼而有之，但是其中必然有一种因素占据主导地位，1812年的战局就是实例。在这场因为（俄军）拖延而获胜的名噪一时的战局中，虽然因为战斗而死伤无数，但是实际上进攻者是由于劳累而遭到了灭顶之灾。最初，法军中央兵团的兵力多达三十万人，除了行军途中分派到别处的一万三千人，抵达莫斯科时，法军只剩下了九万多人，也就是说法军一共损失了十九万七千人，而且其中因为战斗而遭到损耗的兵力肯定不会超过三分之一。

在很多战局中，这种由于拖延而拖垮敌军的原则都起到了很大的作用，可是人们却往往对此视而不见。我们只有抛开某些理论家向壁虚构的原因，深入地研究时间本身，才能找到决定胜负的真正原因。

至此，我们已经充分阐明了与防御有关的一些基本观念、在各种防御方式中的防御原则，以及贯穿在整个防御概念之中的等待因素是如何与发动反攻结合起来的——发动反攻是必然的，一旦时机来临，通过等待所得到的利益就能得到最大化的发挥。

当然，防御活动中还有一些极为重要的问题，比如要塞、营垒、山地防御、江河防御以及侧翼活动等，在随后的其他章节中，我们将展开专门论述。只是我们需要说明一点：这些问题并没有超出上述一系列概念的范围，它们只是这些概念在具体情况中的具体运用。产生这一系列概念的母体，仍然是防御的概念以及防御与进攻的关系，我们将这些简单的概念与实际联系起来，也就相当于指出了如何才能从实际情况再回到这些概念中。换言之，我们这样做是为了找到可靠的根据，以免在讨论问题时依赖那些本身毫无根据的论据。

战斗的组合形式是多种多样的，尤其是在流血战斗实际上并没有发生，但是仅仅因为有可能发生流血战斗就能产生效果的情况下，武力抵抗的形式和特点就会发生很大的变化，所以人们往往认为一定有另外一种能够产生实际效果的因素，比如在会战中直接的武力冲突的效果，与不战即可屈人之兵的计谋所产生的效果有天渊之别，所以人们往往会认为在这二者之间存在一种过渡性的力量。

如果进攻者发现防御者据守的阵地极为坚固就认为自己无力攻克，如果进攻者发现防御者有一条大河作掩护就认为自己无力渡河强攻，甚至担心自己在前进途中会出现给养供应不继的问题，那么能迫使进攻者打消进攻念头的始终是防御者的武力。之所以这样说，是因为在这种情况中，进攻者主要是担心自己在主要战斗中或者在一些特别重要的地方被防御者击败，只是他们不愿坦白承认这一点而已。

即使人们同意我们的观点，承认在那些不战而屈人之兵的场合中，最终起决定作用的是那些实际上没有发生但是已经做好部署的战斗，他们仍然会认为在此过程中，真正起作用的并不是战斗，而是部署这些战斗的计谋，而且当他们谈到使用武力之外的其他防御手段时，指的就是计谋。

滑铁卢战役期间，法军胸甲骑兵发动冲锋。

事实上，防御者所采取的一切计谋都必须以战斗中的战术成果为基础，进攻者则必然会采取有效的措施打击这个基础，并且会力求在战术成果方面夺取优势，进而彻底粉碎防御者的计谋——这也恰恰是防御者所担心的。所以，我们决不能把计谋当成某种独立的东西，也就是说，只有我们确定能够获得某些战术成果时，计谋才有用武之地。

比如拿破仑总是不惜一切代价冲破敌人的计谋而寻求战斗，是因为他始终坚信战斗的结局对自己有利，如果在规划战略的过程中没有竭尽全力地集中优势兵力力求在战斗中击败拿破仑，而只是将注意力放在计谋上，那么即使计谋再周密，也不过是一张不堪一击的蜘蛛网。然而，在七年战争期间，像道恩这样的统帅，就很容易被普鲁士军队的一些虚有其表的计谋吓退，所以用对付道恩的办法来对付拿破仑是极为愚蠢的，因为对战争本质洞若观火的拿破仑知道一切都取决于战术成果，并且确信自己能获得战术成果，而道恩并非如此。

据此，我们应该指出，任何战略计谋都必须以战术成果为基础，无论是通过流血手段解决问题，还是通过不流血手段解决问题，战术成果都是决定胜负的根本性的原因，只有在确信胜负已定的前提下，我们才有通过计谋获得利益的希望。

纵观战史我们可以看到，在很多战局中，进攻者在决战前夕都选择了不战而退，或许有的人会因此认为，这至少可以说明那些战略计谋本身就有巨大的作用，而且当进攻者在战术成果方面没有占据绝对优势时，甚至战略计谋本身就能解决问题。对于这个问题，我们的看法是，即使这些现象确实属于战争本身，这种观点也是错误的；许多进攻之所以没有发挥作用，其中的原因其实存在于战争的政治关系中。

战争的特点由产生战争的所有原因的总体关系而定，这种总体性的关系往往会缓和战争的激烈程度，使大多数战争变成名实难副的战争，在以这种形式进行的战争中，由于原先不共戴天的敌对感情必须通过曲折复杂的形式表现出来，所以在最后往往会出现雷声大雨点小的现象。对于采取积极行动的进攻者而言，这种现象表现得尤其明显，在此形势下，只要稍微对进攻者施加压力，就能遏制他们虚有其表的攻势，这其实是不值得大惊小怪的，也就是说，对付那些意志薄弱而虚张声势的进攻者，只需要摆出准备加以抵抗的样子就可以退敌。

防御者有时能够不战而胜，并不是因为他们有坚不可摧的要塞，也不是因为他们的战区中的山河之险能够令敌军望而却步，更不是因为他们通过组合战斗能够轻而易举地摧毁敌军的武力，而是因为意志薄弱的进攻者只是虚张声势。我们应该考虑如何利用这些抵抗力量，但是也应该正确地衡量它们的作用。如果批判者没有站在正确的立场上，那么战史中的那些相关战例就很容易成为掩人耳目的幌子。

对于失败的进攻者而言，那些没有通过流血方式进行的战局通常是怎么样表现出来的呢？

进攻者入寇敌国之后，迫使防御者后撤，然而在即将发动一次具有决定性意义的会战的时候，他们却会因为首鼠两端而止步不前，好像除了巩固已经占领的地区之外，他们就再无其他任务，好像寻求会战是敌军的任务，而自己随时都乐意迎战一样。

其实这一切都是虚假的借口，这些统帅只是在用这些借口欺骗部下、本国政府、整个世界，甚

法军枪骑兵

拿破仑的军队中有大量的枪骑兵，据记载，滑铁卢战役期间，法军枪骑兵的骑枪长达3米，重达3千克，木柄末端装有金属枪头。当骑兵持枪发动冲锋时，冲击力异常惊人。

至是欺骗自己。事实上，他们止步不前的真实原因，是因为他们发现敌军的势力非常强大。

虽然有时候进攻者避战不出的原因是因为无法利用既得的胜利，或者说在到达行军极点的时候，他们没有再次发动进攻的力量，但是这种情况与我们刚才讨论的情况是完全不同的，我们刚才所说的，是进攻者没有抵达行军极点之前就止步不前的情况。

在这种情况下，进攻者往往声称止步不前的目的是为了等待出现新的有利条件，但是这些新的有利条件是不可能出现的，因为近期的局势只会比目前更为不利。如果这次行动与其他行动是有联系的，那么这支军队就会诿过于友军，以支援力度或者协作力度不够来为自己辩护，还会宣称有许多难以克服的困难。就这样，进攻者在无所事事的状态中消耗了自己的力量，在隔靴搔痒的活动中使自己的力量损耗殆尽。然而，防御者可以因此赢得最为宝贵的时间，当气候恶劣的季节来临的时候，进攻者就会退回战区内进行冬营，这也就意味着进攻结束了。

如果批判者想利用这样的战局得出结论，那么他们就会被这些相互矛盾的东西搞得左支右绌，疲于奔命，得出的结论也难以使人心服口服。

那些统帅自欺欺人的做法虽然是一种恶劣的习惯，但是这种自欺欺人的做法有时候也是自然而然产生的，这是因为那种能够缓和战争的暴烈性、能够削弱攻势的牵制性力量，往往存在于政治关系和政治企图之中，而人们往往对此讳莫如深，使本国军民和外界难以得知，有时候甚至连统帅也对此一无所知，比如任何人都不愿承认自己停止进攻是力有不逮，或者是担心招来新的敌人，或者是担心盟国坐收渔利，等等。对于这些问题，人们往往是三缄其口，甚至会使其成为永远的秘密。然而，对此进行解释的时候，为了使之合情合理，统帅为自身和本国政府着想，只好文过饰非。为了弄清楚事物的真相，我们就必须沿着事物的内在联系进行探索。

如果我们抱着尽信书不如无书的态度来研究战史，那么与进攻和防御有关的那些海市蜃楼般的理论就会不攻自破，我们所说的那种正确的观念则会随之出现，而且我们认为这种正确的观念适用于整个防御活动。

现在，我们来继续探讨一下如何使用各种防御方式。

那四种防御方式的力量一个比一个大，但是使用它们的代价也是一个比一个大。如果不受其他条件的影响，仅此一点，统帅就可以知道在具体情况下应该选择何种防御方式，既能使自己的军队进行有效抵抗，也不会因为撤退过甚而造成不必要的损失。然而事实上，人们在选择防御方式的时候往往会受到很大的限制。

比如打算撤往本国腹地时就需要有足够广阔的领土，或者能够具有像1810年的葡萄牙那样的条件：当时有英国作为西班牙的后盾，并且作为葡萄牙盟国的西班牙愿意以本国的领土来削弱敌军的攻势；再比如，雄关要塞是集中在边疆附近，还是集中在本国腹地，也是影响采取何种防御方式的重要因素；至于本国的地理形势、居民特性等则会发挥更大的作用。选择进攻会战还是防御会战，应视敌军的计划、敌我双方的军队特点和统帅特点而定。此外，是否占有特别有利的阵地和防线也是影响采用何种防御方式的重要因素。简而言之，兵力对比并不是影响防御方式的唯一因素，除此之外，我们还得考虑其他重要条件。

滑铁卢战役

1815年6月18日，震惊全欧洲的滑铁卢战役正式拉开序幕。大战爆发之前，为了阻止英荷联军与普鲁士军队会合，拿破仑抢先出手，击败布吕歇尔率领的普鲁士军队，命令格鲁希元帅率领3万多名法军追击普军，然后亲自率军赶往滑铁卢，进击威灵顿率领的英荷联军。

不过，其他条件往往只有在兵力对比并不悬殊的情况下才能起到决定性的作用，如果敌我双方兵力对比悬殊，那么兵力就会起到决定性的作用。

通过观察战史，我们可以知道，人们往往只是在不知不觉中通过迅速做出判断，然后以兵力对比为依据决定防御方式，而没有按照我们所说的那样选择防御方式。

比如最喜欢进攻的腓特烈大帝，在兵力远远弱于敌军时，才会意识到必须占领真正的防御阵地。

再比如，拿破仑曾经喜欢以无坚不摧之势出击敌军，但是在1813年的8月和9月，当兵力对比对他不利时，他就不得不放弃这种做法，不得不像栏中困兽一样到处乱撞。同一年的10月，当兵力对比对他更为不利时，他在莱比锡附近，以及在帕尔特河、埃尔斯特尔河和普米塞河构成的夹角里，只能负隅抵抗，被动迎敌。

我们必须指出，与本篇中的其他章节相比，这一章能够更为清楚地表明，我们的目的不是要提出新的作战原则和新的作战方法，而是探讨那些早就存在于事物之间的内在联系。

第九章　防御会战

如果防御者在敌军一进入己方战区就主动出击，那么从战术上来看，这就相当于在防御中进行了一次纯粹的进攻会战。关于这一点，我们在前面已经说过。当然，防御者也可以在敌军出现在自己的阵地前的时候再给予迎头痛击，这也可以被当成进攻会战。

此外，防御者还可以在自己的阵地上等待敌军先行发动攻击之后，一方面扼守要塞进行防御，一方面分兵出击以抵抗敌军的进攻。我们当然可以这样设想：在防御中，随着扼守要塞与主动出击的作用此消彼长，总体性的防御会呈现出不同的程度。然而事实上，我们不可能说明防御可以被分为几个等级，更不可能说明扼守要塞与主动出击保持什么样的比例有利于获得决定性的胜利。不过，我们必须知道一点：要想获得具有决定性意义的胜利，在防御会战中，就不能完全不主动出击；而且在此情况下的主动出击与战术意义上纯粹的进攻会战是一样的，都能够使胜利的天平向我军倾斜。

从战略上来看，战场仅仅是一个点，一次会战的时间仅仅是一瞬间，在战略上起作用的因素不是会战的过程，而是会战的结果。

如果说包含在防御会战中的攻击性因素确实可以产生彻底的胜利，那么从在战略意义上如何运用防御会战和进攻会战来看，它们基本上是没有什么差别的，虽然从表面上来看是这样，但是事实并非如此。为了阐明这个问题，我们不妨来设想一下防御会战的情景。

为了迎接即将到来的进攻者，防御者在自己的阵地上严阵以待，并做好了相关准备，比如熟悉地形，开辟并修缮交通线，配置火炮，构筑防御工事，寻找掩体，等等。如果防御者在阵地的正面筑有几道平行战壕，设置了障碍物，或者有坚固得可以控制周围地区的制高点，使敌军难以接近，那么在夺取核心阵地之前的各个抵抗阶段，当双方在一些接触点上开始消耗兵力时，凭借地利之便以及阵地之坚，防御者就可以用少量兵力消耗掉敌军的大量兵力。此外，凭借两翼的掩护，防御者可以使自己免受来自多方面的攻击，他们寻找到的掩体，也可以使进攻者有所畏惧，甚至是不敢前进；而且，防御者也可以通过发动多次小规模的攻击，尽量延长作战时间，以且战且退的方式撤往核心阵地。

在此形势下，尽管战火在持续燃烧，但是并不是十分激烈，对于眼前发生的一切，防御者还是比较满意的。

当然，防御者并不会因此认为在正面进行的抵抗能够无坚不摧，也不会相信两翼牢不可破，更不会指望通过利用几个步兵营或者几个骑兵连发动几次成功的攻击就能一决胜负。

由于防御者的作战队形中的每一部分都留有预备队，从师到营都是如此，所以防御者的防御方式是纵深防御。此外，他们还得把总兵力的三分之一或者四分之一配置到会战地区之外，如果有可能，则应该将这部分军队配置在进攻者的迂回线之外，以免自己的侧翼遭到敌军的迂回攻击。在会战的最后阶段，当进攻者的意图暴露无遗，而且他们已经将大部分兵力都投入战斗中时，防御者则可以利用这部分兵力通过迂回、猛攻、突袭等手段，向进攻者的某一个分支发动进攻，在一决胜负的关键时刻，这种行动往往能迫使敌军全面撤退。

这就是我们所设想的建立在现代战术水平上的防御会战。

在这样的会战中，防御者能够用局部包围来对抗进攻者的全面包围，或者说，防御者可以用自己的军队去包围敌军进行迂回的那部分军队，但是这种包围方式只能使敌军的全面包围行动失效，而无法发展成进攻者所采取的那种全面包围。

运用这两种包围方式时，军队运动的形式往往也是不同的：在进攻会战中，包围敌军时是向敌军的中心点运动；在防御会战中，则多多少少是从圆心沿着半径向圆周运动。

在战场中以及在发动追击的最初阶段，包围必然经常被看成比较有效的作战形式，但是，只有在能够在会战过程中截断敌军退路时，包围行动才是有效的，防御者积极发动的反包围正是为了抵御退路被截断的危险，如果不能达到目的，那么进攻者在战场中和在发动追击的最初阶段所获

战斗中的英军士兵

的成果就会大大增加。

如果防御者被进攻者包围，他们在战略上必然会处于劣势地位。如果防御者获胜，会出现什么情况呢？在此形势下，失败者的兵力会被分割成好几个部分，如果防御者所获得的胜利具有决定性的意义，并且已经发动了猛烈的追击，而失败者又急于集中兵力，那么他们的目的就很难达到，甚至会陷入灭顶之灾。如果莱比锡会战中的胜利者是拿破仑，那么分兵作战的联军就会面临这种危险。在德累斯顿，拿破仑虽然没有进行真正的防御会战，但是他所采取的进攻方式却是对敌军进行局部包围。当时，联军的兵力过于分散，局势岌岌可危，通过卡茨巴赫河畔的胜利，他们才得以摆脱这一困境，率领近卫军转回德累斯顿。发生在卡茨巴赫河畔的这场战役就是一次典型的局部包围战例：在战役的收尾阶段，法国的各个军队被迫四处溃散，反守为攻的防御者对其进行局部包围，庇托指挥的师在会战后几天就成了联军的战利品。

由此我们可以得出结论：进攻者能够利用在性质上与进攻相适应的全面包围作为扩大胜利的手段，防御者能够利用在性质上与防御相适应的局部包围作为扩大胜利的手段，而且这两种手段的价值都是相同的。即使从战史上来看，防御会战很少能够获得像进攻会战那么大的胜利，这也无法说明我们的看法是错误的，只是因为防御者的情况与进攻者不同：与进攻者相比，防御者在兵力方面和其他方面都弱于进攻者，而且防御者往往只满足于消除风险，而没有追击穷寇、扩大胜利结果的信心。

显然，由于防御者的总体力量比较弱，他们必然会受到这种限制，然而，如果将由此产生的不利结果当成采用防御形式导致的结果，进而认为防御会战的目的只是防御，而不是消灭敌军，那么我们认为这就是犯了本末倒置的错误。我们坚决认为：采取防御形式有利于增加胜算，并且斩获的战果与发动进攻所斩获的战果是一样的，在总体性战斗中是如此，在单次战斗中也是如此。

威灵顿公爵视察前线

滑铁卢战役当天清晨，苏尔特元帅曾询问拿破仑，是否需要召回追击普军的格鲁希元帅，集中全力迎击威灵顿。但是拿破仑拒绝了这个提议，说威灵顿不足为虑，根本不堪一击。有的历史学家认为，拿破仑当时实际上并没有轻敌之心，这样说只是为了鼓舞士气。

第十章 要塞

在大规模的常备军出现之前，要塞的作用是为了保护当地居民，贵族在遭遇不测时也可以在其中避难，以便得到喘息之机，图谋东山再起。这是要塞最为原始和最为自然的使命，但是要塞的使命并不局限于此。

由于要塞所在地与整个国土、转战国内的军队都有关系，所以要塞的作用不仅仅是为某个城池划定范围，而且对保卫国土、战争结局都会产生很大的影响，有时候甚至能够成为一种将整个战争紧密联系在一起的手段。

从这个意义上来说，要塞就具备了某种战略意义。人们曾经对要塞的这种战略意义极为重视，甚至在规划战局计划的轮廓时，将此作为具有决定性意义的根据，或者说人们制定战局计划的目的就是为了夺取某些要塞，而不是为了歼灭敌军。

要塞之所以能够产生战略意义，是因为要塞所在地与国土和军队的关系，后来人们想到了这一点，于是在确定构筑要塞的地点时，赋予了要塞一种抽象的使命——保卫国土、单纯为战争服务；而忘记了要塞本来的使命，所以产生了在无人区构筑要塞的想法，这也意味着那种不需要其他军事设施、仅凭某些被加固的城垣就能抵抗战争洪流冲击的时代渐渐成为历史。

那些被加固的城垣在当时能够发挥作用，一方面是因为诸侯国林立，一方面是因为当时的作战时间几乎是固定的——或者是由于诸侯急于回国，或者是因为领主无力支付佣兵队长所需的军费，所以一年中的作战时间就像四季一样都有比较固定的时间。

自从庞大的常备军中出现能够无坚不摧的炮兵之后，就再也没有人敢用坚固的城池作为赌注，因为为了免于城池沦陷而进行长时间的抵抗，在城破之后有可能遭到更加残酷的惩罚；分散兵力据守那些只能暂时拖住敌军但是将来必然会沦陷的城池，这更加不符合军队的利益，除非能够依靠盟军解围，否则就必须留下足够的兵力，以便与敌军进行野战。所以，在此形势下，要塞的数量必定会大大减少。此前，人们构筑要塞是为了保护当地居民的安全，但是如今这种想法演变成了一种新的想法：要塞是一种能够间接保护国土安全的手段。

这就是人们对要塞的看法的演变历程，不仅在书本上是如此，在实际生活中也是如此，只是书本上讲得比较抽象。

关于要塞功用的发展历程的确如上面所说，但是人们对此演变过程的总结却是不确切的，因为其中向壁虚造的部分太多，而那些真正为人所需的东西则被忽视了，所以在接下来谈到要塞的使命和条件时，我们将只考虑那些真正为人所需的东西。

要塞的功用可以分为两种：一种是消极效果，即保护要塞内的一切；一种是积极效果，即通过要塞对周围地区产生一定的作用。

这种积极效果主要表现如下：当敌军接近要塞到一定的距离时，守军可以主动出击；守军兵力越大，能够派出的兵力越大，出击的范围就越大。由此可见，大要塞的积极效果强于小要塞。这种积极效果产生于两种活动：守军的活动；虽然不是守军，但是与守军有联系的其他军队的活动，这些军队的力量比较弱，不能单独对抗敌军，但是在有要塞防护的时候，他们就能在活动的地区立足，并且能够在一定程度上控制这个地区。

驻守要塞的守军所能进行的活动比较有限，即使要塞很大，守军兵力较强，与野战军相比，那些被派出去进击来犯者的军队的活动范围也是有限的，他们的活动范围的直径很少会超过几日行程。如果要塞很小，被派出去的兵力也比较少，那么他们的活动范围往往仅限于邻近村庄。与此相比，那些不是守军，但是与守军有联系的其他军队所受的束缚则比较小，所以，当条件有利的时候，利用他们可以扩大一个要塞的积极效果，当我们一般性地谈到要塞的积极效果时，必须注意这部分军队的作用。

在凭借要塞完成使命的时候，即使是最弱的守军所发挥的最弱的积极效果，也是不可轻视的一部分，因为从严格意义上来说，在凭借要塞所进行的所有活动中，如果只有最消极的活动，而没有积极活动，这将是不堪设想的。此外，在这些活动中，有的偏重于发挥积极效果，有的偏重于发挥消极效果，完成这些使命，有时可以一蹴而就，有时则必须极尽曲折。如果是前一种状况，要塞所发挥的功用就是直接的，如果是后一种状况，要塞所发挥的作用就是间接的。在此，我们准备先论述第一种情况，但是我们必须先说明一点：一个要塞有时可以同时担负几个使命，有时则可以同时担负所有使命。

作为防御活动中的中流砥柱，要塞的功用主要表现为以下几点：

第一，要塞可以成为有安全保障的仓库。

在进攻期间，进攻者只需要考虑当前几天的给养，而防御者则必须未雨绸缪，不能仅限于在驻军所在地就地获取给养。进攻者在挺进期间，给养物资都留在后方，战区内产生的种种危险往往不会影响给养物资的安全；但是防御者的给养物资则必须存储在要塞中，如果不这样做，这必然会对野战行动产生极为不利的影响，或者说，为了掩护给养物资，防御者不得不将军队配置在不能完全由自己选定的极为广阔的阵地上。

简而言之，一支没有要塞的防御军队，就像赤膊上阵的人一样，随处都可能遭到攻击。

第二，要塞可以保护富庶的大城市的安全。

富庶的大城市是军队的天然仓库，能够守住它们对军队有直接的影响，所以这个使命类似于第一个使命。一方面，军队可以在这样的大城市间接地汲取力量；另一方面，进行和谈时，这样的大城市往往是重要的筹码，所以耗费一部分军力来保护它们是值得的。

法军骑兵发动冲锋

如果一个国家在所有的富庶城市和人口稠密的地方都建立要塞，并且动用土著民来保护这些地方，那么敌军在发动进攻时就很难做到势如破竹，而且土著民进行的抵抗也能钳制敌军统帅的才能和意志力。我们在此提出这种在全国构筑要塞的理想状态，只是为了使人们给予上面所说的要塞的使命足够的重视。

在凭借要塞完成第一个使命和第二个使命时，几乎只需要发挥消极效果。

第三，要塞可以成为真正的封锁堡。

要塞可以封锁道路，也可以封锁要塞附近的江河。虽然可以找到一些可以用来迂回要塞的道路，但是这样做的难度非常大。一般来说，这种迂回行动必须在要塞的火力控制范围之外进行，然而为了防止守军出击，这种迂回行动事实上必须在更远的地方进行。如果进行迂回活动的地区地形复杂，难以通行，这就会产生行军缓慢从而延误战机的问题。

至于如何利用要塞封锁江河航运，这一点已无须赘言。

第四，要塞可以成为战术依托点。

一个中等要塞的火力控制范围可以达到几个小时的行程，出击活动的范围则更大，所以，我们永远可以将要塞当成阵地侧翼最好的依托点。几普里长的湖泊肯定是非常好的依托点，但是一个中等要塞所起的作用比这个更大。

阵地的侧翼不必完全紧靠要塞，因为进攻者不会攻击侧翼和要塞之间的地区，那样他们将会面临后路被截断的危险。

第五，要塞可以成为兵站。

如果要塞位于防御者的交通线上，那么对于往来穿梭于这条道路上的军队来说，这个要塞就是一个很好的兵站。

一般而言，交通线受到的威胁往往来自敌军别动队的短暂袭扰，如果一支运输队发现敌军的别动队正在靠近，那么只要他们能够快速进入要塞，就可以消弭危险。

此外，在这条交通线上来往的我方军队都可以在这样的要塞中进行休整，以便在未来能够快速行军。比如一条三十普里长的交通线上，如果能有一个要塞，这条交通线就好像缩短了一半。

第六，要塞可以成为弱小军队或者败退军队的避难地。

对于任何一支军队来说，即使没有专门构筑的营垒，在一个中等要塞的炮火掩护下，他们也可以免遭敌军袭击。当然，如果一支军队想留在这里，那么他们就不得不考虑无法继续撤退这个问题——有时候继续撤退就意味着或许会全军覆没，所以无法继续撤退有时并不是什么重大的损失。

不过，在大多数情况下，军队往往可以在某些要塞停留几天，而且不用担心无法继续撤退这个问题。特别是对于那些损失不是很大的溃军来说，他们可以将要塞作为避难地，在此等待友军的到来。

比如，在1806年，如果马格德堡恰恰位于普鲁士军队的撤退线上，并且这条线路没有在奥尔施塔特附近被切断，那么普鲁士军队就可以在马格德堡休整三四天。事实上，即使当时形势不利，马格德堡也成了霍亨洛黑的残余军队的集结点。

只有通过战争中的实际体验，人们才能知道在形势不利时，附近的要塞能够发挥多大的作用。

第七，要塞可以成为抵抗敌军进攻的坚强盾牌。

如果防御者前方配置着一些要塞，那么这些要塞就可以像巨大的冰块一样分裂敌军进攻的浪潮，也就是说，敌军必须分兵包围这些要塞。如果守军骁勇善战，那么敌军就得动用比守军多一倍的兵力。此外，要塞中的未经充分训练的后备军、伤残军人、被武装起来的居民、民兵等，也都可以派上用场，这些兵力虽然在其他场合根本不能用于作战，但是在有要塞作为依托的情况下，他们就可以被派上用场，所以在此形势下，敌军需要分出来的兵力大概是我军的四倍。

用这种方式削弱敌军，是利用要塞进行防御能够为我们带来的第一个利益，也是最重要的利益，但这并不是唯一的利益。

从我们的要塞防线被突破的那一刻开始，进攻者的所有行动都会遭到限制，比如他们需要考虑退路，需要考虑如何直接掩护围攻行动。从这一方面来说，要塞在防御活动中能够起到决定性的作用，我们必须把这一点当成要塞所负担的使命中最重要的使命。

从根本上来说，要塞完成这个使命，主要通过发挥出击的力量；或者说，在这种情况下，想使要

在泥泞地带艰难行进的英军

滑铁卢战役本来计划在18日上午9点开始，但是前一天晚上大雨滂沱，致使地面泥泞难行，非常不利于炮兵和骑兵前进，所以拿破仑将开战时间改到了下午1点。虽然只有短短几个小时，但是对于威灵顿和布吕歇尔来说，这简直就是救命的备战时间。

法军部署炮兵阵地，拿破仑前来视察。

塞发挥效果，至少必须以这种出击力量作为基础。

对于进攻者来说，如果要塞只是一个无法攻占的地点，那么，即使这个要塞能够起到阻碍作用，这种作用也不会使进攻者感到有必要对此发动围攻，只是因为不能容忍成千上万的敌军在背后肆意活动，他们才分出一部分兵力发动围攻——当然，发动围攻也是为了尽快占领这个要塞。

要塞的上述使命，都是以简单而直接的方式完成的，但是以下这两个使命则必须以复杂的方式完成。

第八，要塞可以掩护广大的舍营地。

一个中等要塞掩护舍营地的接近地时，掩护的正面宽度可以达到三四普里，这只是由于要塞的存在自然而然产生的直接性的作用。但是，这样一个要塞究竟怎么样才能掩护长达十五到二十普里的舍营线呢？这个问题在战史上经常出现，如果真有其事，就需要加以分析，如果只是幻想，则需要辩明谬误。

在此，我们应该考虑四种情况：

首先，要塞可以封锁一条主干道，并可以进而掩护宽度达三四普里的地区。

其次，我们可以将要塞当成一个非常强大的前哨。与一个地处偏远的村庄相比，在一个人口为六千、八千甚至是一万的城镇里，人们更容易全面了解当地的情况。

再次，一些兵力比较小的军队凭借要塞，既可以得到掩护，也便于获知敌军情报；当敌军在要塞附近经过时，他们也可以袭击敌军的后背，所以，虽然要塞不能移动，却可以在一定程度上起到先遣部队的作用。

最后，防御者可以集中兵力，然后将军队配置在要塞后方。在此形势下，如果敌军想向防御者发动攻击，他们的后背就有可能遭到要塞的袭击。

法军炮击乌各孟

18日上午，法军对乌各孟发动猛烈攻击，但是这一战开始的时间至今仍然没有定论。威灵顿在文件中说战斗开始的时间是上午10点左右，但是其他资料显示是上午11点半。

进攻者对防御者的舍营线发动的任何攻击都带有奇袭的性质，与对战区发动的进攻相比，奇袭的时间显然比较短。如果说进攻者对防御者的战区发动进攻时，必须封锁或者包围那些必须经过的要塞，那么在发动奇袭时，他们就不必如此，所以要塞也无法像能够削弱进攻那样削弱奇袭。由于与要塞两侧距离六至八普里的舍营地无法直接得到要塞的掩护，所以我们在这里所说的这个问题是确实存在的，而且，进攻者发动奇袭的目的，并不是为了袭扰哪一个营地，而是迫使敌军匆忙赴援，然后进攻仓促来援的敌军。这也是使奇袭获得主要成果的办法。然而，进攻者发动奇袭活动时或多或少都是以防御者的舍营地中心为主要攻击目标，在此形势下，他们必然会对设置在防御者舍营地中心正前方的要塞有所顾忌。

综合考虑上述四点，我们即可看出，一个大要塞能以直接或者间接的办法，在一定程度上保障舍营地的安全，并且它能够发挥的作用比我们想象的要大得多。我们之所以说是在“一定程度上”，是因为那些间接的方法并不能完全阻止敌军，只能增加敌军在前进时面临的困难，而进攻者前进的困难越大，防御者的危险就越小。

我们对要塞的要求，以及要塞所能起到的防护作用只有这些，能够真正发挥作用而且最直接的安全保障，归根结底还得依靠配置前哨和正确地组织舍营才能获得。所以，那种认为能够在大要塞后方设置宽大的舍营线的说法是有据可依的，但是我们也不能否认，关于这个问题，在实际的战争计划和一些理论著作中，常常有一些泛泛之谈。因为，只有当各种条件一起发挥作用时，大要塞才能起到掩护作用，而且，即使大要塞能起到掩护作用，它也只能减少一些危险，所以，当敌军敢于铤而走险，采取大胆的行动时，要塞有时候根本无法发挥作用。因此，我们在战争中不能笼统地假定要塞的这种作用，必须根据具体情况来看待要塞的作用。

第九，要塞可以防护防守力量薄弱的地区。

如果某地没有军队防守，或者防守力量薄弱，有遭到敌军入侵的危险，那么人们就会利用这个地区的某个要塞进行防御，或者说将这个要塞当成保护该地安全的保障。由于敌军在没有攻占这个要塞之前，是控制不了这个地区的，所以我们可以利用这个要塞赢得时间，等待援军赶到。

如果我们想利用要塞遏制敌军的侵袭，就必须进行积极的活动（主动出击），所以刚才所说的这种掩护只是一种间接的掩护。因为在我们所设想的这种情况中，驻守要塞的兵力比较少。

第十，要塞可以成为民众武装的中心。

相对常规军而言，民众武装往往没有正规的粮秣供应和武器弹药供应，这些物资必须由民众武装自行解决。通过这种协助方式，民众武装能够为常规军提供百川归海式的巨大支持，而且不进行民众战争，这种支持方式就很难表现出来——这也正好表现出了民众战争的性质。然而，如果能有一个可以储存大量相关物资的大要塞，这将会使这种抵抗活动变得更为强有力。

此外，要塞是伤病人员的避难地，是政府机关所在地，是金库，是进行大规模军事活动时军队的集中点，也是整个抵抗活动的中心。在敌军发动围攻期间，它能使民众武装保持便于袭击敌军的状态。

第十一，要塞可以防御江河和山地。

与建立在其他地区的要塞相比，建立在江河沿岸的要塞能够发挥更大的作用。这种要塞能够保障我军随时安全渡河，阻止敌军发动渡河行动。山地要塞与此类似，由于山地要塞控制着整个道路网，所以这种要塞也应该被看成这个地区的防御体系真正的支柱。

镇守乌各孟庄园的英军

第十一章 要塞（续）

我们在上面所谈的问题，是要塞的使命，接下来我们将要谈到的问题，是要塞的位置。

由于要塞的使命很多，每一个使命又因为地形不同可能会发生变化，所以这个问题初看起来相当棘手，然而，只要我们能把握住事物的本质，不纠缠于那些无关紧要的旁枝末节，问题即可迎刃而解。

在那些能被当成战区的地区内，如果我们把位于连接两国的大路上的那些富庶的大城市，以及沿海地带、江河沿岸、山地中的城市都构筑成要塞，那么我们在前一章中所说的要塞的那些使命

准备投入战斗的法军

在向乌各孟发动的第一轮进攻中，法军夺取了庄园附近的森林和果园，但是伤亡惨重。在第二轮进攻中，法军在骑马炮兵的支援下发动了更为猛烈的攻势，但是英军调来了皇家骑马炮兵展开反击，所以法军的进展并不大。

就都可以实现。这是因为大城市和主干道形影不离，这二者与江河、海岸又往往有密切的天然联系，所以这四者很容易就能结合在一起。然而，由于大城市很少建立于山地之中，所以山地的状况与此不同；就位置和方向而言，如果某个山地适合作为防线，我们就可以构筑一些小型堡垒来封锁山地的道路和隘口，但是我们应该尽量降低费用，因为大的要塞应该更多地建在平原上的大城市中。

在边境地区如何设置要塞？整个要塞线应该呈何形状？设置要塞的时候，如何考虑其他地理条件？这些问题我们都还没有谈到。因为对于要塞而言，我们在前一章中所谈到的使命，是要塞最为重要的使命，在大多数情况下，那些弹丸小国只需要考虑这个重要使命即可。然而，对于那些幅员辽阔的国家来说则并非如此，比如有的国家通衢大道密布、繁华城市云集，有的则与此相反，比如有的国家物阜民丰，能够在现有的要塞之外构筑新的要塞，有的国家地贫民穷，只能把防御的希望寄托在为数不多的几个要塞上。简而言之，如果要塞的数目与主干道和大城市的数目不相适应，那么在选择构筑要塞的地点时，我们就必须考虑另外一些依据。

接下来我们需要讨论的几个问题：第一，如果能够将两国连起来的主干道很多，我们应该在哪几条道路上设置要塞？第二，要塞应该设置在边境，还是应该遍布在全国？第三，要塞应该分散设置，还是成片设置？第四，设置要塞时，应该考虑哪些条件？

就要塞线所呈现的几何形式而言，还有许多其他问题，例如，这些要塞应该呈一线配置，还是呈多线配置？或者说，重叠设置要塞的作用大，还是并列设置的作用大？再如，要塞应该星罗棋布地配置，还是按照直线式配置？我们认为这都是一些无关紧要的问题，不必加以考虑，当人们提到更加重要的问题的时候，就绝不会再去谈论它们，我们之所以提到它们，是因为在有些书本上，人们不仅经常谈到这些空洞无物的东西，还认为它们具有很重要的地位。

为了将第一个问题阐述得更为透彻，我们在这里提一下南德意志和法国上莱茵区的关系。

如果我们将南德意志看成一个整体，而不去考虑构成南德意志的各个邦的情况，那么从战略角度上来选择构筑要塞的地点的时候，就会出现很多难以解决的问题。因为从莱茵河通往弗兰肯、巴伐利亚和奥地利腹地的地区有很多通衢大道，而且这些大路上也有很多繁华的大都市，比如纽伦堡、符茨堡、乌尔姆、奥格斯堡、慕尼黑等，在不打算在这些大城市中都建造要塞的前提下，我们就必须选择其中最大、最富庶的城市。即使事实如此，我们也不得不承认，由于纽伦堡和慕尼黑的位置不同，这两个城市具有不同的战略意义，所以我们在构筑要塞时必须考虑一个问题：是否可以不在纽伦堡设置要塞，而在慕尼黑下辖的某个比较小的地点设置要塞呢？

回答了这个问题，就相当于回答了我们讨论的第一个问题。关于这个问题，我们可以参阅与一般防御计划和选择进攻点有关的那几章。也就是说，哪里是最自然的进攻点，哪里就是我们应该构筑要塞的地方。

在连接两国的主干道中，我们首先应该在那些能够直接通往我国心脏的道路上构筑要塞，或者在那些由于穿过富饶地区或靠近通航河流而便于敌军行动的道路上构筑要塞。如此一来，这些要塞就能阻止敌军前进，或者当敌军企图从要塞旁边经过时，我们自然就可以对敌军的侧翼形成

法军指挥官下令全力进攻乌各孟

威胁。

维也纳是南德意志的心脏，仅从对法作战的角度来看（假如瑞士和奥地利都是中立国），将慕尼黑或奥格斯堡作为主要要塞的作用，显然比将纽伦堡和符茨堡作为主要要塞所起的作用大。如果我们再考虑从瑞士经过提罗尔来的道路，以及从意大利来的道路，这一点就更加清楚了，因为对这两条道路来说，慕尼黑或奥格斯堡多多少少还能发挥一些作用，而符茨堡和纽伦堡则完全起不到什么作用。

接下来我们来谈第二个问题：要塞应该设置在边境附近，还是应该分布在全国？

在战略上可以称为边境的地方，对于小国而言就等于整个国土，所以对于小国来说，这个问题是多余的。同理，国土越辽阔，就越需要考虑这个问题。

一般而言，这个问题的答案：要塞的作用是保卫国土安全，守住了边境就等于保卫了国家，所以要塞应该设置在边境附近。按照常理来说，这种说法是正确的，但是从以下的探讨中，我们可以看出这个观点有很大的局限性。

凡是依赖外援的防御活动，都需要特别重视赢得时间。因为这种防御活动主要不是采取强有力的反击以削弱敌人，而是主要通过采取缓慢的抵抗赢得时间。

在其他条件都相同的情况下，与攻占主要分布在国境线的要塞相比，敌军攻占分布在全国而且彼此距离较远的要塞需要更长的时间。所以，在那些想通过拉长敌军的交通线，致使敌军的物资给养难以为继，然后趁机击败敌人的场合，仅在边境地区设置要塞的做法是完全错误的。如果再考虑其他情况，我们就可以看出在腹地设置要塞总是有理由的。

这些情况：在条件允许的情况下，应该将在首都构筑要塞当成首要的事务；根据我们说过的原则，在各个地区的首府和商业中心也应该构筑要塞；那些横贯全国的江河山脉以及其他天堑都有利于我们构筑新的防线；有的城市地势险要，也需要在此构筑要塞；某些军事设施设置在腹地比设置在边境有利，比如兵工厂，而且我们需要设置要塞来防护这些军事设施。

退而言之，在那些有很多要塞的国家中，即使将多数要塞设置在边境地区是正确的，但是在腹地完全不设置要塞也是一个致命的错误。如果某个国家的边境地区连一个大城市都没有，所有的大城市都建设在腹地，那么是否只应该在边境地区设置要塞就更值得商榷。我们的看法是，一般性的结论不是万能的，我们在具体场合必须考虑具体情况。

第三个问题是，要塞应该分散设置，还是应该成片设置？如果我们能够详细地考虑各方面的问题，那么这个问题一般不会出现，但是这并不意味着这个问题无关紧要，因为一个要塞群能够增强驻守该要塞群的军队的力量，因此，在条件允许的情况下，人们必然会构筑这样的要塞群。

最后一个问题是构筑要塞时，我们应该考虑哪些地理条件？一般而言，要塞设置在海滨、江河沿岸和山地，能够发挥事半功倍之作用，关于这一点，我们在前面已经论述过，除此之外，还有一些地理条件应该被纳入考虑范围。

如果一个要塞不能设置在江河沿岸，那么就不要把它设置在江河附近，而是应该设置在离江河十到十二普里的地方。

在山地设置要塞时则不必如此，因为山地不会像江河那样把大部队或者小部队的行动限制在几个点上。但是在山地设置要塞时，我们不能在面向敌军的山地一面设置要塞，因为这样很难为要塞解围，也就是说，我们应该将要塞设置在山地的背敌一面，因为这样会切断敌军的交通线，进而能够有效地阻止敌军发动围攻。关于这一点，我们可以参考1758年围攻阿里木次的战例。

难以通行的大森林地和沼泽地的状况与江河相似，这一点不难理解。

那么，位于难以通行的地区的城市是否应该设置要塞呢？这个问题经常被人提及。

在付出同样的人力物力的前提下，与在平原地带的城市中所建的要塞相比，位于难以通行的地区建设的要塞往往会更为坚固。虽然有的人认为在这种地区建立的要塞有容易被封锁的危险，但是由于要塞的使命往往是消极的，所以我们似乎不必考虑这一点。

攻入乌各孟庄园的法军

猛攻乌各孟期间，强悍的法军一度攻入了庄园，但是坚守不退的英军在敌人攻入庄园之后，关上大门，歼灭了这部分敌军。

最后，我们再来探讨一下关于如何在全国建筑要塞的理论，这也是一个很简单的理论。

我们可以这样说，建立这种理论的基础，是一些事关国本的重要事务，所以这种理论不是哗众取宠之论、泛泛空谈，也不是只适用于暂时性的个别需要的理论。对于那些为了能够使用五百年，甚至是一千年的要塞来说，这种理论是错误的，如果非得按照这种理论行事，那就会造成无法挽回的后果。

比如腓特烈大帝在西里西亚境内的苏台德的山脊上构筑了西尔贝尔堡，但是形势转变之后，这个要塞就成了形同虚设之物。再如，如果布勒斯劳始终是一个坚不可摧的要塞，那么在任何情况下，它都会保持原先的功用，既可以对抗法国的军队，也可以对抗俄国的军队、波兰的军队和奥地利的军队。

请大家务必知道一点：我们进行的这些考察，并不仅仅是针对一个国家完全需要从头构筑要塞这种情况而提出的，如果是这样的话，那么我们进行的考察就没有任何意义，因为这种情况是极为罕见的，甚至是从来没有的。简而言之，我们进行的这些考察，对设置的任何一个要塞都是有用的。

第十二章　防御阵地

凡是我们能够利用地形作为防护手段，并且能够在该地接受会战的阵地，就是防御阵地。这个结论是我们从关于防御的总的看法中得出的，至于在这样的行动中应该主要采取攻势，还是采取守势则与这个结论无关。

一支向敌军挺进的军队在应对敌军的挑战时，往往需要占领一些阵地进行抵抗，这种阵地也可以称为防御阵地。事实上，大多数会战就是这样发生的，在整个中世纪，除了这种会战形式，再无其他形式的会战。在战争中，大多数阵地也都是这一类阵地，对于这样的阵地，我们只需要知道它和行军野营地的概念是不同的即可。

然而，我们在这里所谈的并不是这一类阵地，那种名副其实的防御阵地与这一类阵地必然有不同的地方。

在普通的阵地上进行决战时，时间概念是最为主要的；相向运动的军队进行决战时，地点是次要的，只要它并不是特别不适合就可以。然而，在真正的防御阵地上进行决战时，地点概念却是主要的，因为决战是在这一地点进行的，准确地说，决战主要是利用该地的地形进行的。我们在这里所说的防御阵地，指的就是这种阵地。

此时，地点的意义主要表现在两方面：第一，这个地点对被配置在这里的军队进行防御有一定的作用；第二，该地的地形便于掩护军队，也能够加强军队的力量。简单地说，前者是战略意义，后者是战术意义。更确切地说，防御阵地这个概念只是从战术意义的层面上提出的，因为从战略意义上来看，即使军队不利用该地的地形进行防御，而是发动进攻，它也能对整个防御产生作用。

上述两种意义中的第一种意义，事实上指的就是阵地在战略上的作用，关于这一点，我们将来在研究战区防御时会加以详细阐述，在此我们先谈谈现在可以阐述的问题。不过，我们必须先弄清楚两个非常相似所以经常发生混淆的概念：对阵地进行迂回和从阵地附近通过。

对阵地进行迂回，指的是绕过阵地的正面从敌军的侧翼或者后方发动攻击，或者是切断敌军的撤退线和交通线。

前一种活动是战术范围内的活动，在如今这个时代，军队的机动性能大为提高，一切战斗计划都或多或少地以迂回和包围为目的，所以每个阵地都应该对此做好准备。

一个坚固的阵地应该有坚不可摧的正面，而且在侧翼和后方遭到威胁时能够进行有力的回击。如此一来，这个阵地不仅可以在会战期间发挥固有的功用，当侧翼和后方遭到威胁时，它也不

争夺乌各孟

拿破仑原先的意图是通过对乌各孟发动佯攻吸引威灵顿的预备队，令他始料未及的是，这场战斗越打越大，远远超过了他的预期。在本次战斗中，英军在这个弹丸之地一共投入了20多个营，1.2万多人，法军一共在这里投入了33个营，1.4万多人，但是至战斗结束，法军都未能攻占该地。事后，威灵顿说："会战的胜利就取决于乌各孟这扇门是否关得紧。"

会失去原先的作用。

如果进攻者为了截断敌军的撤退线和交通线，而向防御者发起迂回攻击，那么这就是一个战略问题。此时的问题在于，防御者的阵地能够抵抗多久，以及防御者在多大程度上能够保障撤退线和交通线的安全。这二者都取决于阵地的位置，或者说取决于双方的交通线同阵地构成的角度，一个良好的阵地，必须在这一方面能够保障防御者占据优势。

然而，如果进攻者对在防御阵地上备战的敌军视而不见，而是调集主力从另外一条道路前进，去追求另外的目的，那么这就是从阵地附近通过。在此形势下，如果进攻者能够顺利达到目的，那么防御者就不得不放弃这个阵地，这也意味着这个阵地失去了效力。当然，如果进攻者无法从防御者的阵地附近通过，那一定是因为他们担心遭到不利，至于这种不利是什么，我们在第二十八章中将会阐明。这种不利可能是灭顶之灾，也可能是疥癣之患，无论是哪一种，在此情况中，它都可以代替阵地遭到攻击时所能发挥的战术效果，而且正是它与战术效果共同构成了防御阵地的目的。

根据以上考察，我们认为从战略意义上来说，防御阵地应该具备两种功用：第一，使敌军无法从我军阵地附近通过；第二，在保障交通线的斗争中，能够使防御者居于有利地位。此外，我们再补充两点：第三，交通线与阵地正面构成的角度对防御者的作战活动有利；第四，一般来说，地形应该对防御者有利。

进攻者能否从阵地附近通过、能否切断防御者所驻的阵地上的粮食供应，甚至是会战的整个进程，都与交通线与阵地正面构成的角度有关。如果撤退线与防御者的阵地是倾斜的，那么这对进攻者进行战术迂回就是有利的，当然，这也意味着防御者在战术上难以自由活动。然而，这种配置不一定是战术上的过失，它往往是在战略上选择地点不当的结果。

如果说总体上来看，道路的主体与防御者的阵地是垂直的，但是在靠近阵地的时候却突然转向，那么在斜方向上配置兵力就是不可避免的。在这种情况下，进攻者可以不改变原来的交通线垂直于自己正面的态势，并且仍然可以使自己处于能够对防御者发动迂回进攻的方向上。

此外，如果进攻者有很多退路，而防御者只有一条退路，那么进攻者在战术上由于活动空间较大就会处于有利地位。在此条件下，即使防御者使用最为巧妙的战术，也很难消除战略失误所造成的不利影响。

关于上面所说的第四点，即一般来说，地形应该对防御者有利，关于这一点，我们必须知道，在有些情况下，地形在某些方面也会对防御者十分不利，即使防御者精心选择并且巧妙地运用了战术手段，也很难消除这些不利状况。

在这一方面，防御者必须注意四种情况：

第一，防御者在选择阵地时，在能够利用地形障碍阻止敌军接近的前提下，还得便于利用阵地观察敌情，并且在阵地的控制范围内，能够迅速出击敌军。只有这三者能够结合在一起的地方，地形才会尤其有利于防御者。

对于防御者而言，有些地点是极为不利的，比如防御者选择的阵地在制高点的瞰制之下（制高

乌各孟之战

当时参战的英军少校马克利迪这样描述乌各孟之战："乌各孟和周围的森林包裹在战火之中。透过黑烟隐约可以看见法军士兵。周围到处是法军，他们军帽上飘动的红色羽毛显得十分耀眼。重装骑兵胸前的铠甲反射出耀眼的光芒。400门火炮的炮击造成双方大量伤亡。怒吼和悲号混杂在一起让人无法区别，这使我联想到喷发中的火山。步兵和骑兵的尸体散布在周围令人感到窒息。"

点被进攻者掌控）、防御阵地的侧翼依托于山地（这种情况虽然不利于进攻者从防御阵地附近通过，但是便于进攻者发动迂回进攻），以及防御阵地的前方不远处有山地，等等。

同上述不利情况相反的情况中，我们只想说明一种能够给防御者带来很多利益的状况，即防御阵地的背后有山地。一般来说，这种状况是对防御者最为有利的状况之一。

第二，防御阵地的地形应该在一定程度上与军队的特点和编制相匹配。

比如一支以骑兵为主体的军队，必然会寻找开阔地带；一支以骁勇善战的步兵为主，而骑兵和炮兵较少的军队，则最好能够选择地形复杂的地区。在这里，我们没有必要详谈防御阵地的地形对军队所产生的所有作用，只需要从总的方面来简略谈一下防御阵地的地形所起的作用，因为这种作用是战略上起作用的一个因素。

如果军队占领某个阵地的目的，只是为了等待敌军发起进攻，那么阵地所在地就应该为军队提供有利的地形条件，而且这种条件可以被当成能够增加军队力量的一个因素。如果大自然提供的条件无法满足我们的需求，我们就得借助于筑城术，用这种方法往往可以使阵地的某个部分达到坚不可摧的程度，甚至可以达到使整个阵地坚不可摧的程度。

当然，如果整个阵地坚不可摧，那么防御措施的性质就会发生变化。也就是说，此时我们的目的不是在有利的条件下会战，不是通过这种会战斩获战果，而是不经会战斩获战果。我们的军队固守坚不可摧的阵地，并且拒绝迎接敌军的挑战，这就等于迫使敌军采用其他的手段来一决胜负，所以，我们在这里必须把这两种情况区别开。

我们在这里所说的防御阵地，其实就是通过一系列加强措施使之成为极为有利于防御者的战场。然而，想使防御阵地成为战场，加强的力度就不宜过大。那么，防御阵地应该坚固到什么程度呢？

一般而言，如果敌军是抱着势在必得的态度而来，我们的加强手段就应该越强。关于这一点，取决于对实际情况的判断。如果我们的敌人是拿破仑，而不是道恩将军或者施瓦尔岑堡亲王这类人物，那么我们就必须建立极为坚固的防御工事。

如果构成阵地的某个部分坚固到了坚不可摧的程度，那么我们就应该把它当成构成阵地整体性防御力量的一个主要因素，因为在这个地方节省出来的兵力可以被派到其他用场。但是，我们也得知道，如果敌军无法攻占坚不可摧的这个地方，就会完全改变进攻方式，此时我们就必须搞清楚敌军这样做是否对我军有利。

比如，我们在面向大河的地方建立阵地，将这条大河当成加固正面阵地的加强性措施，那么敌军就必须从我军的侧翼或者更远的地方渡河，变换正面进攻的方向。也就是说，在这种情况下，这条大河实际上就相当于我军两翼的依托点，而且在这种情况下，我们需要考虑的主要问题是，这样

拿破仑视察前线

做是否对我军有利。

我们认为，敌军越是不了解我军防御阵地的坚固程度，我们就会得到越多的突袭机会，这种防御阵地也越是接近理想状态。在战争中，我们应该设法隐瞒我军的真实力量和行动意图，同理，我们也应该尽力隐瞒我军想通过地形获得什么利益，不过这只能做到一定的程度，而且还需要借用一些出人意料的方法。

无论是运动还是作战，任何一个位于大要塞附近的阵地都可以使我军占据很大的优势。如果天然条件不足，我们就可以适当地利用野战工事来弥补不足，这样我们也可以根据自己的意愿来预先制定战斗的轮廓——这也是运用人力加强阵地的方法。如果我们既能利用这种方法，又善于利用地形障碍，那么我们就能使地形产生一种具有决定性意义的作用，使敌军战败而不知战败之因。比如，我军熟悉战场而敌军不熟悉；再如，我军能够更好地隐蔽各项措施，并且在战斗过程中能够更好地运用突袭手段。这就是我们所理解的防御阵地，并且我们认为，这是防御战最大的优点之一。如果不考虑特殊情况，我们认为那些中等耕作程度的山地能够提供这样的阵地。

第十三章　坚固阵地和营垒

我们在前一章说过，如果通过人力因素可以将一个有天然有利条件的阵地加固到坚不可摧的程度，那么这个阵地的作用就完全超出了作为一个有利战场的程度，而且它也具备了某种特殊意义。

激战中的英军联合旅

由于这种阵地与要塞的性质相似，所以我们称其为坚固阵地，接下来我们将在本章中考察这种阵地的特点。

单纯依靠人力构筑的工事或者天然障碍，都无法构成这种防御阵地，只有二者结合在一起的时候，才能产生这种叫营垒或者营垒阵地的东西。事实上，任何一个筑有工事的阵地都可以称为营垒阵地，但是我们在这里所说的营垒阵地与一般所说的阵地是性质完全不同的两种东西。

构筑坚固阵地的目的是为了使配置在这个阵地内的军队得到可靠的安全保障，进而使他们直接或者间接地掩护某个地区，或者使他们掩护配置在这一地区的友军，然后利用他们所掩护的这部分军队间接地掩护国土。以往战争中的防线，尤其是建立在法国边境的防线所起的作用属于第一种，而四面都筑有营垒、每一面都是正面的营垒，以及构筑在要塞附近的营垒的作用属于后一种。

如果因为筑有营垒工事和敌军难以接近的障碍物，而使营地的正面坚固到坚不可摧的程度，那么敌军就只能通过迂回行动来进攻我军的侧翼或者后方。为了遏制敌军的意图，我们就必须为正面防线寻找能够掩护侧翼的依托点。这种防线的正面越宽，就越容易遏制敌军的意图，因为对于迂回者来说，任何迂回行动都无法做到万无一失，而且军队在进行迂回时，越是偏离原先的行动方向，军队所面临的危险就越大。所以，如果阵地的正面足够宽大，而且坚不可摧，两翼也有坚固的依托点，这就能够掩护广大的地区不受敌军的侵袭。以往有许多防御工事就是根据这种想法构筑的，比如左翼依托孚日山、右翼依托莱茵河的阿尔萨斯防线，以及左翼依托大海、右翼依托谢尔德河和图尔内要塞而建造的长达十五普里的弗朗德勒防线。

如果一个阵地的正面既不够宽大也不够坚固，而且两翼没有坚固的依托点，那么据守此地的军队就要借助良好的筑垒工事来进行防御。在这种情况下，就必须使阵地的四面都成为正面，以此来避免遭到敌军的迂回攻击，此时受到掩护的不是这个地区，而只是这支军队。因为从战略上来看，阵地本身只是一个点，但是受到掩护的军队却能防守整个地区。

由于这种营垒的每一面都是正面，处处都一样坚固，所以它的侧翼和背后并不会因为薄弱而给敌人造成可乘之机，对于这样的营垒，敌军也无法发动迂回攻击。然而，由于这种营垒的正面几乎没有什么宽度，所以敌军有可能在营垒附近通过，与从筑垒防线附近通过相比，前者的难度显然要小得多。

构筑在要塞附近的营垒所发挥的是上述两种作用中的第二种作用，因为它的使命是掩护集中在营垒内的军队。但是从战略上来说，它所能发挥的作用与此不同，因为它对使用被掩护的军队所起的作用与其他营垒是不同的。

在阐述了产生这三种不同的防御手段的情况之后，我们接下来将来谈谈筑垒防线、筑垒阵地和要塞附近的营垒各自的价值。

第一，筑垒防线。

筑垒防线是一种弊大于利的单线式作战方式，只有在有强大的火力加以掩护的前提下，这种防线才能遏制敌军的攻势，至于这种防线自身，几乎可以说是毫无价值。与整个国土的宽度相比，这种防线的宽度显然是微乎其微的，也就是说，它只能掩护一部分国土，军队无法利用它来掩护整个国土。

因此，有的人异想天开，认为只需要对防线加以监视，而不必据守防线上所有的点，就像防守一条长度中等的江河时所做的那样，利用配置好的预备军即可完成防御任务。然而，对于作为一种防御手段的防线而言，这种做法与防线的性质是相互矛盾的。

如果天然的地形障碍所起的作用足够大，能够为采取这种做法提供现实条件，那么构造筑垒工事非但无益，反而有害。因为这种做法不是为了扼守某地，而构造筑垒工事则是为了扼守某地。如果把筑垒工事本身当成阻止敌军接近的障碍物，那么没有防守力量的筑垒工事基本上就是形同虚设。

设想一下：一支军队发动总攻时，如果我军没有进行火力反攻，那么一条十二或者十五普尺[①]的壕沟和一座十到十二普尺高的垒墙有什么用呢？由此可以得出结论：如果这种防线很短，而且防守兵力较为薄弱，它就极有可能遭到迂回攻击；如果这种防线很长，而且兵力薄弱，那么它的正面就极有可能被敌军攻破。

英军骑兵攻入法军阵地

设立这种防线就意味着必须配置军队扼守该地，这无疑会使军队丧失机动性，用这样的军队来对抗敢于肆意而为的敌军显然是不合适的。在现代战争中，这种防线之所以能够长期存在，只是因为有时战争的激烈程度有所缓和，致使虚有其表的困难代替了实际上存在的困难。另外，在大多数情况下，这种防线只是用来在次要的防御方向上对付敌军的进攻。此时，这种防线虽然多多少少有些作用，但是我们必须知道，如果我们将配置在这里的军队用到其他地方，就有可能使其

① 1普尺约等于31.39厘米。——译者注

发挥更大的作用。在最近的战争中，这种防线已经被彻底抛弃，至于它在未来能否死灰复燃，这也值得怀疑。

第二，筑垒阵地。

一般而言，一支军队奉命驻守某地的时间为多久，该地的防御行动就能持续多久。当军队撤离该地，放弃防守计划时，防御行动即宣告结束。

如果兵力占据优势的敌军攻击我国国土的某地，我军奉命固守该地，那么，对付敌军的方法，就是利用坚不可摧的阵地掩护我军，并以此阵地抵御敌军的进攻。由于这种阵地的四面都是正面，如果按照常规宽度的战术配置，在兵力不是很大的情况下，那么我军只能守卫比较小的地区，在战斗过程中面临的困难也会比较大，因此也很难顺利地进行抵御活动。也就是说，在这种情况下，阵地的每一面的宽度都应该比较大，而且每一面都必须非常坚固。

然而，就筑城术而言，达到这两个要求是不可能的，所以，如果必须构造这样的营垒，那么这种营垒就得具备一个基本条件：利用地形障碍使敌军无法接近营垒的某部分、很难接近其余的部分。或者说，如果没有地形障碍，仅将希望寄托于防御工事就无法达到目的。

需要说明的是，上述考察只与战术成果有关，我们进行这些考察，只是为了说明一点：筑垒阵地可以当成战略手段加以使用。为了阐明这个问题，我们能够以皮尔纳、崩策耳维茨、科尔贝克、托里希 · 佛德腊希和德里萨的营垒为例。

接下来，我们来谈谈营垒在战略上的特点和效果。

筑垒阵地必须具备的首要条件，是配置在营垒中的军队所必需的给养在一定的时间内能够得到充分的保障。比如科尔贝克和托里希 · 佛德腊希那种后方可以通往港口的阵地，又如像崩策耳维茨和皮尔纳那种与附近的要塞有紧密联系的阵地，再如像德里萨那种在营垒内部或附近有大量存粮的阵地。

如果是第一种情况，给养物资即可得到比较充分的供应；如果是后两种情况，给养物资则是相当有限的，此时也比较容易出现物资缺乏的难题。所以，有的地方虽然地势险要，适合建造筑垒阵地，但是因为缺乏保障给养的条件，因此我们不得不放弃。当然，这也是我们之所以说适合构造筑垒营地的地点少之又少的原因。

为了搞清楚这种阵地的作用及其利弊，我们有必要研究一下面对这种阵地的时候，进攻者会采取什么行动。

首先，进攻者可以留下一定数量的军队监视这个阵地，其余的军队则可以从阵地旁通过，继续前进。

在此，我们必须区分清楚两种情况，即据守这个筑垒阵地的是主力军队，还是非主力军队。

如果是主力军队，那么一般只有在进攻者有比击溃防御者的主力更为重要的作战目标的情况下，进攻者才会选择从筑垒阵地旁边通过。退而言之，即使进攻者有更为重要的目标，那么也只能在防御者的筑垒阵地及其附近的交通线不会威胁到进攻者的侧翼的情况下，进攻者才能从这样的阵地附近通过。

据此似乎可以得出结论：防御者以主力占据筑垒阵地，即可起到牵制敌军的作用。但是这种情况只有在具备某些条件的时候才有实现的可能：从战略意义上来说，这个阵地能够对进攻者的侧翼产生具有决定意义的影响，防御者能够利用这种阵地牵制敌军，并且不会危及自身，或者是根本没有可能会被进攻者夺走的目标。如果存在这样的目标，也无法有效地牵制敌军的战略侧翼，那么防御者就无法牢固地占领阵地，只能佯装占领，试探这样做是否会威胁到进攻者的战略侧翼。当然，一旦试探行动失败，防御者难免会面临危险。

英军步兵与骑兵冲向前线

滑铁卢战役期间，英军骑兵发动冲锋时，步兵就手持步枪，脚蹬在骑兵的马镫上，和骑兵一同发动冲锋。遇到沼泽地时，骑兵下马，步兵抢先冲锋，掩护步兵。

如果据守筑垒阵地的是非主力军队，那么进攻者就会将防御者的主力当成唯一的进攻目标。此时，阵地的意义就仅仅是希望能够对敌军的战略侧翼产生威胁，并且它能起到的作用就决定了它的意义。

其次，如果进攻者没有从防御者的阵地旁边通过，那么他们就会对其进行包围，迫使守军因弹尽粮绝而投降。

对于进攻者而言，如果他们要包围防御者的阵地就得必备两个条件：第一，可以威胁敌军阵地的后方；第二，进攻者的兵力足够强大，能够有效地包围敌军。

在此形势下，防御者的筑垒阵地虽然能够在一定的时间内牵制敌军，但是也得付出相应的代价，即损失一定的兵力。

由此可以看出，如果防御者想动用主力军队据守筑垒阵地，就得具备三个条件：第一，有万无一失的后方；第二，与己相比，敌军的兵力并不占据优势，如果敌军的兵力不足依然发动包围，那么防御者即可将其各个击破；第三，援军有可能抵达。1756年萨克森的军队在皮尔纳据守营垒时就是如此，1757年布拉格会战之后也同样出现了这种情况，如果卡尔·亚历山大当时不知道摩拉维亚军团能够前来解围，他就不会任由敌军将自己包围在布拉格。

对防御者而言，具备上述三个条件之一时，用主力军队据守筑垒阵地才是合理的。然而，如果防御者所具备的只是后两个条件中的一个，那么防御者依然会面对比较大的危险。

如果防御者打算弃车保帅，用来据守筑垒阵地的只是一支为了全局可以牺牲的非主力军队，那么就不必考虑这三个条件，此时，防御者需要考虑的是能不能通过这种牺牲来避免更大的祸患。

1756年，腓特烈大帝在进攻波西米亚时，曾受阻于皮尔纳营垒，最终，据守这个营垒的一万七千名守军全部投降。然而，当时奥地利的军队毫无防备，波西米亚岌岌可危，如果该地失守，那么损失的兵力将会远远高于皮尔纳的降军。

英军骑兵攻击法军龙骑兵

如果防御者的筑垒阵地同时满足上述三个条件，那么此时的进攻者就像一条发现一群野鸡的猎狗一样，会在阵地前短暂停留，至多只是派一些军队尽量扩大占领的范围，满足于这种微小的利益，而将占领该地的问题留到以后解决。当然，此时防御者的阵地就充分发挥了它的作用。

最后，我们要说到的是要塞附近的营垒。我们曾经说过，在要塞附近构筑营垒的目的不是为

英军骑兵抢夺法军的鹰旗

了掩护某个地区，而是为了使我军免遭敌军攻击，所以从一般意义上来说，这种营垒也是筑垒阵地，它与其他筑垒阵地的不同之处，实际上只在于它与要塞是密不可分的，因此这种阵地的力量也比较强。

此外，这种营垒还具备一些其他的特点。

首先，这种营垒可以部分或者完全阻止敌军对要塞发动围攻。如果要塞是一个无法封锁的港口，那么即使为此做出牺牲也是值得的。如果要塞是可以被封锁的，那么这个要塞就有可能因为缺乏物资而沦陷，当然，这样的要塞也不值得动用大量兵力加以保卫。

其次，这种设置在要塞附近的营垒能够为那些在开阔地带无法发挥作用的小规模军队提供依托。比如，一支四五千人的军队在开阔地带作战时，即使据守的是世界上最为坚固的营垒，他们也有全军覆没的危险，但是如果据守的营垒在要塞附近，那么在要塞的掩护下，他们就有可能拥有不可战胜的力量。

最后，这种要塞可以用来集中那些自身力量较弱以及不凭借要塞的掩护就无法与敌军作战的军队，比如新兵、民兵等。

如果营垒设置在要塞附近，那么不派兵驻守就会多多少少给防守要塞带来不利，这也是一个很严重的缺陷。同理，如果这种营垒没有这样的缺点，那么从很多方面来说，这种营垒就是一种非常值得运用的手段。然而，从实际上来说，既保留足够的兵力守卫要塞，又可以分兵驻守要塞附近的营垒，这是很难做到的。因此，我们倾向于这样的看法：一般而言，只有在海岸要塞附近才适合构筑这样的营垒，在其他地方这样做则是弊大于利。

将上述考察归纳起来，即可得出三点：第一，国土越小，转圜的空间就越小，在这样的国家尤其需要建立坚固的阵地；第二，在被包围或者被围攻的时候，解围的把握越大，坚固的阵地所遭遇的风险就越低；第三，敌军的攻势越是软弱，坚固的阵地所能发挥的作用就越大。

第十四章　侧面阵地

在常用的军事术语中，侧面阵地是个很突出的概念，我们就这个概念进行专门论述，只是为了使读者更加清楚地理解它。不过，我们并不认为它是什么独立的东西。

如果敌军从我军的一个阵地旁边通过之后，我军依然能够固守这个阵地，那么这个阵地就是侧面阵地。因为从敌军在这个阵地旁边通过的那一刻起，除了能够对敌军的战略侧翼造成威胁之外，这个阵地就再也没有别的作用了。由于所有的筑垒阵地都是坚不可摧的，所以敌军只能从它们旁边通过，从这个意义上来说，所有的筑垒阵地必然同时是侧面阵地，在这种情况下，这种阵地的价值就是能够威胁敌军的战略侧翼。至于筑垒阵地本来的正面的位置如何——是像科尔贝克那样，与敌军的战略侧翼平行；还是像崩策耳维茨和德里萨那样，与敌军的战略侧翼垂直——则是无关紧要的，因为一个筑垒阵地的四面都是正面。

退而言之，即使我军所据守的不是坚不可摧的阵地，但是只要这个阵地的位置有利于保障我军的撤退路线和交通线，当敌军从这个阵地旁边通过之后，我军依然需要据守这个阵地。因为这样做能够有效地进攻敌军的战略侧翼，而且有可能切断进攻者的退路——如果可以做到这一点，敌军就可能无力切断我军的退路。相反，如果敌军因自己的退路万无一失而能够切断我军的退路，那么我军就会陷入后退无路的危局中，因为我军的阵地不是坚不可摧的筑垒阵地。

关于这一点，1806年的战例就是一个很好的例子。

如果当时配置在扎勒河右岸的普鲁士军队的阵地正面是面向扎勒河，并且能够在这个阵地上静观其变，那么当拿破仑经过霍夫向北前进时，这个阵地就完全可以成为侧面阵地。

如果当时双方的力量对比——物质力量和精神力量——不是很悬殊，而且指挥法军的不过是道恩将军这样的人，那么普鲁士军队的阵地就会发挥惊人的效力。在此形势下，从这个阵地旁边通过简直难如登天，事实上，拿破仑当时决定进攻这个阵地，就是因为对此有所顾忌。此外，虽然当时法军意图切断这个阵地的退路，但是并没有完全达到目的，因为普鲁士军队左翼失败时产生的危险比法军左翼失败时产生的危险小得多。

不可否认，当时法军的力量确实比较强大，但是如果普鲁士军队的统帅果敢而慎重，那么普鲁士军队仍然有比较大的获胜可能。

事实上，当布伦瑞克公爵在13日部署作战计划时，并没有什么妨碍性的因素能够限制他制定正确的作战计划。也就是说，在次日拂晓，当拿破仑率领六万法军从耶拿和多恩堡附近渡过扎勒

英军骑兵发动猛烈的攻势

河时，布伦瑞克公爵能够调集八万人进行抗击。此外，法军渡过扎勒河之后，背靠陡峭河谷的不利处境也可以增加普鲁士军队的胜算。

如果说兵力优势和法军不利的地理处境仍然无法保证普鲁士军队可以获得具有决定性意义的胜利，我们依然认为这种局面对普鲁士军队是十分有利的。之所以这样说，是因为如果当时的普鲁士军队不能利用这种有利的局势赢得决战的胜利，那么他们从一开始就不应该在这个地区进行决战，而是应该继续退却，以便在撤退过程中削弱敌军的力量。

由此可见，扎勒河畔的普军阵地虽然不是坚不可摧的，但是对于那条经由霍夫而来的道路来说，这里依然可以被看成一个侧面阵地，只是这个阵地不完全具有侧面阵地的特性——因为它是可以被攻破的。换言之，只有在敌军不敢对它发动进攻时，它才可以被当成侧面阵地。

当进攻者从某些阵地附近通过时，防御者无法做到坚守不退，只能在这个阵地上对敌军发动侧面攻击。仅仅因为这些攻击是从侧面发动的，所以有的人就认为这种阵地是侧面阵地，但是实际上这与侧面阵地的概念是相抵触的。因为这种攻击方式与阵地本身几乎毫无关联，或者说这种攻击方式至少不是以侧面阵地的特性——可以威胁进攻者的战略侧翼——为依据的。

作为一种防御手段，侧面阵地具有哪些特点呢？

即使一个侧面阵地不是坚不可摧的，它也可以成为一种极为有效的作战手段。然而，也正是因为这种阵地不是坚不可摧的，所以这种防御手段也是有危险的。如果这种阵地能够有效牵制敌军,那么防御者通过消耗少量兵力即可收到事半功倍的效果。然而,如果这种阵地无法牵制进攻者,那么防御者往往就会失去退路。在此情况下,防御者或者不得不尽快寻找退路以求脱身,或者不得不负隅抵抗。

一般来说,对付那些胆略过人而且士气如虹的敌军时,采取这种防御手段是不明智的,也是危险的。但是在对付那些迟疑不决的敌人,或者在敌对双方呈僵持状态时,这往往是防御者可以利用的最好的作战手段之一。

第十五章　山地防御

在战争活动中，山地最为重要的影响是能够延缓军事行动的进程，所以它首先对于防御者有利。

在研究山地因素对战争活动的影响时，我们并不打算将其局限于山地防御的范围内，而且我们对此进行研究时所得出的结论与一般人所得出的结论是相反的，所以我们必须对这个问题进行深入的研究。

为了便于战略方面的考察，接下来我们打算先研究山地因素在战术方面的影响。

一个规模较大的纵队在山地行军时面临的困难不计其数。对于一支被配置在防哨中的小规模的军队而言，如果这个防哨的正面有陡峭的山坡作为掩护，左右两侧又有山谷作为依托，那么这

英军指挥官指挥骑兵发动冲锋

支军队就能得到异常强大的力量。

以这两种情况为基础，人们往往认为山地防御的效果是惊人的。只是因为在某个历史时期内受到了武器和战术特点的限制，大部队才没有在山地进行防御。

一个蜿蜒曲折的纵队精疲力竭地爬上山头，翻过山头之后又继续艰难地前进。在坎坷难行的山道上，炮兵和辎重兵骂骂咧咧地鞭打着马匹，每损坏一辆车，后面的队伍都会被堵住，此时，几乎所有的人都会产生这样的想法：如果此时突然出现几百个敌军，整个队伍就会陷入灭顶之灾。所以，一些理论家在谈到山地险道时，总是习惯性地将这种道路描述成一夫当关万夫莫开的险道。

然而，凡是熟悉战争的人都应该知道，山地行军和山地进攻几乎毫无相同之处。由山地行军的困难程度为依据，进而推断出山地进攻的难度更大，这只是一种错误的想法。

一个没有战争经验的人自然而然地会误以为山地进攻的难度大于山地行军的难度，甚至某个历史时期的军事理论也难免会犯这种错误。这主要是因为在当时，无论是对有战争经验的人，还是对没有战争经验的人，山地作战几乎是一个全新的问题。

在三十年战争以前，由于作战队形的纵深比较深、骑兵比较多、火器技术有待进步以及其他原因，人们还不习惯利用地形障碍，进行正式的山地防御或者利用正规军进行正式的山地防御几乎是不可能的。大约在作战队形呈疏散队形渐渐得以推广，以及火器成为主要的作战兵器之后，利用山岭和谷地才逐渐进入人们的视野。直到一百多年以后，也就是到了18世纪中叶，山地防御的思想才发展到巅峰状态。

如上所述，如果将一个兵力不大的防哨配置在地势险要的山地，就能获得巨大的抵御能力。显而易见，这很容易使人们以为进行山地防御能够获得强大的威力，有的人甚至因此认为，只要增加这种防哨的兵力，就能使一个营发挥一个军团的威力，或者能够使一座山起到一座山脉的作用。

如果一个兵力不大的防哨在山地上选择了有利的阵地，那么它就可以发挥巨大的效力，这一点是确定无疑的。比如一支小规模的军队在平原地带作战时，几个骑兵连就可以把他们击败，此时只要能够不被击溃、俘虏，他们就应该额手称庆。然而在山地作战时，只要这支小规模的军队能够据守有利的阵地，他们就能明目张胆地出现在一支兵力庞大的军队面前，并且能够迫使后者发动正规的进攻或者迂回行动。

此外，通过利用那些能够阻止敌军接近的障碍物、侧翼依托点，以及在边战边退的过程中所占据的新阵地，一支小规模的军队也能增加抵抗能力，但是我们认为这都是由战术来阐明的问题，也是通过经验可以解决的问题。

将许多强有力的防哨一线排开，必然会形成一个无比坚固的正面，这是人们的一种习惯性的看法。在此情况下，所有的问题都可以集中为一点：如何阻止敌军发动迂回攻击。因此，阵地的正面必须尽量向两侧延伸，直到延伸到能够满足进行防御的依托点为止，或者说一直延伸到正面的宽度能够完全阻止敌军发动迂回进攻为止。

由于多山地的国家有很多这种配置防哨的地点，所以这样的国家很容易进行上述兵力配置，但是由于能够满足需要的地点数不胜数，所以人们往往不知道阵地的两侧应该延伸到什么程度。

庞森比将军阵亡

滑铁卢战役初期，英军指挥官庞森比指挥龙骑兵猛攻法军步兵纵队，将法军杀得溃不成军，紧要关头，法军胸甲骑兵和枪骑兵及时出现，发动反攻，几乎全歼庞森比的军队，庞森比本人则在战斗中身中七矛阵亡。

所以，在一定宽度的正面上，人们只能用一些小部队占领或者防守所有的山口，认为通过这种配置方法，可以利用十到十五个防哨占领正面为十普里左右的地区，并且以为这样做就可以完全阻止敌军发动迂回攻击。

由于行军纵队一般不能偏离主干道，所以这些防哨之间的难以通过的地形，不但能够将这些防哨紧密地联系在一起，而且会成为一道敌军难以逾越的铜墙铁壁。为了预防某一点可能被敌军突破这种情况，防御者还可以利用几个步兵营、骑炮兵连或者十几个骑兵连作为预备队。

毋庸置疑，这种看法如今已经成为陈腔滥调，但是谁也不能肯定地说，这种看法已经被人们完全抛弃了。

自中世纪以来，由于兵力的增加而推动了战术的发展，这就促使人们在军事活动中会自然而然地如上述所言那样来利用山地。由于山地防御的主要特点是完全处于被动，所以在军队的机动性能不是很高的时代，人们倾向于进行山地防御是很自然的事。

随着兵力的增加和火器技术的进步，人们在配置军队时越来越倾向于将军队配置成正面宽而纵深浅的横队，这种横队的编组和配置方式异常复杂，运动的时候困难重重，有时候甚至根本无法运动。配置这样的军队就像安装一台非常精密的机器一样，时常需要耗费半天时间，有时候会战期间一半的时间都用来从事这种工作。在如今这个时代，会战的内容包罗万象，但是在当时，会战计划几乎只有这一件事。

这种配置一旦部署完毕，就很难根据实际情况进行调整。由于防御者展开作战队形在先，进攻者展开作战队形在后，所以进攻者可以根据敌军的作战队形做出相应的部署，并且可以取得一些一般性的优势，然而除了利用地形障碍进行掩护之外，防御者几乎别无他法。

对于寻求掩护而言，在任何地方都不会像在山地作战时那样，能够到处寻找对己有利的地形障碍。所以，人们总是力图将军队和地形结合在一起：军队防守山地，山地掩护军队。如此一来，消极性的防御就可以借助山地增强自身的力量。对于防御者而言，除了自身活动空间有限之外，这种做法本身并没有什么害处。事实上，即使不这样做，防御者的活动空间也不会很大。

敌对双方进行较量的时候，最容易遭到打击的地方往往是防备薄弱的侧翼。如果防御者被胶固在那些坚不可摧的地方，那么对自己的侧翼不再有什么顾虑的进攻者就会发动大胆的迂回攻击。

为了规避这种风险，防御者在部署军队的时候，往往会尽量延伸两翼，而这样做则会相应地使正面遭到削弱。面对这种变动，进攻者在作战过程中会突然采取相反的办法：不是展开其中一翼进行迂回，而是集中兵力全力攻击某一点，然后撕裂敌军的整个防线。

在如今这个时代，山地防御战中的敌对双方大致上就处于这样的作战状态，显然，借助日益提

滑铁卢战役期间，被法军击毙的英军第5师师长皮克顿中将。

英军第2骑兵团高呼“万岁苏格兰”，发动声势浩大的反冲锋。

升的机动性能，进攻者几乎完全占据了优势。对于防御者而言，在这样的情况下作战很难避开惨败的命运，比如那些迷信山地防御的军队在法国大革命期间就曾多次遭到惨败。

然而，这并不是意味着山地防御一无是处，我们必须根据具体情况来正确认识山地防御。

在山地防御中进行的抵抗是相对的，还是绝对的？这是我们首先必须搞清楚的一个问题，也是解决其他问题的基础。所谓的相对抵抗，指的是这种抵抗只是持续一段时间；所谓的绝对抵抗，指的是坚持到获得一次具有决定性意义的胜利为止。

对于相对抵抗而言，山地是一个极好的场合，因为它能增强防御者的力量；对于绝对防御而言，情况则恰好相反，也就是说在这种情况下，山地对于防御者往往是不利的，或者说只有在极少数情况下山地才是合适的。

山地上的任何运动都是缓慢而艰难的，需要耗费大量的时间，如果运动是在危机四伏的环境中进行，那么伤亡人员的数量就必然会上升。由于损耗的人员和时间是衡量抵抗强度的标准，所以只有在以逸待劳的情况下，防御者才可以拥有绝对性的优势，一旦防御者也必须进行运动时，他们就会丧失这种优势。

与绝对抵抗相比，相对抵抗的被动性更大，甚至可以达到最大限度——直到战斗结束。然而在绝对抵抗中，这是绝对不允许的，因为这是由事物的性质决定的。也就是说，只有从战术上来看，相对抵抗才是合理的。由此可见，山地这种能够增加运动的困难，并且能够削弱积极活动的因素，是完全适合于相对抵抗的需求的。

我们曾经说过，一个兵力不大的防哨在山地作战时，凭借地利之便能够获得惊人的力量。这只是战术上的一个结论，对此无须多加说明，但是我们必须搞清楚一点：这里所说的小规模的兵力是相对的小，还是绝对的小。

如果从整体中抽调一部分兵力，将他们单独配置在某个阵地上，那么这部分军队就有可能遭到敌军优势力量的攻击——与兵力占据优势的敌军相比，这部分军队的兵力的确比较小。在此形势下，一般来说，进行防御的目的就只能是相对抵抗，往往不是绝对抵抗。如果这部分兵力在自己的所有兵力中只是很小的一部分，与敌军的优势力量相比也是很小的一部分，那么防御的目的就越偏向相对抵抗。

然而，即使是一支绝对意义上的小规模军队（与当面之敌的兵力旗鼓相当，敢于进行绝对抵抗，并且能够追求真正的胜利的小规模军队）在山地作战时，他们的处境也比一支大规模的军队优越得多，他们从险要地形中获得的利益也比一支大规模的军队多得多。所以，我们的结论是，小规模的军队在山地作战时比平常能够获得更大的力量。

显而易见，在相对抵抗起决定作用的所有场合，这种小规模的军队能够带来具有决定性的利益。那么，一支大规模的军队在山地进行绝对抵抗时能不能带来同样的利益呢？

为了回答这个问题，我们必须进一步提出另外一个问题：由一些防哨组成的防线所产生的合力，与这些防哨单独存在时的力量的合力是否相等呢？我们的答案是，前者的力量没有后者的力量大。只有持有以下两种错误观点的人，才会以为这两种力量是相等的。

第一种错误的观点是，没有道路的地方就是无法通行的地方。

在纵队、骑兵和炮兵无法通过的地方，步兵却往往可以通过。因为在战斗期间的行军距离往往比较短，所以我们不能用一般的行军标准来对其加以衡量。由此可见，那种认为防哨和防哨之间能够建立牢固联系的想法，事实上只是痴人说梦，因为这些防哨的侧翼是不安全的。

第二种错误的观点是，由于防哨的正面是坚固的，而且对于防哨而言，深谷、悬崖等险要地形往往是很好的依托点，所以防哨的侧翼也同样是坚不可摧的。

然而我们要问的是，这些险要的地形为什么能够发挥那么大的效果呢？这并不是因为它们能够阻止敌军发动迂回攻击，而是因为当敌军进行迂回攻击时损耗的时间和兵力与进行正面进攻时所产生的损耗是相等的：由于这种防哨的正面几乎是坚不可摧的，所以敌军发动迂回攻击时，就必须想办法克服地形所带来的困难，而要进行迂回攻击，就必须耗费时间，同时也难以避免人员伤亡。

如果这样的防哨有友军赴援，或者只是打算抵抗一段时间，或者防御者的力量与进攻者的力量持平，那么防哨的侧翼依托点就能发挥相应的作用。因此，我们可以说这种防哨的正面和侧翼都是坚固的。然而，如果我们所说的是由若干防哨组成的正面宽大的山地阵地，那么情况就与此截然不同。因为在这种形势下，我们刚刚所说的三种条件都是不存在的，也就是说，敌军可以集中优势兵力进攻防线上的某一点，防御者得到的援助是有限的，而且必须进行绝对抵抗。此时，这些防哨的侧翼几乎毫无作用。

如果进攻者集中优势力量攻击防御者的某一个点，那么就这一个点来说，进攻者将会遭到激烈的抵抗，但是就整个防线而言，进攻者遭到的抵抗则是微不足道的，而且在击溃这个点之后，进攻者就相当于撕开了对方的整个防线。

综上可以看出，一般而言，在山地进行的相对抵抗比在平原地带进行的相对抵抗的力量更大。如果这种抵抗活动的执行者是小部队，那么他们所能发挥的力量就能达到比较大的程度。不过，这种力量并不会随着兵力的增加而增加。

接下来我们来谈一谈一般的大规模战斗的目的——赢得积极的胜利。这也是进行山地防御的目的。

如果利用全军或者主力军队进行山地防御，那么山地防御就会转变为山地防御会战。此时，战斗的形式是调集所用的兵力进行一次会战，以此来歼灭敌军，战斗的目的则是赢得胜利。在此情况下，山地防御是为赢得胜利而服务的，因为此时它不是目的，而仅仅是一种手段。那么，山地对于赢得胜利这个目的有什么影响呢？

防御会战的特征，是在前面的阵地上进行消极的还击，在后面的阵地上进行积极而强力的还击。然而，在发动积极的还击时，山地却会成为致命性的阻碍因素。这主要是因为三种原因造成的：

第一，当防御者在后面的阵地上转守为攻时，由于地形限制，军队往往难以迅速向敌军挺进，甚至战术上的突袭行动也会被地形因素削弱。

第二，在山地活动时，由于视野有限，不易察觉到敌军的动向，所以，当防御者转守为攻时，山地提供给进攻者的便利，与防御者在前面的阵地上作战时能够从地形中得到的利益是相同的，这显然会增加防御者转守为攻的难度。

第三，山地的地形有可能使防御者在转守为攻时陷入首尾不能相顾的危险。

尽管在遭到全面进攻时，山地有利于掩护防御者进行撤退，并且当进攻者企图发动迂回攻击时，山地能够损耗他们的时间，但是，只有在防御者进行相对抵抗的时候，他们才能得到这种利益，而在进行决定性的会战、必须苦战到底的时候，防御者就很难得到这些利益。此时，如果进攻者的侧翼纵队还没有占据那些能够威胁或者封锁防御者退路的地点，那么防御者的抵抗时间就可以长一些，但是一旦敌军占据了这些地点，那么防御者就会陷入无能为力的境地。即使防御者在此形势下能够转守为攻，也不可能将敌军从这些地点赶走；即使防御者拼尽全力，也难以突破敌军的封锁。

如果有人认为这里的说法是自相矛盾的，认为进攻者在山地拥有的那些有利条件对于突围者也必然是有利的，那只是因为他们没有看清楚这两种情况的差别。我们之所以这样说，是因为进攻者所派遣的负责封锁防御者退路的军队不必进行绝对防御，他们只要能够抵抗一段时间即可，因为他们的任务与守卫防哨的小部队的任务是一样的，而原先的防御者此时则因为后路被截断而陷入混乱状态，并且面临着弹尽粮绝的危险。

一批又一批士兵发动勇敢的冲锋，将自己的命运交托给无情的枪林弹雨，他们改变了历史，但是历史不会记住他们。历史所能记住的，仅仅是少数人。

简而言之，在这种情况下，防御者获胜的可能性微乎其微，面对可能即将到来的失败，防御者所产生的恐惧超过了对其他危险的恐惧程度，并且这种恐惧心理在整个会战过程中无处不在，能够影响每一个人的士气。

此外，防御者对于侧翼有一种神经质式的敏感，进攻者派遣到防御者后方的每一支军队——即使是兵力很小的军队——都会成为进攻者获胜的筹码。

如果将山地防御中的整个军队都配置在广阔的台地上，那么上述不利条件中的大部分都会烟消云散，而有利条件则会保存下来。我们可以设想一下，在此情况下，防御阵地的正面坚不可摧，两翼很难接近，对于防御者而言，无论是在阵地内部，还是在阵地后方，防御者都有比较大的活动空间。即使在全世界的范围内来说，这种阵地也可以称得上是最为坚固的阵地。但是这种阵地只是一种向壁虚构之物：虽然大多数山地的山脊比山坡容易通过，但是大多数山地的台地或者无法容纳大规模的军队，或者其实不是真正的台地——从地理意义上来说，它们是台地，但是从军事角度来说，它们并不是台地。

此外，正如我们在前文中所指出的那样，由于小规模的军队所占据的空间小，需要的撤退道路少，所以在山地防御活动中，他们面对的不利条件比较少。虽然单独的一座山不能被当成山地，也没有山地的那些不利条件，但是兵力越少，就越可以将他们配置在单个的山脊或者山头上，而没有必要将他们配置在林木茂盛的谷地——在山地防御活动中，这样做是产生一切不利的根源。

第十六章　山地防御（续）

在前一章中，我们在战术上做出了一些结论，接下来我们来谈谈如何在战略上运用这些结论。

对于这个问题，我们打算从四个方面来阐述：第一，山地作为战场；第二，占领山地对其他地区的影响；第三，山地作为战略屏障所能产生的效果；第四，在给养方面需要考虑的问题。

第一，山地作为战场。

在上述四点中，这是最为重要的一点，对于这个问题，我们必须从两方面来详谈：A，山地作为主力会战的战场；B，山地作为从属性战斗的战场。

在具有决定性意义的会战中，山地在多大程度上能够束缚防御者的手脚，又在多大程度上能够为进攻者提供用武之地。关于这个问题，我们在前面已经说过，并且我们得出的结论与一般人的结论是相反的。

一般人一叶障目、本末倒置，很少能够将那些具有千丝万缕的联系的事物区分得泾渭分明，由于只看到那些小规模军队在山地能够发挥惊人的效力，他们就误以为所有的山地防御活动都具有同样的力量，所以当有人认为山地防御会战的力量并不像他们所想象的那么大时，他们难免会感到惊异。

此外，面对山地防御会战中的失败战例，他们往往将此归结为单线式防御的缺点，而认识不到事物的本质在其中所发挥的作用。我们并不害怕提出与常人看法有所不同的意见，而且我们还要指出，有一位非常令我们满意的理论家抱有与我们相同的观点，他就是卡尔大公。在论述1796年和1797年战局的著作中，他曾经提出过这种看法。他是一个优秀的理论家，更是一个优秀的统帅。

如果一个兵力较弱的统帅，在费尽九牛二虎之力集中所有的军队之后，抱着亡命之徒的心理，企图在一次具有决定性意义的会战中向进攻者显示自己对祖国的忠诚、激情和才智，并且他的军事行动又备受关注，但是他却将军队配置在障碍重重的山地，使自己的所有行动都受到地形的束缚，处于一种随时可能遭到敌军优势兵力攻击的处境中，那么此时他的处境就是十分可悲的。在这种情况下，这个统帅唯一能做的，就是尽量使地形障碍发挥最大的效力，但是这必然会促使他利用弊大于利的单线式防御，然而这种做法又恰恰是他应该避免的。所以，在决意发动决定性会战的时候，我们并不认为山地是防御者的避难所，并且奉劝统帅应该尽量避开山地。

然而，想做到这一点是很难的。与在平原地带进行的会战相比，在这种情况下进行的会战有显著的不同点：山地阵地的正面比较宽，往往比平原阵地的正面宽一两倍，军队的抵抗比较被动，抵抗力度也比较弱。虽然因为地形的限制，这种影响是难以避免的，但是我们仍然应该尽量避免使这种防御变成单纯的山地防御，或者说，此时我们应该尽量在山地上集中配置军队，力求使所有的军队在一个统帅的集中指挥之下进行一场战斗，并保持充足的预备队，使会战成为一次决战而不至于变成单纯的防御。

掉下堑壕的法军骑兵

就战斗力而言，英军骑兵不是法军骑兵的对手，但是在滑铁卢战役期间，因为高层合作不畅，致使法军士气低落，英军骑兵就是凭着一股蛮勇之气打垮了法军骑兵，因为法军骑兵被英军骑兵挤压到成了陷阱的堑壕。这一道堑壕被法军士兵的尸体填满之后，敌军将踏着他们的尸体继续前进，悲惨的画面不由让人想到了一句老话：一将功成万骨枯。

关于主力在山地进行决定性会战的问题，暂时就谈这些，接下来我们来谈另一个问题：山地作为从属性战斗的战场时会产生什么影响？

与主力在山地进行的决定性会战不同的是，对于从属性战斗和次要战斗而言，山地是极为有利的，因为在这种战斗中不会出现绝对抵抗，也不会带来任何具有决定性意义的战果。为了便于理解这个问题，我们可以把进行这种抵抗的目的列出来：

A，这种抵抗纯粹是为了赢得时间。这是一个极为常见的目的，比如我们为了及时了解敌军的动向而设置警戒时就常常持有这种目的，再如凡是在等待援军的时候，我们也时常抱有这样的目的。

B，为了抵御敌军单纯的佯动或小规模的次要行动。如果某个地区有山地掩护，这个山地又有防守兵力，那么即使这种防御力量很薄弱，它也能够阻止敌军的袭扰行动以及敌军所进行的为了掠夺而展开的其他小规模行动。当然，如果没有山地，守卫力量如此薄弱的防线几乎是毫无作用的。

C，为了便于我军进行佯动。如果敌军害怕在山地作战，那么我军即可调用主力进行山地防

英军步兵抵抗法军骑兵

御。在暴烈程度不大和运动不多的战争中，这是一种作战常态，但是这样做必须具备一个条件：我军既没有在山地阵地上接受主力会战的意图，也不至于被迫进行山地会战。

D，一般来说，山地适合配置那些不准备进行主力会战的军队，因为小规模的军队在山地能够发挥惊人的效力，而投入整个军队则不然。此外，在山地上的军队不太容易遭到突袭，也不太容易被迫进行具有决定性意义的战斗。

E，山地便于民众武装开展军事活动。但是，民众武装必须能够经常得到小规模正规军的支援，如果在附近配置大规模的正规军，这反而会限制民众武装的作用，所以，大规模军队通常不能以支援民众武装作为进入山地的理由。

第二，占领山地对其他地区的影响。

我们曾经说过，小规模的军队在便于通行的开阔地带由于可能需要面对应接不暇的危险，所以时常难以立足。此外，当山地被掌握在敌军手中时，我军在山地的推进速度必然会有所下降，很难以平原行军速度向前推进。因为这两个原因，山地被谁控制就成了一个很重要的问题。比如在平原地带，某个地区为谁所有经常变换不定，只要我们调集强大的兵力急攻猛进，就可以迫使敌军将据守的地区拱手相让，但是在山地作战时，情况则与此不同。

在山地作战时，即使敌军的兵力比较小，他们也可以进行激烈的抵抗，所以，如果我军需要攻占某个山区时，总是需要为达到这个目的而采取专门的行动，也时常需要为此耗费巨大的兵力和时间。既然山地不适宜进行主要的军事活动，那么我们就不能像在开阔地带作战那样，通过进行主要的军事行动来攻占山地，或者说不能把攻占山地当成前进过程中的必然结果。

由此可见，山地具有比较大的独立性和稳定性，一旦我们攻占某个山地，这种局势就很少会发生变化。

就自然条件来说，人们在山地边缘可以极目远眺，能够将附近的开阔地带一览无遗，而山地本身则如同藏匿在黑暗中一样，难以被敌军所知。如果能够考虑这一点，我们就能知道山地能够对那些对它虎视眈眈的敌军产生多大的不利影响。并且能够对隐蔽我军的行动产生多大的有利影响。如果山地在敌国境内，而且被敌军占有，那么这种情况就尤为明显。比如一支兵力很小但是骁勇善战的游击队在遭到追击时，可以到山地逃避，然后毫发无损地在另外一个地方出现。当然，一些兵力比较大的纵队也可以在山地隐蔽地推进。

如果我军不愿意进入受某个山地瞰制的地区，担心在山地作战的时候无法还击，那么我军就必须始终与山地保持相当大的距离。事实上，每一个瞰制山地就是通过这种方式对周围的低地发挥影响的，至于这种影响是即刻通过一次会战发生作用，还是需要经过一段较长的时间才能对交通线发挥作用，这得视这个地区具体的地形情况而定。此外，这种瞰制山地所产生的影响，有时候会被发生在山谷或者平原的有决定性意义的行动所抵消，但是这取决于双方的兵力对比。

在1805年和1809年，拿破仑并没有考虑提洛尔山区就直接向维也纳推进。然而，在1796年，因为没有占据瞰制山地，监视这些地区又得使用很大的兵力，所以莫罗不得不离开施瓦本。

在双方因为势均力敌而呈僵持状态的战局中，如果占领了瞰制山地的敌军对我军产生了不利

苏格兰骑兵查尔斯·爱华特抢夺法军第45团的军旗

影响，我们就得设法摆脱。在此情况下，我们应该设法攻占那些有利于保障我军发动进攻的路线，并且需要守住一些山地。此时，山地也往往会成为敌我双方进行小规模战斗的主要战场。

然而，我们不应该过高估计瞰制山地对周围低地的影响，更不应该在任何情况下都将攻占山地作为解决一切问题的关键。当一切都取决于胜利时，胜利就是主要的事情，在获胜之后，胜利者则可以根据具体情况来安排其余的事情。

第三，山地可以作为战略屏障。

关于这个问题，我们应该分两种情况进行讨论。

第一种情况与决定性会战有关。在一定程度上，山地就像江河一样，是一种可以阻断道路的屏障，能够将敌军的兵力分割开，迫使敌军在几条道路上分部前进，我军则可以集中配置在山后的军队将敌军各个击破。

进攻者在山地行军时，即使没有其他顾虑，也很难排成一个纵队行进，因为这样做会面临巨大的危险：在只有一条退路的情况下进行决战。因此，在山地防御会战中必须具备一个十分重要的前提，即敌军是分部行军。但是进行山地防御会战时必须对地形情况了然于胸，同时还应该知道采用这种手段会产生两种不利：首先，敌军遭到打击时可以在山地找到掩护；第二，无论如何，一旦敌军占据瞰制山地，必然会多多少少对我军造成不利。

第二种情况是，当山地切断敌军的交通线时，作为一种屏障，它能产生哪些作用。

在山地上，不但设置在道路上的堡垒和民众武装能够遏制敌军的行动，而且在气候恶劣的季节里，那些崎岖难行的山路更加能对敌军形成致命的打击，当疲于奔命的敌军被山路折磨得疲惫不堪时，他们就有可能无功而返。如果此时再加上游击队出没不定的攻击，或者是出现人民战争的局面，那么不得不派出大量的兵力应付这些问题的敌军就会陷入左支右绌的困境，为此，他们甚至不得不在山地设立一些坚固的防哨。

第四，山地与军队给养的关系。

这个问题很简单也很容易理解：当进攻者受困于山地，或者不得不将山地留在背后时，对于进攻者而言，山地就会成为一个妨碍补充给养物资的不利因素。对于防御者而言，这则是有利的。

从另一个角度来说，我们对山地防御进行的考察，也是对山地进攻所做的说明，所以说这实际上是对整个山地战所进行的考察。

我们不能因为无法变山地为平原，或者不能因为选定战场的时候必须受到其他因素的限制，而无法自由地选择战场，就认为我们进行的考察是不正确的。

如果我们即将进行的军事活动必须在比较大的范围内进行，那么我们就会发现选择战场的空间并不像我们想象的那么小。如果所说的战争活动与主力有关，而且说的是在具有决定性意义的会战中的主力活动，那么军队只需要向前或者向后走几日行程，就可以摆脱山地而进入平原，然后果断地将军队部署在平原地带，以此来杜绝山地的不利影响。

接下来，我们想将上述各个要点归纳成一个明确的观念。

无论是在战术范围内，还是在战略范围内，一般而言，山地对于防御总是不利的。当然，我们在这里所说的防御指的是具有决定性意义、关系到国土得失的防御。

因为山地的阻碍，防御者无法确知敌军的动向，很难及时向各个方向运动，由于处于被动状态，所以防御者必须分兵把守每一条通道。如此一来，山地防御必然会或多或少地演变成单线式防御。所以，我们应该尽力使主力避开山地，或者将其配置在山地的某一侧，或者将其配置在山前或者山后。不过，对于那些只需要完成次要任务的军队来说，山地却是一种可以增强防御力量的因素。也就是说，对于不敢进行决战的弱者而言，山地是一种真正的避难所。

然而，我们所进行的考察很难改变那些故步自封的陈旧看法。那些纸上谈兵的人和那些习惯应用拙劣战术的人，往往认为山地就像密度和黏性都很大的物质，能够胶滞进攻者的行动，因此，我们很难使他们不对我们的看法大惊小怪。还有一些对20世纪出现的独特战法进行了泛泛考察的人持有与此相同的看法，我们也很难让他们认为我们的看法是正确的。

按照他们的说法，似乎与山地相比，开阔地带更有利于掩护一个国家，好像如果没有比利牛斯山和阿尔卑斯山，西班牙和伦巴第就会更难接近，平原国家则比山地国家更难征服。这样的结论显然是错误的，对此，我们想在此做进一步的说明。

如果没有比利牛斯山的防护，西班牙会更加难以接近，我们对此并不认同。如果西班牙军队认为自己无坚不摧，有能力发动具有决定性意义的会战，那么将他们配置在埃布罗河后方，显然比让他们分兵把守比利牛斯山的十五个隘口好得多，而且在这种会战中，比利牛斯山也不会丧失

英军步兵抵抗法军骑兵

它的作用。对于意大利而言，这种做法也是合适的。如果将意大利军队配置在巍峨的阿尔卑斯山上，那么任何一支敢于冒险的敌军都有可能将他们击溃，他们甚至连进行决战的机会都没有。相反，如果将意大利军队配置在都灵平原上，那么他们就有可能在决战中克敌制胜。然而，人们并不会因此而认为让进攻者翻过阿尔卑斯山并把它留在背后是易如反掌之事。此外，在平原地带进行主力会战与用次要军队进行短暂的山地防御并不是矛盾的，因为在阿尔卑斯山和比利牛斯山这样的山地进行防御是很合适的。

最后，我们也绝不认为征服平原国家比征服山地国家容易，除非我军通过一次胜利可以完全击溃敌军。如果进攻者能够做到这一点，那么在克敌制胜之后，他们就会转入防御状态，当然，此时山地就会给征服者带来不利，就像它原来给防御者所带来的不利一样。

既然在山地进行的防御比较弱，那么这就可能使进攻者倾向于将山地作为重点进攻对象。然而这种情况很少发生，因为给养条件、交通难度，以及难以确定敌军是否会接受山地会战、是否会将主力配置在山地等因素，都会抵消将山地作为重点进攻对象所带来的利益。

第十七章　山地防御（续）

我们在第十五章中论述了山地战斗的性质，在第十六章中论述了山地战斗在战略上的应用。在此过程中，我们曾多次提到了一个概念——山地防御，但是我们并没有详细论述这种防御形式的形态以及部署。接下来，我们将详细地探讨这个问题。

山地往往呈带状分布在地球表面，也往往是某个水系的分水岭，而水流的流向往往最能清楚地表明山脉的走向，所以在进行山地防御时，我们自然而然地会以水流的流向作为一种配置兵力的依据。我们不仅应该将水流流向当成全面了解地势起伏状况的天然依据，也应该将那些由于水流冲击而形成的谷地当成到达山顶的捷径——无论如何，水流冲刷过的地区都会让崎岖不平的山地平坦一些。

据此，我们可以这样定义山地防御的概念：当防御的正面大体上与山脉平行时，我们可以将山脉当成一种可以阻碍通行的巨大障碍，或者说可以将山地当成一种仅有谷地可供出入的大垒墙。此时，防御阵地应该设置在垒墙的顶部，并且能够横向切断各个主要谷地。如果防御阵地的正面与山脉接近于垂直，那么防御阵地就应该设置在主脉的某个主要支脉上，并且阵地的正面必须与主要谷地平行，且能够一直延伸到主脉山脊——可以将这里当成防线的终点。

显而易见，这是一种按照地质结构进行山地防御的配置方式，我们之所以谈到这种配置方式，是因为它曾经在军事理论中风靡一时，而且人们将那种地形学中的冲刷规律同战术混淆在一起。当然，这种错误的理论中有些偷梁换柱的概念，有些假设也是错误的，所以我们几乎不能从这种说法中得到任何有实际作用的东西，更无法以此作为制定理论的根据。

事实上，由于山脉的主要山脊都不适合宿营，也难以通行，所以我们无法在这里配置大规模的军队；次要山脊的情况与此相同，山脊不是太短，就是杂乱无序，同样不适合配置大规模军队。如果仔细观察，我们就会发现，甚至连那种主要山脊比较长、两侧大体上可以被当成斜面，或者至少可以被当成阶梯状山坡的山脉也是比较少的。这些主要的山脉往往极尽曲折而且分支很多，大的支脉则呈曲线形状伸向原野，而且终点又往往巍峨难攀，甚至会成为高出主要山脊的山峰。此外，在几条山脉交叉的地方，或者几条山脉向外伸展的地点，其实根本就不存在狭长的呈带状分布的山脉，而只有呈辐射状分布的山脉或者水流。

由此可见，如果某个人想利用上述那种僵化的眼光来观察山地，那么他就会清醒地意识到在山地上按照地质结构来配置军队的做法根本是不可行的。然而，关于如何在具体情况下运用山

滑铁卢战役前夜

图中描绘的是一个德军士兵在滑铁卢战役前夜与情人告别。年轻女子的墙上挂着拿破仑的画像，由于深知拿破仑的力量，所以她的一只手抓着门把手，阻止情人离开，唯恐这次离别成为永别。

两名法军胸甲骑兵向当地居民打探敌军动向

地，有一个问题是很值得注意的。

从战术角度来研究山地战，我们就会看到山地战的防御形态主要分为两种：陡坡防御和谷地防御。

在大多数情况下，谷地防御能够发挥更大的效力，然而采用这种防御方式也往往意味着必须放弃在主要山脊上设防，因为采取这种防御方式就意味着占领谷地本身更为紧要，而且由于谷地靠近平原的地方比较低，所以占领这一部分地区比占领谷地靠山的地区更有必要。由此可见，山脉越高，越难攀登，谷底防御所发挥的作用就越大。

由上述考察可以看出，那种防御一条与地质线的走向相一致的防线的看法应该被完全抛弃，事实上山地只能被当成一种起伏不定且障碍密布的地区，对于该地区的各部分，我们只能在条件允许的情况下尽量加以利用。或许某地的地质线有利于我们了解山地的概貌，但是在实际防御措施中，它们往往没有太大的用处。

无论是在奥地利王位继承战中，还是在七年战争和革命战争中，从来都没有出现过军队遍布山系，并且按照山脉的主要轮廓组织防御的情况。事实上，军队总是被配置在山坡上，只是有时候配置得高一些，有时候配置得低一些，有时候配置在山脊的这一面，有时候配置在山脊的那一面，有时候配置得与山脊平行，有时候配置得与山脊垂直或者斜交，有时候顺着河流配置，有时候逆着河流配置。在像阿尔卑斯山这么高的山地上，军队甚至往往被集中配置在谷地，在像苏台德山这么矮的山地上，军队则往往被配置在半山腰（面向主要山脊配置）。

在七年战争期间，施莫特赛芬阵地和兰德斯胡阵地就设置在深凹的谷地，福腊尔贝克境内的菲尔特基尔赫阵地的情况也是如此。在1799年和1800年的战局中，法军和奥地利军队的一些主要的防哨也始终是设置在谷地里的，这些防哨不仅横向地封锁了整个谷地，而且据守着整个狭长的谷地，但是各个山脊则根本无人占领，或者只是配置几个兵力很少的防哨。

比如巍峨挺拔的阿尔卑斯山既不利于行军，也不适合宿营，所以不可能用大量军队加以防守。如果为了控制山地必须派驻军队，那么就只能将军队配置在谷地里。

根据一般的理论，这种做法是错误的，因为谷地处于山脊的瞰制之下，然而实际情况并非如此。因为山脊上崎岖难行，只有为数不多的几条山道能够通行，而且只适合步兵通行，因为适合车辆通行的道路都分布在谷地，所以敌军只能动用步兵登上山脊的个别地点。此外，由于在这样的山地里，敌对双方相隔的距离远远超过了火枪的射程，所以将军队配置在谷地并不像表面上看的那么危险。

当然，进行谷地防御有其自身缺陷：有可能被敌军切断退路。也就是说，虽然敌军只能动用步兵从高处举步维艰地挺进到谷地，很难发动突袭，但是由于从山脊通往谷地的那些小路的出口往往由于没有军队防守，所以敌军可以逐渐在此地集结优势兵力，然后在谷地展开，进而撕裂防御者纵深很浅也很脆弱的防线。在这种情况下，对于防御者而言，除了防线上那道不太深的山涧河床，他们或许就再也找不到其他的掩护措施了，当然也就很难大规模地撤离，因为防御者在没有找到撤离山地的出口之前，只能分批撤退。

接下来我们来谈谈进行山地防御时，兵力可以分割到什么程度。

进行山地防御时，无一例外地是以主力在山间通道上所占领的阵地为中心，这个阵地大致位于整个防线的中央，其他的军队则以此为中心向两翼延伸，负责占领最重要的山口，于是整个防御配置就是大致由一条线上的一些防哨组成。这条防线能够延伸到多长，必须视具体情况而定。

有时候建好阵地之后，人们还会发现一些次要通道，这些地方往往可以配置两三个营的兵力，而且也可以加强各个防哨之间的联系，对于这些地方，当然也需要派兵驻守。由此可见，兵力是可以持续分割的，而且这种情况在过去也是屡见不鲜的。不过，兵力分割的限度并没有一个具有普遍意义的标准，各个防哨应该部署多少兵力，必须视整体兵力的大小而定。因此，对于各个防哨的兵力配置的问题基本上没有什么可谈的，我们只能以根据经验和事物的性质所得出的原则作为部署兵力的依据。

滑铁卢战役期间的拿破仑

第一，山脉越高，越难通行，兵力分割的程度就越大，而且必须趋于最大化。因为在这种情况下，一个地区的安全很难通过军队的机动化加以保障，而必须依靠直接的掩护。比如与里森山和孚日山相比，在阿尔卑斯山设防时，兵力分割的程度就比较大，也更接近于单线式防御。

第二，凡是在进行山地防御的地方，配置兵力的方式一般都是主要防哨的第一线只有步兵，第二线则只有几个连的骑兵；只有配置的中央的兵力的第二线才有步兵，但是至多就是几个营。

第三，只有在极少数的场合，才留有战略预备队以增援遭到攻击的地点。因为在阵地的正面延伸得很长的情况下，往往会出现兵力处处薄弱的问题，因此，我们在这里所说的援军经常是从没有遭到攻击的防哨中抽调的。

第四，即使兵力分割的程度比较小，各个防哨的兵力比较强，这些防哨进行抵抗的主要方式也是扼守某个地区，如果某个防哨被敌军攻占，那么用增援部队将其夺回的可能性就微乎其微。

综合上述可知，我们究竟可以从山地防御中得到什么，在哪些场合可以运用这种防御手段，以及防线的延伸和兵力的分割可以达到什么程度等问题，只能由统帅的才能加以解决。理论所能做的，只是告诉统帅这种防御手段的特点是什么，在作战过程中这种手段能产生什么作用。

第十八章　江河防御

从防御的角度来看，江河也是战略屏障之一。但是江河与山地有两点不同，第一点表现在相对防御上，第二点表现在绝对防御上。

虽然江河和山地都能增强防御力量，但是江河就像材质坚硬的工具一样，它的特点是或者坚不可摧，能够承受任何打击，或者是完全无用，致使整个防御行动失败。如果江河很长，其他条件也对防御者有利，那么进攻者就绝对没有渡河的可能，然而，在进行江河防御的过程中，如果有一个点被突破，那么整个防线就会分崩离析，除非江河本身就在山地上，否则防御者就无法像在山地上作战那样能够进行长时间的抵抗。

从战斗的角度来看，江河的另外一个特点是，它可以使那些为进行决定性会战而采取的部署在某些情况下非常有利，至少在一般情况下比在山地有利。

江河与山地的共同之处是二者都是诱人而危险的，它们常常会使人采取一些玩火自焚的措施，进而将自己置于非常危险的境地。在深入研究江河防御时，我们将会谈到这些问题。

曾经在某个历史时期，人们认为只要善加利用有利的地形条件，即可从绝对意义上加强防御力量。然而，纵观战史我们即可发现，利用江河进行防御而克敌制胜的史例是很少的，这就证明江河并不像人们所想象的那样是一种强有力的屏障，不过，江河对于战斗和国土防御所产生的有利作用则是不容否认的。

研究江河防御时，我们必须有一些可以作为依据的立足点。为了对江河防御形成一个高屋建瓴的理解，我们在此先把这些立足点列举出来。

首先，我们来区别一下设防的江河所产生的战略效果和未设防的江河对国土防御所产生的影响。

其次，我们可以根据防御的意义将防御分为三种：第一，用主力进行的绝对抵抗；第二，纯粹的佯装抵抗；第三，用次要兵力进行的相对抵抗。

最后，我们可以根据江河防御的形式将江河防御分为三种：第一，阻止敌军渡河的直接防御；第二，将江河和河谷作为进行更有利的会战手段的间接防御；第三，在河流对岸设置坚固阵地的完全性的直接防御。

接下来，我们准备先研究各种江河防御与第一种抵抗——最为重要的抵抗——之间的关系，然后再谈谈它们和另外两种抵抗形式之间的关系。

我们来说的另一种防御方式是研究阻止敌军渡河的直接防御。

威灵顿亲临前线鼓舞士气

滑铁卢战役前期，在法军的猛攻之下，联军的形势岌岌可危，威灵顿亲临一线，不断鼓舞士气，称即使只剩一兵一卒也要坚守不退，坚持在最后必然可以扭转局势。

滑铁卢战役中的拿破仑

中国报告文学网
www.zgbgwx.com

只有依托水量充足的大江大河才能进行直接防御。这种防御形式在理论上的基本问题是空间、时间和兵力的配合，这种配合方式使江河防御变成了一个纷繁复杂的问题，对此很难得出一个固定的结论。然而，一旦经过深思熟虑，任何人都会得出如下结论。

根据敌军架桥所需的时间即可推断出防御江河的各个军队之间的距离，用这个距离除防线的总长度，即可推断出需要几支部队，用所需部队的数目除总兵力，即可推断出各支军队的兵力。通过比较这些军队的兵力与敌军在架桥期间能够利用其他方式渡河的兵力，即可推断出我军能否进行一次有效的抵抗。因为，只有在敌军的桥梁架设成功之前，防御者才有集中优势兵力（兵力为敌军的一倍左右）攻击已渡河的敌军的可能，也只有在此情况下我们才能认为敌军的强渡行动无法得逞。

举例而言，比如敌军需要一天一夜的时间来架桥，在这段时间之内，敌军利用其他方式能够渡河的兵力不超过两万人，而防御者可以在十二个小时之内将两万人调集到任何地点，那么敌军就无法发动成功的渡河行动，因为防御者可以趁敌军的兵力渡过一半时半渡而击。在十二个小时之内，除了传报军情所需要的时间，防御者可以行军四普里，所以每隔八普里就需要配置两万人，长达二十四普里的防线上则需要六万人。如果所需兵力与实际相符，那么防御者可以在任何地点抽调两万人，即使进攻者分两处渡河时，防御者也可以做到这一点，如果进攻者只是在一处渡河，那么防御者甚至有可能抽调四万人。

在此过程中，有三个具有决定性的因素，即江河宽度、渡河器材和防御者的兵力。其中，前两个因素决定了架桥所需的时间，也决定了架桥期间能够（利用其他方式）渡河的兵力数量。需要说明的是，在此情况下，我们无须考虑敌军的总兵力。以此为依据，我们可以说挫败敌军的渡河行动是可以做到的，即使敌军集中优势兵力发动渡河行动时，我们依然有挫败敌军的可能。

这就是关于利用江河进行直接防御（完全阻止敌军架桥和渡河）的理论，接下来我们将考察一下这种防御的详细情况以及采取这种防御手段时必须利用的一些措施。

首先，在不考虑具体的地理条件的前提下，我们只需要指出，上述理论中所规定的各个部队应该紧靠江河分别集中配置。之所以必须紧靠江河，是因为不这样做会延长路程，这既是不必要的，也是没有益处的。由于以江河为天堑可以保障军队不遭到敌军的重大威胁，所以我们没有必要像在一般的国土防御中所做的那样，将预备队配置在主力军队的后方。

其次，与由后方通往江河的道路相比，沿河道路一般比较利于通行。

最后，与纯粹的防哨线相比，这种配置方式更有利于监视江河，因为在此情况下，指挥官都在江河附近。

采取这种配置方式的时候，必须将军队集中起来，否则情况就会大为不同。防御的最大化的效果往往就取决于兵力的集中配置，凡是知道军队集中需要耗费多少时间的人都会明白这一点。

利用一些防哨可以阻止敌军发动漕渡[①]，初看起来，这似乎非常诱人。然而事实上采取这种防御措施是相当不利的，除非在一些极为例外、特别便于渡河的地点才可以利用这种防御措施。因

① 在军事上，漕渡指的是利用舟、筏、两栖车辆等器具渡送军队过河的一种方法。——译者注

为在大多数情况下，对岸的敌军利用压制性的火力即可击退据守这种防哨的军队，或者，敌军可以另外选择渡河地点，对于防御者而言，设置这种防哨显然是徒劳之举。由此可见，只要兵力还没有强大到能够将河流当成要塞的外壕来防守的程度，这种利用江河进行的真正的防御就必然难以达到目的。

除了这些配置兵力的一般性原则，我们还应该考虑另外三点：第一，江河的具体特点；第二，清除渡河器材；第三，沿岸要塞的作用。

一旦以江河作为防线，那么江河的上下两端必须具备相应的依托点，或者其他能够使敌军无法从防线两端以外的地方渡河的条件。然而，只有在江河防线很长的情况下，才有可能具备这种依托点或者这样的条件。

如果我们必须利用江河为防线，那么这种防线必须是很长的，所以在现实中，人们往往不会将大量的军队配置在相对比较短的河段上。我们所说的相对比较短的河段，指的是河段的长度比军队不在江河附近配置时的正面只稍微大一些。由于任何以江河为依托进行的直接防御永远都是单线式防御，至少就防御正面的宽度而言是如此，所以我们说在现实中，人们不会将大量的军队配置在相对比较短的河段上，因为这样做，就意味着那些为了应对敌军发动迂回而采取的措施会完全失效。就此而言，在依托江河进行直接防御的时候，不管其他方面的条件有多好，只要有可能遭到敌军的迂回，它就是一种极为危险的措施。

显而易见，就整条江河而言，并不是所有的地点都适合渡河。至于什么样的地点不适合渡河，我们可以对此做一些比较详细的一般性的说明，但是无法做出严格的规定，因为这得视具体情况而定。

我们认为，对于渡河极为有利的地点是通往江河的道路、江河的支流、沿岸的大城镇以及河洲。书本上往往认为对渡河有利的地点是河岸的制高点、渡河点附近弯曲的河道，但是我们认为事实上这些地点很少发挥作用，因为它们的作用是以绝对的河岸防御这个狭隘的观念为基础的，而对于水量充足的大江大河而言，人们很少甚至是根本不可能进行绝对的河岸防御。

江河上便于渡河的所有地点都会对配置军队产生一定的影响，并且会改变配置军队的一般性的法则。的确，某些地点会增大敌军渡河的难度，但是过分依赖这些地点，而轻视配置军队的一般性法则也是不可取的。比如，在我们看来，有些地点的天然条件能够阻止敌军渡河，我们因此而守备松懈，那么敌军就有可能恰恰在这些地方渡河，因为在敌军看来，在这种地点与我军遭遇的可能性最低。

在任何情况下，加强据守河洲的兵力是很值得优先考虑的一种措施，因为敌军一旦对河洲发动真正的进攻，那么他们就会暴露自己的渡河点。由于配置在江河附近的军队必须根据实际情况需要尽快向上游或者下游挺进，所以，如果没有与江河平行的通衢大道，那么我们就应该尽快整修与河道平行的小路，或者在短时间内开辟新道。

我们要论述的第二点，是如何清除渡河器材。

在江河的主流上清除渡河器材已然是艰难重重的工作，何况是在敌岸的支流上清除渡河器

法军攻占拉·埃·桑特

拉·埃·桑特是联军阵线上的一个比较薄弱的环节，内伊攻占这里之后，请求拿破仑派遣援军。依照当时的形势来看，如果拿破仑派遣援军，那么内伊就有可能彻底撕开联军的防线，但是拿破仑没有立刻派遣援军，而威灵顿则趁机重新集结兵力，堵住了防线上的漏洞。

材，此时，我们必须做到一点，那就是利用要塞封锁这些支流的河口。

一般情况下，敌军会随军携带渡河器材，但是在面临大江大河的时候，这些器材往往难以用到。此时，敌军面临的主要问题是能否就地取材，比如在附近的城镇征调船只，或者在附近伐木造船等。有时候，这种困难非常大，以至于敌军根本无法渡河。此外，我们还应该尽可能地占领江河沿岸的要塞，因为这样做，我们不仅能够阻止敌军从要塞附近的某些地点渡河，还可以以此为据点封锁河流并迅速征调附近的渡河器材。

关于如何利用江河进行直接防御的问题，我们就谈到这里。如果有人还想进一步得知这种防御方式在战略计划中能够占据什么样的地位，那么我们的回答是，这种防御方式绝对不可能产生具有决定性意义的胜利。因为我们采取这种防御方式的目的，一方面是想阻止敌军渡河，歼灭最先渡河的敌军，一方面则是因为江河会对防御者产生反作用——阻碍防御者发动有力的还击，将既有的胜利扩大为具有决定性意义的胜利。

对于防御者而言，采取这种防御方式最大的好处之一是能够赢得时间。

比如进攻者为了征调渡河器材，往往需要耗费很长时间；如果他们数次发动渡河行动但是无功而返，那么防御者就能得到更多的时间；如果进攻者因为无法如愿渡河而改变行军方向，那么防御者就有可能得到一些别的利益；如果进攻者没有抱着全力以赴的态度，那么江河就会迫使他们停止行动，此时，江河就成了保卫国土的永久性的屏障。

所以，在江河条件极为有利的情况下，当主力和主力对决的时候，利用江河进行直接防御是一种非常好的防御手段。

如果在江河防御活动中，敌军的兵力占据显著的优势，我们该采取什么行动呢？

如果进攻者的兵力不少于防御者的兵力，那么一切就取决于渡河器材，而不是取决于进攻者的兵力。从表面上看，这种说法似乎匪夷所思，但是事实就是如此。因为在所有的江河防御行动中，防御者的两翼都没有绝对安全的依托点，很难完全避免遭到敌军的迂回攻击，如果进攻者的兵力具有压倒性的优势，那么他们就越容易发动迂回攻击。

不过，即使防御者的防线被敌军攻破，它也不会产生会战失利那样的后果，很难出现全盘崩溃的局面。因为防御者投入战斗的只是一部分军队，而进攻者也只能利用桥梁分部渡河，很难做到立刻倾巢出动以扩大胜利成果。如果我们能看到这一点，那就更不应该轻视这种防御手段了。

在江河防御活动中，能否准确判断战局，对作战结果有很大的影响。有时候一些无关紧要的细微情况会引发全局性的剧变，有时候将一些在彼处有利的措施引用到此处则会引起祸患。我们所说的准确判断战局，指的是不能简单地只将江河看成江河。在其他场合，人们或许很容易做到这一点，但是在利用江河进行防御期间，做到这一点却难如登天。退而言之，即使指挥官能够准确地判断战局，往往也很难使所有的问题都迎刃而解，更为糟糕的是，指挥官很少能够做到长时间地准确判断战局，尤其是当关涉到全局的复杂问题纷至沓来时，他们就会在不知不觉中将那些能够准确判断战局的观念和感觉抛到九霄云外。

在仅仅满足阻止敌军渡河这个目的的前提下，如果防御者的兵力足够庞大，而且各方面条件也极为有利，那么利用江河进行直接防御就可以收到良好的效果。然而，如果防御者的兵力比较弱，那么情况则与此相反。比如防御者的兵力有六万人，那么他们就可以在一定长度的河段上阻止十万乃至十万以上的敌军渡河；如果防御者的兵力只有一万人，那么在同等长度的河段上，他们或许连一万敌军，甚至是五千敌军也阻挡不住。原因不言而喻：敌对双方的渡河器材同样多。

在利用江河进行的直接防御活动中，由于佯渡往往没有多大的作用，所以我们至今仍然没有谈到佯渡的问题。这主要是因为在直接防御活动中的关键问题不是将军队集中在一点，而是让各支部队分别防守一个河段；此外，对于进攻者而言，即使具备了渡河的前提条件，他们也很难进行佯渡。

如果进攻者的渡河器材为数不多，很难满足渡河行动的实际需要，那么他们就不可能也不愿意将渡河器材用在佯渡行动中。一旦进攻者发动佯渡，那么在正式的渡河行动中的渡河点上，他们可以漕渡的兵力就会有所降低，而防御者则能够重新赢得本来因为敌情不明而可能丧失的时间。

接下来我们要说到的第二种防御方式，是将江河和河谷作为进行更有利的会战手段的间接防御。这种防御方式主要适用于中等长度的江河和深谷中的小江河。

采用这种防御方式的时候，我们应该在离江河比较远的地方占据阵地，并且能够利用江河和阵地之间的通道提供一些保障：当敌军同时在某个地点渡河时，我们能够分别迎击；当敌军在某一个点渡河时，我们能够将敌军的活动范围限制在江河附近（比如一座桥梁或者一条通道）。

如果进攻者被迫背靠江河或者深谷进行会战，并且只有一条退路，那么对于进攻者而言，这就是一种极为不利的作战态势。防御者利用江河或者深谷进行间接防御的目的，就是将进攻者逼到这种境地，然后趁机将其击破。

在进行直接防御的时候，我们认为将所有的兵力分成几个比较大的部分配置在河岸附近是最为有利的配置形式。采取这种配置方式的前提，是敌军不可能突然大举渡河，否则防御者的兵力就有被分割甚至是被各个击破的危险。

如果防御者进行江河防御的条件不是十分有利，或者敌军有足够的渡河器材；如果江河中有很多河洲，或者河道不宽；如果防御者的兵力比较小，那么防御者就无法利用江河进行直接防御。在这种情况下，防御者的各个部分为了保持联系，必须在离江河比较远的地方占据阵地。如果敌军发动了渡河行动，那么防御者就必须尽快在敌军的渡河地点集结，趁敌军的攻势还没有完全展开之前发动攻击。当然，当防御者的军队被配置在离江河比较远的地方的时候，应该在江河附近设置前哨监视敌军，在敌军发动渡河行动的时候，前哨也可以稍微进行抵抗。

那么，在河谷中进行防御的时候是什么情况呢？

在这种情况中，河流的水量和河谷的整个情况都有很重要的作用，而且谷岸陡峭的谷地往往具有比宽大的江河更为重要的作用。

在深谷中行军需要很长的时间，当进攻者穿行于深谷中时，如果防御者占领了谷岸两侧的高地，那么进攻者就会军心震恐。如果进攻者的前锋行军过猛，与主力军队的距离拉开得太远，那么

普鲁士军队猛攻法军的重要阵地普朗斯诺瓦

他们往往就会过早地与敌军遭遇，而且往往有被兵力占据优势的敌军全歼的危险。如果进攻者畏战不前，停留在渡河点附近，那么他们就有可能在极为不利的态势下被动迎战。从这个意义上来说，对于进攻者而言，只有在兵力占据优势并且有很大的胜算时，才能穿过深谷到江河对岸与敌军交手，否则就是以身犯险。

利用中等长度的江河和河谷进行间接防御时，防线不能像进行直接防御时那样展开得那么长。一方面是由于防御者需要集中兵力作战，另一方面则是因为即使进攻者的渡河行动比较困难，也不会像渡过大江大河时那么难。所以，此时进攻者发动迂回攻击的难度会比较小。

然而，进攻者发动迂回攻击时必须偏离原来的行军方向，而且由于撤退线路受到限制所产生的不利影响不是立刻消失的，而是逐渐消失的。[①] 所以，进攻者在遭到防御者的攻击时，即使没有处于危急状态，而且通过迂回行动得到了比较大的活动空间，他们面临的局势依然不如防御者。

需要说明的是，我们在这里不能把河谷理解为山谷，否则只需引用与山地有关的论述即可。我们都知道，在平原地带，有时候即使是细小的河流两岸也有陡峭的深谷。此外，河岸上有难以通行的沼泽或者其他障碍物的情况，也属于河谷的范畴。

在这些条件下配置兵力的时候，我们认为将防御者的军队配置在中等长度的江河和较深的河谷的后方，是一种极为有利的态势，就江河防御而言，这也应该是最好的战略措施。

这种防御措施的弱点，是防御者往往会将防线拉得太长。防线过长时，防御者就会自然而然地将军队分散配置在可能的渡河点上，而忽略那些必须封锁的真正的渡河点。当然，如果没有将军队配置在最需要的地方，那么防御活动就无法收到该有的效果。一旦双方交手，即使整个军队没有被全部歼灭，一次失败的战斗、一次不得已的撤退和其他形式的混乱，也有可能使整个军队遭到灭顶之灾。

因此，在进行间接防御的时候，防御者不应该将防线拉得太长，并且应该在敌军渡河的当天傍晚之前把所有的兵力集中起来。

在进行间接防御的前提下所发生的会战有其自身特点：防御者的行动必须非常激烈。因为进攻者在前奏活动中可以利用佯渡行动迷惑敌军，防御者通常只有到了生死存亡的关头才能搞清楚进攻者真正的意图。不过，此时的态势依然对防御者有利，因为防御者的正面之敌依然处于不利的境地。如果敌军的其他军队从其他地点渡河之后包围了防御者，那么防御者就无法对背后的敌军发动有力的回击，因为这样做就会失去正面的优势。所以，在这种情况下，防御者必须在背后遭到攻击之前，尽快击溃正面来犯之敌，然后再回头解决背后的敌人。

在这种间接防御中，防御者的目的绝对不是对抗兵力过于庞大的敌军。不过，由于防御者通常需要对抗兵力远胜于己方的敌军，所以此时必须考虑兵力对比的问题。

以上所讲述的是大规模兵力在中等长度的江河和河谷进行防御的情况。

投入大量的兵力总是意味着打算夺取具有决定性意义的胜利，在河谷边缘发动强有力的抵

① 这句话的意思应该是，如果进攻者改变原来的行军方向，那么撤退线路也会发生变化，进行这种突然改变则难免会影响撤退线路的安全。——译者注

抗，难免会出现阵地分散的不利局面，对于兵力较大的军队一般不可以在河谷边缘负隅抵抗。然而，如果抵抗的目的是为了防守次要阵线，等待援军到来，那么就可以在河谷边缘，甚至是在河岸进行直接防御。但是在河道蜿蜒曲折时，防御者采取这种防御形式就会面临很大的危险，有时候甚至连采取这种防御形式的可能性都没有。

大规模的兵力在中等长度的江河上所采用的防御手段，同样适用于、也更适用于大江大河。关于这个问题，无须赘言。每当防御者意图夺取具有决定性意义的胜利时，经常需要用到这种手段。

如果我们为了加强战术上的正面，紧靠江河和河谷配置军队，只是将江河和河谷作为阻止敌军接近的战术障碍，这就是另外一种情况，也是战术范围内的问题。对此，我们可以指出的是，从效果上来看，这只是一种自欺欺人的措施。如果河谷两岸陡峭难攀，正面阵地当然是坚不可摧的，但是这样做并不能完全阻止敌军从阵地旁边通过，所以防御者这样配置军队实际上就相当于给进攻者让路，显而易见，这当然不是这样配置军队的目的。所以，只有当地形对进攻者的交通线十分不利，以致他们一离开既定道路就会遭到不测的时候，防御者这样配置军队才有可能对自身有利。

利用江河和河谷为依托进行间接防御时，防御者的主要任务是将军队集中在一些真正的渡河点上，所以进攻者比较容易发动佯渡，并且能够利用这种方式给防御者造成更大的危险。然而，在进攻者集中所有的兵力占领某些渡河点之前，对于防御者有利的条件一直是存在的，所以即使进攻者发动佯渡，防御者也有比较充足的备战时间。

此外，与对单线式防御发动的佯攻所获得的效果相比，进攻者在这种情况下发动的佯渡也不会获得前者那么大的效果。因为在单线式防御中，必须保持所有的地点不被攻破，使用预备队的方式是极为复杂的。也就是说，在单线式防御中需要判明哪个地点有可能成为敌军的首要攻击对象，但是敌军发动佯渡的时候，我们只要搞清楚敌军的主力在哪里即可。

关于在大江大河和中等长度的江河上所进行的两种防御，我们可以概括为一点：如果这两种防御是在仓促撤退的过程匆匆忙忙中部署的，那么这就无法达到我们所说的那种效果。如果在此情况下，将希望寄托于地理条件，并且为了获得这些有利条件而将兵力分散在宽大的阵地上，那么这种做法就是愚蠢的。

在战争中，在作战意图不明确和作战意志不够坚定的情况下所进行的一切活动都难免会遭到失败的厄运。如果选择江河防御只是因为没有勇气与敌军进行会战，希望利用江河和河谷阻挡敌军，那么进行江河防御就不会有所斩获。

作为防御者，如果在防御活动中不能利用防御的特点、迅速而机动化的行军、地理条件获得利益，那么他们遭到失败就是在所难免的，江河和河谷根本不能将他们从灭顶之灾中拯救出来。

第三种防御，是在敌岸占领坚固的阵地。

如果我军能够在敌岸占领坚固的阵地，那么在敌军渡河期间，他们的交通线就会被水势湍急的河流切断，再加上我军在敌岸占据的阵地所产生的威胁，敌军就有可能会在一座或者几座桥梁上陷入进退失据的危险。

拿破仑命令近卫军进攻英军

法军占领拉·埃·桑特之后，英军的中央主力暴露在法军眼前，等到普朗斯诺瓦的局势有所缓和的时候，拿破仑终于决定投入此前战无不胜的近卫军进攻英军主力。当时，拿破仑命令近卫军向三个方向发动了三次猛攻，但是每次进攻都未能得手。无奈之下，近卫军不得不撤退。消息传回后方之后，法军军心震恐，流言四起，到处都有人喊“近卫军撤退啦！救命啊”，威灵顿则趁机高呼“放手大干吧！孩子们”，然后命令英军冲出阵地发动冲锋。

这种阵地必须是坚不可摧的，至少应该是难以被攻破的，否则这样做就相当于割肉饲虎，防御者也会因此丧失相应的有利条件。如果这种阵地能够坚固到令敌军望而却步的地步，那么进攻者就会被钉死在这种阵地所在的河岸上，如果勉强发动渡河行动，他们就会失去自己的交通线。

当然，进攻者也可以威胁防御者的交通线。如果敌对双方都采取这种行动，那么这就与敌对双方从敌军阵地旁边通过的情况一样。在此情况下能否有效地威胁敌军的交通线，取决于哪一方的交通线更有安全保障、哪一方临时改变作战计划时更有可能被击败，以及哪一方的生力军更占据优势。

此时，因为双方的交通线都被限制在桥梁上，所以江河的作用无非是威胁交通线的安全。通常情况下，由于防御者的渡河点和仓库处于要塞的保护之下，所以形势对防御者比较有利。如果防御者的渡河点和仓库有绝对的保障，那么他们就可以在敌岸占领坚固的阵地，即使其他条件不利于借助江河进行直接防御，他们也可以用这种防御形式代替直接防御。如此一来，虽然江河没有得到军队的防守，军队也没有得到江河的掩护，但是军队和江河结合在一起却能守卫国土，这正是通过江河防御所要达到的目的。

不过，这种目的不是为了进行决战的防御，只能对进攻者产生很小的阻力。如果敌军的兵力虽然庞大，但是他们的统帅过于谨慎，在任何情况下都不会兵行险招，那么防御者就可以采取这种防御形式。如果双方势均力敌，彼此争取的只是蝇头蜗角之利，那么防御者同样可以采用这种防御形式。然而，如果进攻者的统帅敢于铤而走险，并且兵力庞大，那么防御者采用这种防御形式就有可能遭到灭顶之灾。

从表面上看，这种防御方式既大胆又合乎科学，甚至可以称得上是高雅。然而，高雅的东西容易流于虚浮，在社交场合容许这种虚浮的作风，但是在战争中则不能如此，所以采取这种防御方式的例子是极为罕见的。或者说，第三种防御方式只是前两种防御方式的一种辅助性手段：利用这种手段控制桥梁和桥头堡来威胁可能会发动渡河行动的敌军。

利用这三种江河防御方式中的任何一种时，既可以调用主力进行绝对抵抗，也可以摆出徒具形式的抵抗姿态而不进行真正的抵抗。

如果是假装抵抗，那么防御者就可以利用其他措施摆出徒具形式的姿态来恫吓敌军，但是这样做的时候比较复杂，而且佯作抵抗的效果在敌军看来比其他场合更大和更持久时，依托大江大河进行的假抵抗才能发挥瞒天过海的作用。

对进攻者而言，要想在敌军面前渡河毕竟是极为重要的一步，所以他们这样做时必须经过长时间的深思熟虑，有时甚至需要推迟到有必胜把握的时候才可以付诸实际。

对于防御者而言，摆出徒具形式的抵抗姿态时，有必要像进行真正的防御那样将主力配置在河边。然而，既然真正的意图是假装抵抗，这就足以说明实际情况不利于进行真正的抵抗。驻守在河边的各个军队即使进行象征性的抵抗，也会由于兵力分散和防线较长而遭到重大损失。所以，假装抵抗的目的必须是使军队能在遥远的后方某个地点进行集中，并且在假装抵抗的过程中进行的所有抵抗都不得妨碍这个目的。

为了清楚地说明我们的看法，并指出这种假装抵抗活动的重要性，在此我们引用1813年战局末期的情况。

当时，拿破仑退过莱茵河的时候兵力只有四五万人，用这么少的兵力防守从曼海姆到奈梅根之间的河段是不可能的，所以联军本来可以按照既定的行军方向在此处渡河。由于法军可以在法国境内的马斯河得到一定的增援，所以拿破仑只能考虑在马斯河沿岸进行第一次真正的抵抗，但是，如果拿破仑火速退往马斯河，尾随其后的联军就会很快追赶到那里。如果他率军渡过莱茵河之后舍营休整，那么不久之后也会出现同样的状况：即使联军谨慎到了畏首畏尾的程度，他们也会派遣一些哥萨克骑兵或者其他轻装部队渡河。一旦联军看到先遣部队平安渡河，他们的主力就会紧随而至。

从这个角度来说，法军很有必要在莱茵河进行抵抗。如果兵力占据优势的联军发动渡河行动，那么法军的抵抗几乎不会产生任何效果，所以法军的防御只是徒具形式的假抵抗，但是拿破仑将集中地选择在了摩泽尔河上游，在此形势下，法军根本不必冒险。在里昂会战之前，麦克唐纳本来可以率军与拿破仑会师，然而他却率领两万援军停留在奈梅根附近，直到遭到敌军的进攻之后他们才撤退。然而拿破仑率领法军在莱茵河进行的假装抵抗活动，则使联军在六个星期之内不敢轻举妄动。对于拿破仑来说，这六个星期的时间是极为宝贵的，如果法军没有在莱茵河地区摆出虚张声势的抵抗姿态，那么联军就会在莱比锡会战胜利之后长驱直入，进抵巴黎。对于法军而言，让他们在巴黎附近进行一次会战，这显然是不可能的。

依托江河和河谷进行间接防御时，也可以利用这种虚张声势的方式，但是效果一般不会很好，因为进攻者的佯渡行动在此情况下比较容易成功。如果采取第三种防御形式的时候也用这种瞒天过海的方式，佯动的效果恐怕会更差，甚至不会超过任何临时占领的阵地的效果。

最后需要说明的是，前两种防御形式非常适用为了次要目的而设置的前哨线或者其他防线，同样也适用于为了监视敌军动向而配置的次要部队。依托江河进行这两种防御，比在没有江河的场合有更大的力量和更大的把握。因为无论在哪一种情况下，都只是进行相对的抵抗，那些难以通行的地形自然会加强相对抵抗的力量。此时，我们不仅应该看到进行这种抵抗能赢得相当长的时间，而且应该看到敌军在有所动作之前往往会产生很多顾虑，如果事态不是很紧急，这些顾虑往往会使敌军停止行动。

第十九章　江河防御（续）

接下来我们来谈谈不设防的江河对防御国土的作用。

任何一条江河连同其主流和支流的河谷，都可以构成一个很大的地形障碍，一般来说，这种情况对防御是有利的。接下来我们将从几个主要方面来谈谈这种地形特有的影响。

首先，我们必须搞清楚江河与国境——总体战略正面——是平行的、斜交的，还是垂直的。如果是平行的，我们还必须搞清楚江河是在防御者背后，还是在进攻者背后，以及在这两种情况下军队与江河的距离。

如果江河在防御者后方的不远处，并且这条河上有足够多的安全的渡河点，那么防御者此时的处境显然比没有江河可依的情况有利。的确，由于受到渡河点的限制，防御者会失去一些活动自由，但是在此情况下，他们的战略后方能够得到比较大的安全保障。当然，我们在这里所说的是在本国境内进行的防御。如果是在敌国境内据河而守，除了需要应对正面之敌，防御者还得警惕忽然出现在背后的敌军，此外由于渡口有限，这更会加大防御者的风险。江河与防御者后背的距离越远，对军队的益处就越小，当这种距离达到一定程度的时候，江河所产生的益处就完全消失了。

如果进攻者必须渡河挺进，那么江河只会对他们的行动产生不利影响，因为他们的交通线必然会被限制在几个渡河点上。如果江河与战区正面大致呈垂直状态，那么江河就会给防御者带来很大的益处，之所以这样说，主要原因有两点：第一，由于以江河作为依托，并且能够利用支流的河谷加强正面，所以防御者可以以此为基础，然后占领很多有利的阵地；第二，进攻者或者应该放弃两岸中的某一岸，或者应该将兵力分开，对于防御者而言，这显然是有利的，因为通常防御者占据的渡河点比进攻者更多也更为安全。

一般来说，只有在江河与国境垂直并且可以作为运输线时，它才对进攻者有利。因为进攻者的交通线往往拉得比较长，运输军用物资的难度比较大，而水运则会在很大程度上解决他们在物资运输方面的困难。此时，虽然防御者可以在本国境内利用要塞封锁江河，但是进攻者从本国境内那段河道上获得的益处却不会因此而消失。

从军事角度来看，有些河流并不是很窄，但是不适合通航；有些江河在四季有丰水期和枯水期之分，不是在任何时候都适合通航；有的江河水势湍急，逆流而上时举步维艰；有的江河过于曲折，往往会使路程增加一倍不止；而且如今这个时代，两国之间的主要交通路线是公路；最后，大部分给养物资往往是就地征集，而不必从远方运来……

如果能够考虑这一切，那么人们就会清楚地看出，就运输给养物资而言，水运所起的作用根本不像书本上描述的那么夸张。所以，水运对作战进程的影响是比较小的，而且不一定总是会发挥作用。

军指挥官命令士兵集结，准备向联军发动进攻，展开白刃战。

第二十章 沼泽地防御与泛滥地防御

沼泽地防御

那种广袤无垠且寸步难行的沼泽地毕竟是非常少见的，所以论述这样的沼泽地几乎毫无意义。但是那些地势较低的湿洼地和泥泞的河岸却是比较常见的，而且由于占地范围比较大，它们往往本身就是防御阵地的某个地段——事实上，人们就是经常这样利用这些地段的。

沼泽地防御的措施与江河防御的措施大致相同，当然，前者也有自身的特点。

第一个特点也是最为主要的特点是在沼泽地带，除了堤道根本无路可行，所以通过沼泽比渡过江河的难度大。

这主要是因为：修筑一条堤道的速度远远赶不上修筑一座桥梁的速度；此外，修筑堤道时，按理应该先派遣一部分兵力到对岸掩护修筑堤道的军队，但是事实上并没有能够将这部分兵力运送到对岸的运输工具。

在江河上架设桥梁时，我们可以调用一些船只将前卫送到对岸，然后就可以开始架桥，但是在沼泽地上却没有相应的运输工具可以将前卫送到对岸。

如果所有的士兵都是步兵，那么通过沼泽地时，铺设木板桥就是最容易的办法。然而，如果沼泽地比较宽，那么利用木板桥通过沼泽地就比渡河（与沼泽地的宽度相同的河流）时第一批船只所需的时间多得多。如果沼泽地中有一条没有桥梁就无法通过的河流，那么运送先遣部队时更是困难重重，因为在只能架设木板桥的情况下，虽然单个人容易通过，但是架桥所需的笨重器材却无法被运送到架桥地点。

第二个特点是人们无法像破坏渡河器材那样彻底破坏沼泽地上的堤道。

桥梁可以被拆除到根本无法利用的程度，但是破坏堤道的时候，我们所能做的最多，只是将其掘断，就堤道整体而言，这样做其实并没有太大的意义。如果沼泽地中间有一条必须架设桥梁才能通过的小河，我们固然可以拆除这座桥梁，但是整个通道并不会因此就像大江大河上的桥梁被毁那样能够产生举足轻重的影响。所以，如果防御者意图使沼泽地完全对自己有利，就必须用尽全力占据既有的所有堤道，并且需要加以严密防守。

由此可以看出，在沼泽地防御中，为了扼守某个地区，我们一方面必须加强该地的防御，另一方面，由于堤道以外的其他地方难以通行，进行这种防御的难度则会降低。这两个特点结合起来，即可产生一个结果：与江河防御相比，沼泽地防御必然会局限在某个地区，并且比较被动。

以此为基础，我们可以得出一个结论：与依托江河进行直接防御相比，在沼泽地防御中投入的兵力必然会比较大。或者说，依托江河进行直接防御的时候，我们可以设立较长的防线，但是在沼泽地防御中，我们却不能这样做。

从这个角度来说，沼泽地不如大江大河有利。由于为了扼守某些地区而进行的防御多多少少都是危险的，所以意识到这一点非常重要。然而，由于沼泽地和湿洼地通常比较宽，甚至比欧洲最大的江河还要宽，所以防守堤道的防哨绝对没有被对岸敌军的火力压制住的危险，而防哨本身的火力效果却由于狭长的堤道能够得到大幅度的提高。比如通过一条四分之一普里或者半普里长的堤道比通过长度相等的一座桥梁需要耗费更多的时间。意识到这一点，我们就必须承认，在通道不太多的情况下，这种湿洼地和沼泽地甚至可以称得上是世界上最为坚固的防线。

在论述江河防御时我们曾经说过，在难以通行的地带进行间接防御，能够为进行一次主力会战奠定有利的基础。同理，这种方法同样适用于沼泽地带。不过，由于通过沼泽地带时难度较大，而且需要耗费很多时间，所以进行江河防御的第三种方式（在敌岸占据阵地）一般不适用于沼泽地防御。

此外，有些沼泽地、湿洼地和草地，除了堤道之外，其他地方也可以勉强通行，在这些地区进行防御显然是非常危险的：一旦敌军找到通道，他们就可以突破整个防线。如果防御者原先的意图是打算进行真正的抵抗，那么此刻他们就会遭到巨大的损失。

泛滥地防御

无论是作为自然现象，还是作为防御手段，泛滥地都与沼泽地极为相似。

这种泛滥地是比较少见的，在欧洲各国中，荷兰或许是唯一一个值得我们研究的泛滥地国家。由于1672年和1787年战局中一些比较重要的战役发生在荷兰，并且这个国家又处于法国和德国之间，所以我们有必要对这种泛滥地进行一些研究。

与普通的沼泽地和湿洼地相比，荷兰的泛滥地具有如下几个特点：

第一，这种土地本身是干燥的，或者是干燥的草地，或者是干燥的耕地。

第二，这种土地上分布着许多纵横交错的灌溉渠。

第三，为了便于排灌和通航，这种地带往往有很多两岸筑有大坝的运河，必须利用桥梁才能通过这些运河。

第四，泛滥地的地平线低于海平面，也低于运河的河面。

第五，掘堤放水或者开闸放水时，除了大坝上的一些道路，其他的道路都会因为遭到水淹难以使用，或者是完全无法使用。如果泛滥地的水深只有三四英尺，那么在必要时在短距离之内可以徒涉，但是当第二点中所说的那些小渠道完全被淹没在水中时，它们就会成为徒涉的障碍。只有当这些渠道都向同一个方向延伸，并且人们可以在渠道之间行进而不必越过任何渠道时，泛滥地才不会成为妨碍通行的绝对障碍。显而易见，这种情况往往只能出现在较短的距离内，也只适用于十分特殊的战术需要。

据此可以得出以下几点结论：

第一，进攻者只能沿着有限的几条通道前进，由于这些通道都设置在相对比较窄的大坝上，而且左右两侧都有水渠，所以这些通道必然是狭长难行的隘道。

第二，我们很容易就能够将大坝上的防御设施加固到坚不可摧的程度。

第三，这种情况并不总是对防御者有利，因为防御者在各个据点上只能进行被动防御，所以他们只能将所有的希望都寄托在被动防御上。

第四，在这种情况下，防御者设置的防线并不像利用简单的屏障护卫国土时那样设置的防线，而是需要处处利用障碍物防护自己的侧翼，不断设置新的防御阵地，阻止敌军接近。也就是说，当某道防线上的某一段失守之后，可以建立新的防线予以补充。这种配置方式就像对弈一样，变化是无穷无尽的。

第五，采取这种防御方式的前提，是该国的农业发达，人口稠密。所以，设置在通道上的阵地和用于封锁通道的阵地比较多，而且这种防线的正面不应该很宽。

荷兰最为主要的防线起于须德海滨的纳阿尔登，中间的绝大部分在佛赫特河后方通过，终于法尔特河畔的比斯博施地区，长约八普里。1672年和1787年，荷兰人曾经动用两万五千人到三万人防守这道防线，如果守军当时确实进行了顽强的抵抗，那么他们就会收到很好的效果。

1672年，孔代元帅和卢森堡元帅先后指挥多达四五万人的雄厚兵力抵达这条防线，在兵力占据优势的前提下，他们原本可以发动猛烈的进攻，但是这两位元帅想等待冬季来临之后再战，岂料那一年的冬季并没有他们预料的那么冷，所以荷兰军队的防御行动因天时之利发挥了一定的作用。

1787年的战况与此相反。当时，虽然荷兰军队进行了比较强的抵抗，但是这些抵抗几乎毫无作用，在一些比较短的防线上的抵抗甚至在一天之内就被敌军粉碎了。虽然当时向这道防线挺进的普鲁士军队的兵力并不比荷兰军队多，甚至可以说双方的兵力旗鼓相当，但是由于布伦瑞克公爵采取了巧妙而与实际情况相符的战术，所以普鲁士军队能够迅速击破荷兰军队的防线。

两次防御的结果不同，最为主要的原因是敌对双方的司令官不同。

1672年，荷兰军队是在猝不及防的情况下突然遭到路易十四所率领的法军的突袭，所以荷兰陆军的士气比较低。当时，荷兰军队的绝大多数要塞的装备比较差，守备力量薄弱，而且都是外籍雇佣兵，各个要塞的司令官或者是唯利是图的外籍将领，或者是庸碌无能的本国人。此前，荷兰军队曾从勃兰登堡将军手中夺取到了莱茵河沿岸的一些要塞，并且在上述防线的东部也设置了一些要塞，但是当法军发动突袭的时候，这些要塞大多没有进行抵抗就拱手让人了，路易十四所率领的十五万法军在那时进行的最为主要的活动就是占领这些要塞。

同年8月，德·威特兄弟被杀，奥伦治公爵开始执政，荷兰军队的条件有所好转：产生了统一的指挥，有时间使上述战线成为一个整体，并且各种辅助性的措施也做得比较好。所以路易十四和屠朗率领法军离开之后，负责指挥驻荷法军的孔代元帅和卢森堡元帅都不敢轻举妄动。

普鲁士军队攻占普朗斯诺瓦

在滑铁卢战役当天，普朗斯诺瓦曾5次易手，最终，普鲁士军队获得了该地的控制权。这意味着法军的退路被断绝，也意味着法军败局已定。《普鲁士军队第4军第24团战史》这样记载当时的情景："虽然有伟大的勇气和耐力，在村里战斗的皇帝（拿破仑）近卫队还是出现了动摇的征兆。教堂已经起火，红色的火柱从窗子和洞开的门中向上升腾。士兵们在逐家逐户展开白刃战，周围一片混乱……与战场其他地方不同，这里听不到'救命'，取而代之的是'守护军旗'"。

1787年的情况则完全与此不同。在1672年，对抗敌军的是由七省联合组成的荷兰共和国，在1787年，对抗敌军的则只有荷兰一省。在1672年，防御者的主要任务是占领所有的要塞，在1787年，防御者则只能固守上述防线。1672年，进攻者的兵力为十五万人，在1787年，进攻者的兵力只有两万五千人，而且担任指挥的不是某个有权势的国王，而是一个由远方的国王派遣的在许多方面都受到束缚的统帅。当时，虽然荷兰省民众分裂成了两派，但是共和派占据绝对优势，而且全民斗志高昂。

按照常理推断，1787年的抵抗至少能够取得和1672年的抵抗同样好的结果。但是，1787年的荷兰军队有一个特别严重的缺陷：没有统一的指挥。1672年，负责指挥荷兰军队的是英明果决的奥伦治公爵，1787年负责指挥荷兰军队的，则是一个防务委员会。这个防务委员会的四个成员各个英勇果敢，但是他们彼此猜忌，互不信任，各自为战，所以致使整个委员会的工作显得非常软弱。

我们花费这么多时间谈论这些，目的只是为了确定泛滥地防御的概念，并且想指出指挥方面的不同所产生的效果会有多大的区别。

虽然泛滥地防御的组织形式和抵抗方式属于战术问题，但是我们并不能引用1787年战局来说明这种抵抗方式，因为它已经接近于战略。虽然就其性质而言，沼泽地防御活动中各个防哨的防御必然是很被动的，但是当敌军不占据优势时——就像1787年的战局那样——从防线的某一点发动还击并不是不可能的，而且也不会得不到比较好的结果。的确，由于这种还击只能在堤道上进行，与活动空间比较大的进攻活动相比，前者的攻击力量不会很大，但是，由于进攻者无法占领他们不用的一切堤道和道路，所以熟悉国土情况并占有坚固阵地的防御者，还可以用这种还击对正在行进的敌军的各个进攻纵队发动真正的翼侧攻击，或者切断他们同基地之间的联系。

如果能够考虑进攻者受到的束缚，尤其是进攻者严重依赖交通线的情况，那么我们就会完全理解防御者发动任何一次还击的时候，即使成功的可能性极小，甚至仅仅是佯动，也必然会收到很大的效果。比如在1787年的战局中，如果荷兰军队实施过一次这样的佯动，我们就会非常怀疑小心谨慎的布伦瑞克公爵是否还敢接近阿姆斯特丹。

第二十一章　森林地防御

首先我们必须明白茂密难行的野生丛林与稀疏而有无数通道穿插其间的人造丛林的区别。

通常而言，防御者需要有比进攻者更为开阔的视野，这一方面是由于防御者的兵力一般比较弱，另一方面则是因为防御者往往是因为某地的地理条件有利而加以扼守，而且他们往往是在进攻者有所行动之后才能有针对性地实施自己的计划。所以，在防御活动中，防御者应该在人造丛林的前方设置阵线，或者尽可能地避开它。

如果防御者在森林后方设置阵线，这就像盲人与健全人搏斗；如果防御者在森林中间设置阵线，这就像两个盲人相搏。所以，防御者只能在人造丛林的前方设防，利用丛林遮蔽后方的一切，在必要时还可以利用丛林掩护撤退行动。除此之外，人造丛林不能给防御者带来其他的利益。

我们在这里所说的森林地都是平原地带的森林地，如果某处有明显的山地特点，那么在这种地区作战时，对战术和战略影响比较大的就是山地的特点——关于这一点，我们在前面已经谈过了。

退而言之，即使森林所在地没有明显的山地特点，但是由于森林自身难以通行，它也能够像山地那样，通过间接防御为进行有利的战斗创造条件。此时，防御者在森林后方配置兵力的时候可以相对集中地进行配置，以逸待劳，等敌军从林中隘路出来的时候发动攻击。

从效果来看，与其说这种森林地接近于江河，不如说它接近于山地：森林地中的通路虽然道阻且长，但是有利于退却。

即使森林地再难以通行，依托它进行直接防御也是一种冒险行为，甚至对轻装疾行的前哨部队来说也是如此。因为即使通行难度再大，它也不会大到小规模军队都完全无法从中经过的程度。对于一条防线来说，这些小规模的兵力就像千里之堤上的蚁穴一样，可以迅速使整个堤坝完全崩溃。

任何一个大森林都会对民众武装的活动产生很大的影响，当然，它们也能够为民众武装提供足够广阔的用武之地。如果我们能够利用战略计划迫使敌军的交通线必须穿过某个森林，这就等于给防御活动提供制胜的筹码。

第二十二章　单线式防御

所谓单线式防御，指的是利用一系列相互联系的防哨来直接掩护某一个地区的防御部署。之所以说是掩护，是因为将一支兵力庞大的军队分成几个部分并列配置时，不构成单线式防御也能掩护广大地区不受敌军侵犯，只是这种掩护不是直接的，而是通过一系列行动和运动的效果来实现的。

要想直接掩护范围广大的地区，就必须将防线拉长，显而易见，这种纵深很浅的防线的抵抗力是比较弱的。即使进行单线式防御的防御者的兵力很强，但是只要进攻者的兵力与此相等，这种防线的抵抗力也是比较弱的。所以单线式防御只能防御力度较弱的进攻。

为了抵御鞑靼民族的入侵，中国修筑的万里长城就是具有单线式防御意义的边防设置，与亚洲和土耳其接壤的欧洲各国的边防设置也往往与此相同。虽然这种防御形式无法完全杜绝每一次侵袭，但是它能增加侵袭的困难，减少侵袭的次数。尤其是在这些国家与亚洲各国经常处于战争状态之中的时候，这种防线往往能够发挥重要的作用。

在现代战争中，欧洲各国之间的防线与这种单线式防御很相似。建立这些防线的目的，实际上只是为了防止敌军为了掠夺物资和军税突然入侵。

由于设置这种防线的主要目的是为了抵抗敌军的小规模攻击，所以一般情况下，我们只能调集次要力量防御这种防线。然而，如果敌军是调集主力发动猛攻，那么我们就得相应地调集主力进行防御。对于防御者而言，此时由于防线的纵深很浅，必然会出现防备力量薄弱以及容易浪费兵力的问题。所以，从这个角度来看，这种防线就是一种有害的手段。战争程度越暴烈，使用这种手段面临的危险就越大。

此外，在掩护军队舍营时所用的具有一定的抵抗力并且正面宽大的前哨线防御，也可以被当成真正的单线式防御。

在这种情况下，前哨线进行抵抗的目的，是为了抗击敌军针对个别舍营地而发动的小规模袭扰活动。如果地理条件有利，那么这种抵抗就能发挥足够的效力。然而，如果敌军出动的是主力，那么防御者的前哨线所进行的只能是为了赢得时间的相对抵抗，而且赢得的时间往往不会很多，因此，我们不能说前哨防御的目的是为了赢得时间。进攻者的集中和前进绝对不会做到滴水不漏，如果防御者发现他们的时候，他们已经到了眼前，那么这样的防御者就太可怜了。

有时候，我们会将负责抵抗敌军主力并且保卫国土的主力军队分散成一长列的防哨，也就是说，把他们配置成单线式防御的形式。显然，从表面上看这种做法是不合理的。为什么会出现这种情况呢？对此，我们有必要详细地探讨随同这种配置出现的情况，以及造成这种配置形式的原因。

任何山地阵地的正面都可以比平原阵地的正面宽大一些，而且我们必须做到这一点，即使我们占领这种阵地的目的是为了以完全集中的兵力进行会战。之所以使这种阵地的正面比较宽大，是因为地形条件能够大大提高防御者的抵抗能力，而且防御者必须有一个更为广阔的地区作为撤退之用。

在此情况下，如果没有速战速决的可能，进攻者长期引而不发，与防御者相持不下，没有有利的时机就避战不出，那么对于防御者而言，除了必须占领的地区之外，在能够保障军队安全的前提下，他们还会自然而然地向左右两侧延伸，以求尽可能地多控制一些地区，从而获得种种利益。

关于这一点，我们还要做进一步的说明。与在山地作战相比，防御者在开阔地区可以通过机动化的调动兵力更为有效地达到上述目的。因此，在开阔地区作战时，防御者没有必要通过扩大阵地正面和分散兵力来达到这个目的。当然，这样做也比较危险，因为分散的各部分的抵抗能力必然会比较低。

在山地作战时，防御者保住某个地区的办法，主要是利用已经扼守住的地区进行防御，如果某地受到威胁，他们就难以很快及时派兵增援，一旦该地在援军抵达之前失守，那么即使援军的兵力大于敌军，他们也很难将敌军赶走。由于这些原因，防御者在山地部署兵力的时候，即使配置兵力的方式不是真正的单线式防御，也会接近于单线式防御的防哨线。虽然这种分散成许多防哨的配置与单线式防御多多少少有些不同，但是统帅往往会在不知不觉中陷入单线式防御的牢笼。也就是说，在刚开始的时候，他们分散兵力的目的只是为了掩护或者保住某个地区，但是到最后，他们的目的就会变成保障军队本身的安全。由于每个防哨的指挥官都希望防哨左右两侧的接近地对自己有利，所以整个军队往往会在不知不觉中分散开。

因此，我们并不认为投入主力进行的单线式防御是为了防止敌军进攻有意采取的形式，而是防御者在追求另外一个与此截然不同的目的的过程中，在不知不觉中陷入的误区。与主力军队所肩负的使命相比，诱使统帅陆续调拨小规模兵力设置防哨的理由毕竟是无足轻重的，所以，陷入上述状态无论如何都是一种错误。遗憾的是，人们往往没有注意到这是由于估计形势失误而犯下的错误，反而认为是这种防御方式自身有缺陷。更为荒谬的是，如果利用这种方式获得了有利成果，或者至少没有损失时，他们又认为这种防御方式是有效的。

比如七年战争期间，在亨利亲王指挥的几次战役中，亨利亲王就采取了这种令人匪夷所思并且正面非常宽的防哨配置，与其他战局相比，这次战局中所出现的配置兵力的形式完全可以称得上是单线式防御。然而，由于腓特烈大帝认为这几次战局无可非议，所以人们就对亨利亲王的行为交口称赞。

人们为亨利亲王辩护原本无可厚非，因为他们可以说他对实际情况了如指掌，知道敌军不会发动任何具有决定性意义的行动，配置军队的目的只是为了最大限度地扩大防御正面。但是，如

英军将领向法军近卫军劝降

法军溃败之后，英军派遣将领向法军近卫军劝降，但是法军近卫军高呼“近卫军誓死不降”，毫不犹豫地拒绝了英军。

果亨利亲王因为这种配置兵力的方式而遭到一次失败，恐怕人们就会改变说法：这不是由于亲王采取的防御方式有缺陷，而是因为使用这种方式的场合不适宜。

综上所述，我们已经尽可能详细地说明了主力在战区内是如何形成单线式防御的，并且说明了在什么情况下，这种防御方式才是合情合理的，也是对自身有利的。此外，我们还得指出，统帅或者指挥部，有时候的确可能因为忽略了单线式防御原来的意义，而将它的相对价值绝对化了，认为单线式防御能够有效地防止敌军的进攻。这不是手段上的错误，而是完全将手段理解错了。

第二十三章　国土锁钥

在军事艺术领域进行批判活动时，任何理论概念都没有我们即将说到的这个概念重要。在论述会战和战局时，这个概念是人们最喜欢炫耀的东西，是做出一切论断的根据，也是批判者最喜欢用来炫耀才学的一种论据——一种虚有其表且不完整的论据。

这个概念的含义是什么呢？迄今为止，这个概念的含义还没有确定下来，也从来没有人能够清楚地表明它的含义。我们想尽力将这个概念阐述清楚，并且打算谈谈它对实际行动究竟有什么价值。

我们在前面说过的山地防御、江河防御、筑垒阵地等概念都与国土锁钥有直接的基础性的关系，所以我们到现在才正式谈这个概念。

国土锁钥是一个古老而且有隐喻意义的概念，它的含义是含糊不清且纷繁复杂的，有时候它指的是容易接近的地区，有时候则指的是难以接近的地区。

如果不占领某地就无法入侵敌国，那么这样的地区就是国土锁钥。这个定义虽然内容不太丰富，但是简单明了。不过，理论家对此并不满足，他们更愿意将国土锁钥的含义扩大化：能够决定全部国土得失的地区就是国土锁钥。

当俄国人想要进入克里米亚半岛时，他们首先必须控制比列科普和那里的防线，但是他们这样做并不是为了占据进入克里米亚的入口，而是为了在进入克里米亚之后，能够为自己提供更大的安全保障。

如果说占据了朗格勒就能够占据整个法国，那么这种说法的意思就是，占领朗格勒之后要不要占据法国可以完全由自己决定。

按照前一种说法，如果不占领那些可以称为锁钥的地点，就无法占领整个地区。这种说法比较容易理解。按照第二种说法，只要占据了被称为锁钥的地点就能占领整个地区，这就有些耸人听闻。按照常识，我们根本不能理解这种说法，或许借助具有魔力的神秘哲学才能理解。大约在五十年前，这种难以理解的神秘观念曾经在书本中出现过，到18世纪末叶，这种观念发展到了顶点。虽然拿破仑之后的战史以极大的说服力清除了人们对这种说法的盲从，但是到如今，这些神秘而难以理解的观念依然顽固地存在于一些书本中。

任何国家都有一些特别重要的地点，那里是通衢大道的汇集点，便于筹措军用物资，也便于向各个方向进军。为了表示这种地点的重要性，统帅往往称其为国土锁钥，我们认为用这种称呼是恰如其分的，也是很令人满意的。对于这种说法，恐怕只有书呆子才会反对。

统帅们的这种说法只是一朵朴素的小花，如果有人想将这朵花变成种子，然后使其开枝散叶，变成一种系统化的理论，那么任何有理智的人都会摒弃这种做法。也就是说，在叙述军事活动自身时，统帅经常提到的国土锁钥这个概念有其实际含义，只是这些含义是难以言明的，如果人们想将这个概念发展成系统化的理论，那么这就意味着必须将那些难以言明的东西变得更为明确，而这样做必然会使那些丰富的含义变得比较片面。与国土锁钥这个概念有关的东西很多，但是人们往往会将高地作为代表，之所以产生这种现象，就是因为人们将一些原本含义丰富的东西狭义化了。

宁死不屈的近卫军

在那种恰好修建在山脊的道路上，当人们从峰顶往下走的时候，往往会感到比较轻松，因为此时似乎所有的困难都已经被抛到了身后——在大多数情况下，事实也的确如此。对于自高向低行军的军队来说，他们会觉得自己比企图阻挡自己前进的任何人都更加具有优势，因为他们能够利用地利之便将眼前整个地区的情况一览无遗。所以，一条恰好修建在山脊上的道路的最高点，往往会被当成具有决定性意义的地点，统帅们也习惯于称这种地点为锁钥。当然，他们是从狭义的角度称这种地点为锁钥地点的。

以这种看法为基础，有的人建立了一种错误的理论：将通往某个地区的几条道路的汇集点所在的高地当成能够控制这个地区的锁钥。由于系统的山地防御的理论与此类似，所以这两种理论会自然而然地混为一谈，从而使整个问题更加含糊不清。此外，人们还将山地防御中具有重要作用的一系列战术要素与这种错误的理论联系在一起，以致就连山地道路的最高点这个错误的概念都被完全抛弃，从而将整个山脉的最高点——分水岭——当成了锁钥。

这种错误的理论大行其道的年代正值18世纪下半叶，当时有一种看法非常流行：地球表面的地质形态是由河流的冲刷形成的。于是在地质学范围内，这种说法就成了军事理论的支柱，并且冲垮了实际生活中的真理。受此影响，当时的各种论断都是按照地质学进行类比而得出的，而且都不切实际。虽然这种荒言谬论大多只是出现在书本上，能够进入实际生活的只是一小部分——一种理论越荒谬，能够进入现实世界的部分就越少——但是，我们谈到的这种荒言谬论其实对德国还是产生过一些有害的影响。

即使某个地区的高地是所有河流的发源地，但它往往不过只是一个高地。高地对战争确实有一定的影响，然而在18世纪末和19世纪初，人们过分夸大了高地的作用。一个山岭即使是多条河流的发源地，我们也只能在它上面设置一个三角标记，除此之外，它几乎再也没有任何其他的价值。

从这个角度来说，意图在所谓的锁钥（高地）地区建立锁钥阵地几乎是痴人说梦，甚至可以说这与大自然的实际情况是相反的。因为在实际中，山脊和山谷是纵横交错的，群山环绕之中夹杂湿洼地的情况也比较多见，并不像地质学上所描述的那样易于通行。只需要看看战史，我们即可知道，某个地区的地质学上的重要地点，在军事活动中往往没有什么作用，人们总是在它们附近构筑阵线却没有利用它们，因为具备其他地形条件和符合其他要求的地点比它重要得多。

如果一定要在战略范围内找到一个与锁钥阵地这个名词相符的独立概念，我们认为，所谓的锁钥地带，指的就是不加以占领就不敢入侵敌国的地区。然而，如果想用这个名词来称呼某个便于进入敌国的入口，或者想用它来称呼这个国家的任何一个便于接近的中心点，那么它就失去了原来的含义，也会因此而失去原来的价值。

我们所说的锁钥阵地，在实际上其实是很少的。

在大多数情况下，进入一个国家最为便捷的方式就是击溃敌军，只有在具备极为特殊的有利条件的情况下，地形才会比军队重要。我们认为，只有在两种情况下才会具备这种有利条件：第一，配置在该地的军队能够借助地利之便在战术上进行顽强的抵抗；第二，在敌军威胁我军的交通线之前，我军可以利用这种地利之便抢占先机，先威胁敌军的交通线。

战后的滑铁卢战场

滑铁卢战役之后，拿破仑彻底退出了历史舞台，一个梦想结束了，一个时代也结束了。大战结束4天之后，即6月22日，英军一个军官再次来到劫后余生之地的时候，说战场的"光景让人毛骨悚然，令我的胃感到很不舒服。我只想早点离开此地，那是一生都无法忘却的惨状，大量的尸体以及众多的伤员，他们的腿骨粉碎而无法行走，很多人在伤痛和饥饿的双重折磨下等待生命的最终时刻"。

第二十四章　侧翼活动

所谓战略侧翼，指的就是战区的侧面。关于这一点，无须赘言。虽然战术上也有侧翼活动，但它与我们在这里所谈的情况无关。当战略上的侧翼活动进行到最后阶段时，有时候能够与战术上的侧翼活动合而为一，但是即使在这种情况下，我们依然可以将二者明显地区分开，因为它们之间并没有因果联系。

在军事理论上，这种侧翼活动以及与此相关的侧面阵地往往是人们引以为傲的东西，但是它们在战争中很少发挥作用，这并不是因为这种手段本身没有实效，也不是因为这种手段只存在于臆想之中，而是因为敌对双方事先都会竭尽全力地保护侧翼，至于那种无法保护侧翼的情况则是比较少见的。

然而就在这少数情况中，侧翼活动和侧面阵地却能发挥巨大的作用。由于它们在此时能够发挥作用，并且经常能够使人们举棋不定，所以在理论上对它们形成一个明确的看法是十分重要的。的确，战略范围内的侧翼活动既适用于进攻，也适用于防御，但它毕竟还是更贴近于防御，所以我们应该把它当成防御手段之一。

深入探讨这个问题之前，我们必须提出一个虽然简单但是能够贯穿此后一些考察活动的原则：在敌军后方或侧翼进行活动的军队，不可能同时对敌军的正面产生作用。所以，无论是在战略上还是在战术上，深入敌军后方这种行动本身并没有什么价值。只有当这种行动与其他条件联系在一起时，我们才能根据这些条件的好坏来断定采取这种行动是否有利。

接下来我们就来探讨一下这些条件。

我们必须将战略侧翼活动分为两种：第一，仅仅威胁敌军的交通线；第二，既威胁敌军的交通线，也威胁敌军的撤退线。

1758年，普鲁士军队围攻阿里木次期间，道恩将军曾派遣别动队拦截普鲁士的运输队，显然，他的意图并不是阻止腓特烈大帝向西里西亚退却，与此相反，他最希望看到的就是腓特烈大帝向西里西亚撤退，并且他乐于为敌军让路。在1812年的战局中，俄军主力分别于9月和10月派遣别动队，但是他们这样做只是为了切断敌军的交通线，而不是为了阻止敌军撤退。然而，在契查哥夫指挥下向别烈津河推进的摩尔达维亚军，以及维特根斯坦将军奉命向西德维纳河畔的法军发动进攻的目的，却显然都在于阻止敌人退却。

我们引用这些例子仅仅是为了把问题谈清楚。

威胁敌军的交通线，就是袭击敌军的运输队、小规模的后续部队、信使以及小仓库等。也就是说，这种活动是希望通过袭击敌军维持战斗力和生活所必需的一切来削弱敌军，从而迫使敌军退却。

威胁敌军的退却线，是为了切断敌军的退路，所以，只有当敌人真正下定撤退的决心时，这种威胁才能达到目的。当然，有时候仅仅是使敌军感受到危险，也能促使敌人退却。因此，对敌人退却线发动佯攻，也可以获得威胁敌人的交通线那样的效果。不过，正如此前所说，所有这些威胁不能单靠迂回以及兵力配置的几何形式来进行，只有在具备合适的条件的前提下，这些威胁才能产生效果。

为了更清楚地了解这些合适的条件，我们必须将这两种翼侧活动分开研究。

首先，我们来研究对交通线的威胁。

威胁敌军的交通线的时候，我们必须具备下列两个重要条件中的一个。

第一，威胁敌军的交通线不需要很大的兵力，抽出这些兵力之后，几乎对正面没有什么影响。第二，敌军已成强弩之末，无力利用新的胜利成果，或者当我军撤退的时候，他们无力发动追击。

第二个主要条件其实是比较多见的，但是从表面上看并非如此，所以我们暂时搁置第二个条件不谈，先来研究一下与第一个主要条件相关的一些其他条件。这些条件如下：敌军的交通线较长，守备部队掩护它们的时候力有不逮；从地理位置上来看，敌军的交通线暴露在我军的威胁之下。

敌军的交通线暴露的情况可能有两种：第一种是敌军的交通线与敌军的正面不是垂直的，第二种是敌军的交通线在我们的领土上。如果这两种情况结合在一起，那么敌军交通线的暴露程度就会更大。

对于这两种情况，我们有必要加以详细研究。有的人或许会认为，如果受到掩护的是一条四五十普里长的交通线，那么被配置在交通线末端的军队的正面，与交通线是斜交还是垂直，就不是那么重要的问题了。因为对于漫长的交通线而言，军队正面的宽度只是一个点。但是实际情况并不是这样，因为在进攻者的交通线同军队正面垂直的情况下，即使防御者的兵力占据显著优势，他们也很难派出别动队来切断对方的交通线。

然而这种说法并不能让所有的人信服，因为他们认为受到进攻者掩护的地区不是处处都能得到绝对的安全保障，尤其是在防御者的兵力占据优势的情况下，进攻者显然也很难给自己的后方提供绝对的安全保障。只有在战争等同于纸上谈兵的时候才会出现这种情况：进攻者就像盲人一样，不知道敌军的别动队会在哪里出现，而防御者派遣的别动队却能看到一切。

我们必须知道，战争中所有的情报都不是可靠的，也都是片面的，敌对双方都是在摸索中前进。防御者所派遣的那些别动队，绕过敌军的侧翼到达敌军后方之后，就像一个人进入黑暗的房间之后必须与很多人搏斗，时间太长的话，他一定会被敌人打垮。所以，在敌军阵地与交通线垂直的情况下，如果对他们发动迂回攻击的军队必须长期作战，那么迂回者必然会陷入危险的局面。在这些迂回队伍中，只要其中一支军队遭到不幸，其余的军队就会闻风丧胆，此时我们绝对不会看到勇敢的袭击，而是只能看到一败涂地的逃窜场面。

因此，阵地正面同交通线垂直的进攻者，只要善于利用对方的上述弱点，就能够掩护距离自己最近的一段交通线。根据兵力的大小，这段交通线的长度可以达到两三日行程。因为这一段交通

滑铁卢战役中的英军骑兵

同样的战争，不一样的结局。滑铁卢战役之后，威灵顿走到了人生的巅峰，拿破仑走到了人生的低谷。但是无论是胜利者的光
梦想，还是失败者的低落与沮丧，对于那些永远长眠在战场上的累累白骨来说，这一切都永远成了无关紧要的东西。

线离敌军最近，所以它往往是最容易受到威胁的地方。与此相反，如果进攻者阵地的正面与交通线是斜交的，那么距离进攻者最近的这一段交通线就很难得到安全保障。即使防御者施加最小的压力，进行一次威胁不大的行动，也会立即击中进攻者的要害。

为什么阵地的正面难以与交通线垂直呢？这是因为我军的正面是根据敌军的正面决定的，敌军的正面同样也是根据我军的正面决定的。这就出现了一种相互作用，接下来我们要做的，就是探求这种相互作用的根由。

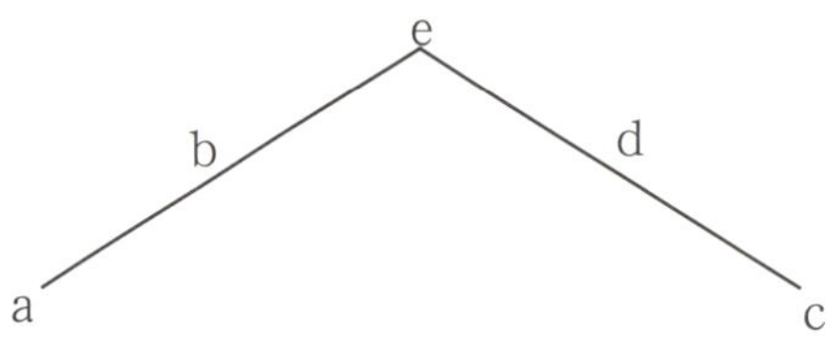

如果进攻者交通线是ab，防御者的交通线是cd，那么这两条交通线之间就会形成一个钝角，e则为这两条交通线的交点。如果防御者在e处配置军队，那么从b点出发的进攻者，单凭几何关系就能迫使防御者面向进攻者的正面行进，从而迫使防御者暴露自己的交通线。防御者若在d处附近配置军队，情况则与此相反。此时，进攻者如果受到种种地理条件的严格限制，不能随意变换作战线的位置，他就只得面向防御者的正面行进。

由此可见，防御者在这一系列的相互作用中先占据了有利地位，因为他们只需要在两线交点

惨败之后的法国军队开始撤退

的右侧占领阵地即可。我们之所以再次考察这种几何因素，只是为了把问题搞清楚，绝不是过分重视它。与此相反，我们确信，能够对防御者的配置情况起到更大作用的是具体情况。因此，笼统地说明敌对双方中的哪一方会被迫更多地暴露自己的交通线，是根本办不到的。

如果敌对双方的交通线的方向是完全相对的，那么采取斜交配置的一方，当然可以迫使另一方也这样做。此时，利用几何要素是得不到任何好处的，双方的受益和受害程度是相同的。所以，在以下的考察中，我们只以一方的交通线能否暴露作为根据。

如果交通线在敌国境内通过，并且敌国已经出现了全民皆兵的现象，那么交通线会受到多大的威胁就是不言而喻的。虽然民众武装的力量比较薄弱，但是，我们应该考虑在漫长的交通线上一处接一处地受到敌人的袭扰和威胁将会产生什么后果。

退而言之，即使敌国民众缺乏尚武精神，没有出现全民皆兵的现象，甚至连后备军和其他军事组织都没有，但是只有该国民众与本国政府之间具有臣属关系，这种关系本身也会威胁交通线的安全。因为该国的别动队很容易同居民取得联系，对本国的风土人情比较熟悉，便于获得各种情报，并且能够得到地方当局的支持。对于进行小规模活动的别动队而言，这些有利条件具有决定性的意义，并且别动队几乎不费吹灰之力就能得到这些利益。同时，在一定的距离内总不会没有要塞、江河、山地等掩蔽地，只要我们没有正式占领这些地方，还没有在那里配置守备部队，这些地方就永远是属于敌人的。

在这种情况下，特别是在其他条件也有利的情况下，即使进攻者的交通线与自己的阵地的正面是垂直的，他们仍然有可能遭到防御者别动队的威胁，因为这些别动队不需要返回主力部队，只要躲入本国腹地就能得到足够的掩护。

由此可知，进攻者的交通线在三种主要情况下，可能会被防御者用小规模的兵力切断：第一，交通线比较长；第二，交通线与阵地正面呈斜交状态；第三，交通线（或者其中一段）在敌国境内。在切断敌军的交通线之后，如果想使这种成果发挥效力，还必须具备第四个条件：敌军交通线被切断的时间必须比较长。

当然，这四个条件仅仅是概括了这个问题的主要方面，同这四个条件相联系的还有具体条件，而且它们往往比这几个主要条件还重要，所起的作用有时候也大得多。为了使人们能够注意这些具体条件中最主要的条件，我们只能指出道路的状况，道路所通过的地区的地形，可以用作掩护手段的山河和沼泽地，季节和气候，一些比较重要的运输队，轻装部队的数量，等等。

因此，统帅能否有效地威胁敌人的交通线，还取决于所有这些条件，把所有这些条件对双方的影响做一个比较，我们就可以看出双方交通线的优劣。敌对双方的统帅中，哪一个能在切断交通线方面胜过对方，完全取决于这种对比情况。

这个问题论述起来似乎很麻烦，但是只要有娴熟的判断能力，在具体情况下往往只需要看一眼即可做出决定。

现在，我们来谈谈进行战略侧翼活动所需要的第二个主要条件。

如果敌军不是因为我军的抵抗而停止前进，而是由于其他原因，那么我军就不必再顾虑派出大量部队会削弱自己兵力，因为即使这时敌军真正想发动一次进攻来报复我们，我们只要避开他们就可以了。

大战之后，联军士兵清理战场。

统帅和他的军队遇到的情况是纷繁复杂的，迫使他们无法前进的原因也是多种多样的，特别是政治方面的原因。在这样的场合，被配置在侧翼的兵力可以比较大，所以其他条件就不一定非得那么有利，甚至敌我双方交通线的情况，也不一定非得对我军有利，此时，敌军无法从我军的持续撤退行动中得到好处，与其说他们有力量对我们进行报复，不如说他们必须更多地考虑直接掩护自己的军队退却。由于发动会战所冒的风险比较大，所以当人们企图利用一种别的方式——没有通过会战所斩获的战果辉煌，但是危险比较小的方式——来获得效果时，使用上述手段是最合适的。

此时，即使在占领侧面阵地的时候暴露了自己的交通线也不会有很大的危险，而且占领侧面阵地每次都可以迫使敌人的阵地正面与交通线斜交，所以使敌人的交通线与阵地正面斜交这个条件是不难具备的。其他条件起的促进作用越大，侧翼活动就越能取得比较好的结果，其他有利条件越少，就越需要依靠高超的指挥技巧和迅速准确的行动。

这种场合是战略机动真正的用武之地。比如七年战争期间在西里西亚和萨克森，在1760年和1762年的战局中，就曾多次出现过这种战略机动。在战争的暴烈程度比较弱的战争中，这种战略机动之所以出现得非常频繁，并非每次都是由于进攻者已经成为强弩之末，而是因为进攻者的统帅不够果断，缺乏勇气。

将上述考察归纳成一个总的结论，那就是侧翼活动在下列情况下是最有效的：第一，在防御中；第二，在战局即将结束时；第三，防御者向本国腹地退却时；第四，防御者的行动与民众武装相结合时。

至于如何威胁敌军的交通线，我们只能简单说几句。

这些活动必须由骁勇善战的军队执行，我们可以将别动队分成一些小规模的支队，发动大胆的机动化的行动，袭击敌军兵力不大的守备部队、运输队等。这些小规模支队可以调动民众武装的士气，并且可以协助民众武装的活动。这种小规模的支队的数目应该比较多，其编组必须保证既有可能集中几个小队进行规模较大的战斗，又不会因各队指挥官的专断独行而妨碍集中。

现在，我们还得谈一谈对退却线的威胁。

关于这个问题，我们必须特别注意在本章开始就提出的那个原则：在敌人背后进行活动的部队，不可能同时对敌人的正面发生作用。因此，在敌军背后或者侧翼所进行的活动，并不是力量本身有所提升，而只是使用力量的效果有所提升，当然，在提升效果的同时，危险性也增加了。

任何一种武力抵抗，只要不是直接而单纯的抵抗，要提高抵抗效果就必须牺牲安全。侧翼活动就是如此，不论是用集中的兵力威胁敌军的某一翼，还是用分割的兵力包围敌军，要提高效果都

滑铁卢战役结束当晚，威灵顿与布吕歇尔在拉·贝尔·阿里安斯会面。

拉·贝尔·阿里安斯是法军阵地中央高地上的一个农场。大战期间，拿破仑在这里发号施令，希望扭转乾坤，然而，就在这里，他所有的梦想都破灭了。大战结束当晚，布吕歇尔和威灵顿在这里相见，作为最后的胜利者接受士兵们崇高的敬礼。

必须牺牲安全。

如果切断敌军的退路不是佯动，而是货真价实的行动，那么只有发动具有决定性意义的会战，或者创造有利于进行决定性会战的一切条件，才是真正的解决问题的办法。当然，这种办法既包含着巨大的益处，也包含着巨大的风险，一个统帅必须在有充分的理由的前提下才能采取这种行动。

至此，我们已经提到了三种抵抗方式，除了刚刚说过的这一种，另外还有两种抵抗方式：集中所有的兵力从背后攻击敌军，这种进攻或者是从侧面阵地发起的，或者是通过迂回行动发起的；统帅将自己的兵力分成两个部分夹击敌军，一部分在敌军正面活动，一部分在敌军后方活动。利用这两种抵抗方式所提升的效果是相同的，或者是在真正切断敌军的退路之后，击溃敌军主力，或者是迫使为了躲避风险的敌军大幅度后退。

但是在这两种情况下，防御者需要面对的危险程度是不一样的。

如果我们集中所有的兵力对敌军发动迂回攻击，那么我们需要面对的危险就是暴露了后背，在这种情况下，形势对哪一方有利就完全取决于哪一方的交通线更有安全保障，就像在类似情况下威胁敌人交通线时一切取决于交通线的对比情况一样。

如果防御者是在本国境内作战，那么与进攻者相比，他们在撤退线和交通线方面所受到的限制都会比较小，所以他们也更加具备进行战略迂回的有利条件。然而，这只是一种一般性的对比，不足以成为具有决定性意义的依据，也就是说，必须对具体场合的具体情况进行综合对比才更加具有现实意义。

对此，我们所能做出的补充性说明：宽阔的地区自然比狭小的地区更为有利；独立的国家比依赖于外援的国家更为有利，因为依赖外援的国家首先必须考虑与援军会合的地点；当战局即将结束，进攻者的力量已经成为强弩之末时，形势对防御者最为有利。

比如在1812年，当拿破仑所率的法军攻势衰竭时，俄军在莫斯科到卡卢加的道路上占领的侧面阵地就非常有利。如果在德里萨野营的俄军在作战初期就占领这种侧面阵地，在紧要时刻也不能迅速而明智地调整作战计划，那么他们就会陷入十分不利的境地。

如果我们分兵前进，意图发动迂回攻击并切断敌军的退路，那么我们面临的危险就是，我军兵力分散，占据内线之利且兵力集中的敌军能够以优势兵力将我军各个击破。此时，有三种情况会迫使我军不得不采取这种有可能会遭到灭顶之灾的作战方式：第一，我军兵力分散，又不愿意消耗太多的时间改变这种状态；第二，我军在物质上和精神上占据着压倒性的优势；第三，敌军已经到达进攻路程的极点，攻势已经衰竭。

1757年，腓特烈大帝兵分四路入侵波西米亚，虽然他的目的不是将正面进攻与战略上的后方进攻结合起来夹击敌军，但是无论如何，在进入波西米亚之前，他都绝不会将兵力集中在西里西亚或者萨克森，因为这样做的话，他就会丧失利用突袭行动能够带来的所有利益。

1813年，反法联军在战局的第二个阶段部署作战行动时，在兵力方面占据着很大的优势，可以考虑调集主力袭击法军部署在易北河畔的右翼，所以他们将战场从奥德河移到了易北河。虽然他们在德累斯顿附近遭到了挫折，但是这并不能归咎于总体部署情况，因为这次挫折是由战略和战术上的一些具体的错误引起的。

在德累斯顿附近，联军本来可以集结二十二万人来对抗拿破仑的十三万人，这种兵力对比也是非常理想的，即使在莱比锡附近进行会战时，双方的兵力对比也不比此时好多少。对法军而言，如果拿破仑当时没有完全放弃西里西亚，而是决定在易北河畔集中一支能够与联军主力进行决战的军队，那么这是无论如何也很难做到的，何况联军可以让符腊德指挥的军队推进到美因河畔，以此来试探能否切断法军通往梅茵茨的道路。所以，拿破仑当时采取了比较独特的防御方式，将兵力平均地配置在一条战线上。

狮子之丘

滑铁卢战役结束之后，荷兰国王威廉姆一世在他的儿子威廉姆二世受伤的地方建立了狮子之丘，以纪念此次战役。雨果在《悲惨世界》中说："为了这里所带来的荣耀，人们改变了它的一切。两年后当威灵顿再次造访这里时惊呼'我的战场完全变样了'。现在狮子铜像矗立之处，使去尼布鲁方向的坡度变小，并使前往日那普方面的道路成了一个断崖。从日那普到布鲁塞尔道路两边那巨大的坟丘可以推算出那断崖的高度。这两个巨大的坟丘左边埋葬着英军士兵，右边埋葬着普鲁士士兵。但是却没有法军的坟墓。对法军来讲，整个平原都是他们的墓地。"

毫无疑问，法军进攻的终点是莫斯科。所以在此前，也就是在1812年，俄军将摩尔达维亚军调到了沃伦和立陶宛，法军占领莫斯科之后，俄军对莫斯科东部的领土丝毫不必担心，因为俄军主力的兵力的确是非常强大的。

富尔将军在最初制定防御计划时就打算这样部署兵力，根据他制定的作战计划，巴尔克指挥的军队应该固守德里萨营垒，巴格拉齐昂指挥的军队应该挺进到法军主力的背后。但是同样的措施在两个不同的时期所产生的结果是迥然相异的。

在战局初期，法军的兵力是俄军的两倍，但是在战局后期，俄军的兵力却要远远大于法军。在战局初期，拿破仑的主力足以进抵莫斯科，然而在战局后期，让法军从莫斯科前进一步简直是难如登天。在战局初期，法军的撤退线（直到涅曼河畔）只有三十普里，然而在战局后期，法军的撤退线却长达一百一十二普里。同样是对敌军撤退线的威胁，在战局后期能够收到如此卓著的效果，但是同样的情况如果出现在战局初期，那恐怕就会变成最为草率的愚蠢行为。

威胁敌军的交通线，实际上指的就是真正地发动对敌军背后的进攻。关于这一点，我们可以继续展开论述，但是将这个问题放在《进攻》篇中探讨更为恰当，所以关于这个问题的论述就到此为止，只要说明进行这种抵抗所需的条件就可以了。但是，当人们企图通过威胁敌军的撤退线来迫使敌军撤退时，通常所考虑的主要就是佯动而不是真正的行动。假如每一次有效的佯动都必须以完全可以实现的实际行动为基础，那么佯动就会在一切条件上都同实际行动毫无差别。

第二十五章　撤往本国腹地

主动撤往本国腹地是一种特殊的间接抵抗方式，采取这种方式时，与其说是利用我们的剑消灭敌军，不如说是将敌军拖入师老兵疲的泥淖，让他们被自身的疲劳拖垮。所以，在撤往本国腹地的情况下，防御者或者是根本就没有进行主力会战的意图，或者是打算在将敌军拖到筋疲力尽的时候再进行主力会战。

进攻者的军队只要还在继续挺进，他们的兵力在挺进的过程中就必然会被削弱。关于这一点，我们将在《进攻》篇中加以详细论述，在此，我们先简单谈谈这个结论。

在战史中，凡是那些前进路程很长的战局，都能成为我们证明这个结论的佐证。如果防御者没有遭到大溃败，而只是率领余勇可贾的军队在进攻者面前主动退却，并且在撤退过程中，通过不断进行的且适当的抵抗，使进攻者每前进一步都必然付出血的代价，那么进攻者的前进就是举步维艰的推进，而不是势不可挡的追击，当然，在推进过程中，进攻者所遭受的损失也会越来越大。

如果防御者的撤退是在会战失败之后的败退，那么与主动撤退相比，他们的损失就会比较大。即使在撤退过程中能够进行一些抵抗，他们也会遭受比较大的损失——至少比主动撤退所遭受的损失大——何况还得加上因为会战失败而遭受的损失。事实上，这种设想只是一种理想化的状态，因为即使是世界上最好的军队，在会战失败之后退往本国腹地的过程中，也会遭到惨重的损失。如果敌军占据显著的优势，并且在会战胜利之后发动猛烈的追击，那么防御者的撤退行动就极有可能演变为真正的溃败，等待他们的结局则往往是全军覆灭。

我们所说的适当的抵抗，指的是撤退者进行抵抗的限度是势均力敌的局面不被打破，及时放弃某些据点，避免遭到彻底的失败。通过这种抵抗方式，防御者能够使自己的损失与敌军持平。的确，防御者在撤退过程中难免有些人会沦为俘虏，但是他们在撤退过程中往往能够占据有利地形进行抵抗，没有这种优势的进攻者则会相应地有许多人横死沙场；防御者在撤退过程中固然会损失重伤兵员，但是进攻者同样会面临这个问题。从这个角度来说，敌对双方在不断交手的过程中遭到的损失大致上是相同的。

然而，追击会战失败后的军队时，情况就与此截然不同。在会战过程中，由于撤退者的兵力伤亡惨重，全军陷入混乱，士气萎靡不振，担心后路被截断，所以他们很难在撤退过程中进行适当抵抗，在某些情况下，他们甚至根本无法进行抵抗。如果撤退者败而不溃，那么进攻者在前进过程中就会十分谨慎，就像盲人每迈出一步都会顾虑重重，然而在追击溃逃的敌军时，以胜利者和幸运儿

滑铁卢战役结束后的早晨

自居的他们往往能够一往无前，在此形势下，他们越是敢于长驱直入，猛攻急进，就越是会加速胜利到来的步伐。因为这种场合是精神因素发挥效力的领域，而精神力量的增长和扩大是不受物质力量制约的。

上面所说的，只是通过直接战斗所产生的损失，此外，进攻者还会遭到其他方面的削弱。

在撤退过程中，撤退者往往能得到增援——有时候增援力量来自国外，有时候来自本国。

此外，在给养方面，撤退者和进攻者的差别也很大——前者得到的给养往往是与日俱增，而后者的给养则往往是难以为继。

撤退者可以事先在有可能到达的地方储存给养物资，但是进攻者的物资则必须从后方运来，即使运输路线比较短，运输方面也会面临比较大的困难。所以，进攻者往往会在发动追击行动不久之后就意识到物资缺乏的问题。在撤退过程中，撤退者能够抢先利用当地所能提供的一切，然后坚壁清野，增加敌军获得给养物资的难度。一般情况下，除非撤退者出现失误，否则进攻者在追击过程中就很难得到给养物资，所以他们往往在发动追击活动的第一天起就会为急需的给养物资而疲于奔命。

毫无疑问，在国土幅员辽阔和兵力旗鼓相当的情况下，防御者在撤退过程中利用这种方法可以渐渐获得兵力优势，而且与在边境附近进行决战相比，此时他们能够增加胜算。

对于进攻者而言，在边境附近的会战中失败，与在敌国腹地的会战中失败所产生的结果判若云泥。再者，进攻者抵达进攻路程的终点时还会出现这样的情况：由于此时缺乏扩大战果的力量，也无法及时补充兵员，所以即使他们在会战中获胜也会被迫撤退。所以，对于防御者而言，是在进攻路程的起点与进攻者决战，还是在进攻路程的终点进行决战，是两种迥然不同的情况。

利弊相随如影之随形，上述防御方式的缺点主要有两个：第一，随着敌军的深入，防御者会面临国土沦丧的问题；第二，持续撤退会使人心惶惶。

第一个缺点是我们决不能将维护国土完整作为整个防御行动的目的，也就是说，缔结一个对自己有利的和约才是目的。防御者所有的努力都是为了尽力缔结这个和约，为此，我们必须眼光长远，不计较眼前的牺牲。当然，即使国土沦陷没有决定性的意义，我们也得权衡得失，因为沦陷的国土总是会涉及防御者的利益。

国土沦陷不会对军队形成直接影响，只会或多或少地产生间接影响，但是，撤退本身却能直接增加军队的力量。因此，衡量这两方面的利弊相当棘手，因为这是两个性质不同的问题，几乎没有共同点。我们只能说如果必须放弃一个人烟稠密的大型商业城市，那么损失就会比较大。如果在那里准备好的或者做好一半准备的战斗手段也随之丧失，那么就应该将它当成最大的损失。

第二个缺点是精神方面的影响。

在执行军事计划的过程中，心志坚定的统帅往往可以对这种影响置若罔闻，同时必须消除那些鼠目寸光之徒和懦弱无能之辈的阻碍作用。然而，这并不意味着我们可以将这种影响视为海市蜃楼般的幻象，因为它不是一种只能对某一点起作用的力量，而是一种能以闪电般的速度侵入人心，并且能成为阻碍民众和军队活动的力量。的确，有时候撤往本国腹地的行动能够很快被民众和军队理解,甚至能够使他们重建卷土重来的信心和希望,但是这种情况毕竟是极为罕见的。一般情况下,他们甚至连撤退行动是有意而为还是无奈之举都分不清,至于采取这种行动的原因是从长远考虑,还是因为畏惧敌军的武力,这更会让他们一头雾水。

看到沦陷区陷入水深火热之中,民众就会产生同情和愤怒情绪,军队也很容易丧失对统帅的信赖,甚至连自己也无法信任,而在撤退过程中不断进行的后卫战,都会一再助长军队的这种负面情绪。对于持续撤退的后果,人们不应该置若罔闻。如果一个民族敢于公开应战,挺身而出,致使进攻者不付出惨重的代价就无法越过这个民族的边境,对于这个民族而言,这当然是合情合理的做法,这种行为也能够更为直截了当地表现出这个民族高尚的气节。

作为一种防御方式,这就是撤往本国腹地的优缺点,接下来我们再来谈谈采取这种防御方式时所需的一些条件,以及有利于这种防御的相关条件。

最主要和最根本的条件是国土必须辽阔,即使不具备这个条件,那么至少应该使撤退线比较长,因为持续后退几天并不会使敌军遭到显著的削弱。

1812年,拿破仑所率的中央军团在维帖布斯克附近时为二十五万人,到斯摩棱斯克附近时减为十八万两千人,抵达博罗季诺附近时则减为十二万人——与俄军主力军团的兵力相等。博罗季诺距离俄国边境九十普里,但是俄军一直撤退到莫斯科时才得以扭转颓势,开始占据绝对优势。这种绝对优势是难以撼动的,甚至后来法军在马洛亚洛斯拉维茨获得了那么大的胜利都无法扭转乾坤。

欧洲任何国家都没有俄国这么辽阔的领土,而且只有少数国家才有长达一百普里的撤退线,但是也很少有哪个国家能有1812年的法军那么庞大的兵力,兵力对比像这次战局开始时那么悬殊的情况更是极为罕见——当时法军的兵力至少为俄军的一倍,并且全军枕戈待旦,士气如虹。也正因如此,势如破竹的法军在俄国境内挺进了一百多普里才成为强弩之末,如果换成其他情况,可能他们挺进三五十普里之后,攻势就会趋于衰竭。

有利于撤往本国腹地这种防御形式的条件有三个:第一,途经各地的农作物不多;第二,民众爱国而尚武;第三,气候恶劣。

对于进攻者而言,这些条件都会增加他们获得给养物资的难度,为了补充给养物资,他们往往不得不组建庞大的运输队执行繁重的勤务。对于防御者而言,这种情况则便于他们对进攻者发动侧翼攻击。

最后,我们还得谈谈对这种防御产生影响的军队的绝对数量的问题。

就持久性而言,一支小规模军队的力量一般不如一支大规模军队,所以前者的进攻路程也往往没有后者的进攻路程长,战区范围也没有后者的战区范围大,这是自然之理。从这个意义上来说,军队的绝对数量与他们能够占据的地区之间似乎有一种固定的比例关系。虽然这种比例关系不能用数字来表示,而且在其他情况的影响下也经常会发生变化,但是我们只要知道事物的本质之间有这种联系即可。比如,率领五十万人就可以向莫斯科挺进,但是,兵力只有五万人的时候,向莫斯科挺进简直就是痴人说梦。

假如军队的绝对数量与战区范围的比例是固定的，那么敌军的绝对数量越大，他们由于我们的撤退而遭到的削弱也就越大。之所以这样说，主要原因有三点：

第一，军队的数量越大，给养和宿营就越困难。这是因为，即使军队所占据的地区会随着军队绝对数量的增长而扩大，军队也绝不能从这个地区获得足够的给养，而且所有从后方转运来的物资都会遭到比较大的损失。此外，军队宿营时所占据的也不是整个战区，而只是战区中的一小部分，而且这一小部分地区不会随着军队数量的增加而相应地扩大。

第二，兵力庞大必然臃肿难行，走完进攻路程所需要的时间越长，每天损失的兵力也会越多。比如三千人追击两千人时，绝不容许撤退者以每天行军三普里的速度施施然后撤，更不容许他们每隔一段时间就停下来休整几天。对于进攻者而言，进攻撤退者，并将他们逐远，只需要几个小时就足够了。然而，如果双方的兵力扩大一百倍，那么情况就会完全与此不同，在前一种情况下只需要几个小时就能完成的行动，在后一种情况下，甚至需要两天时间才能完成。

此时，每一方都不可能只集中在一个地点，所以军队的所有活动都会变得极为复杂，而且需要更多时间。但是，相对撤退者而言，进攻者的处境更为不利，因为他们获取给养的难度比较大，不得不在比撤退者更为宽大的正面上行进，所以经常有在某一地点遭到敌军优势兵力袭击的危险，比如俄军在维帖布斯克就曾经意图对法军发动这种袭击。

第三，军队的数量越大，每个人在战略和战术方面的日常勤务中消耗的体力就越大。比如一支十万人的军队每天都要行军、休整、战斗、野炊，或者领取给养，而且在各方面的情报集齐之前，他们也无法宿营。与一支五万人的军队相比，这支军队在这些辅助性活动上所花费的时间几乎会多出一倍，但是对于这两支军队来说，一天都是二十四个小时。

军队人数不同，走完一日行程所需的时间和面临的疲劳程度也有所不同。虽然撤退者和进攻者都需要面对疲劳的折磨，但是进攻者的疲劳程度却比前者大得多，主要原因有四点：

第一，根据前面的假设，进攻者的兵力占据优势，人多势众。

第二，防御者以放弃部分国土为代价换来了保持主动的权利，能够经常有效地牵制敌军。他们可以预先制定计划，并且在大多数场合下，这些计划不会遭到破坏，但是受制于人的进攻者只能根据撤退者的计划制定计划，至于敌军采取什么样的配置方式，他们只能在事先派遣侦察兵获知。不过，我们必须说明一点：这里所说的撤退者，指的是没有在会战中失败过的被追击者。

第三，为了便于撤退时畅通无阻，撤退者一方面需要逢山开路遇水搭桥，选择最合适的宿营地点，一方面为了增加敌军追击的难度，又必须不断拆桥毁路，坚壁清野，使那些本来就坎坷不平的道路在自己的军队通过之后变得更加难以通行。

第四，民众武装也是一种有利于撤退者的条件。

至此，我们已经谈到了撤往本国腹地的优点、采取这种行动应该具备什么条件，以及必须付出什么代价。接下来，我们还想谈谈如何实施这种行动。

首先，我们要探讨的是撤退方向。

显然，撤退方向应该是本国腹地。如果敌军挺进到我国腹地，那么他们就会陷入四面皆敌的危局之中，而我们却不会有被迫离开本国领土主要部分的危险。相反，如果我们选择的撤退线在国境线附近，那么就有面临这种危险的可能。假如俄军在1812年不向东方撤退，而是撤往南方，那么他们就会面对这种危险。

至于应该撤往哪个地点，这需要视具体情况而定，比如选择某个地点是为了掩护首都或者其他重要地点，还是为了诱使敌军偏离原来的行军路线。

如果俄军在1812年的撤退行动是胸有成竹而后行之，那么他们当然可以从斯摩棱斯克撤往卡卢加方向，在这种情况下，莫斯科就有可能避免兵燹之灾。然而事实上，俄军是在退出莫斯科之后才选择这条撤退路线。

当时，在博罗季诺附近的法军大约为十三万人，假如俄军是在从斯摩棱斯克开赴卡卢加途中进行博罗季诺会战，那么没有任何根据可以说明法军投入会战的兵力会多一些。在这种情况下，法军能从这支军队中抽调多少人奔赴莫斯科呢？显然很少。面对如此少的兵力，人们甚至不会将他们派往五十普里之外的城市，况且是像莫斯科这样的通衢大邑。

英国切尔西荣军院的老兵在阅读滑铁卢战役胜利的战报

滑铁卢战役之前，为了阻止威灵顿与布吕歇尔会合，拿破仑击败布吕歇尔率领的普鲁士军队，命令格鲁希元帅发动追击，然后亲自率军奔赴滑铁卢。但是，格鲁希未能成功追击普军，反而使逃脱追击的普军再次出现在战场上。大战初期，法军占据优势，一度有破敌的希望，18日下午6点，就在拿破仑即将宣布获胜的时候，突然出现的普鲁士军队终结了他的梦想。滑铁卢战役打响之际，格鲁希的参谋听到了从滑铁卢方向传来的炮声，曾建议格鲁希向滑铁卢挺进，但是率领3万多人的格鲁希拒绝了这个建议，仍然认为应该追击普军。更加诡异的是，大战发生的时候，拿破仑曾命令苏尔特元帅派遣传令兵，命令格鲁希即刻赴援，但是传令兵因为迷路，直到当晚10点才找到格鲁希的军队。此时，拿破仑大势已去。的确，格鲁希元帅的失误是致使拿破仑失败的原因之一，但这并不是唯一的原因，至今，关于拿破仑为何失败这个问题，史学界依然争执不休。即使是威灵顿和布吕歇尔也难以说清原因，所以有人说滑铁卢战役是一场奇怪的战役，胜者不知因何而胜，败者不知因何而败。

法军经过几次会战之后，抵达斯摩棱斯克附近时，兵力约为十六万人。假如当时拿破仑认为在进行博罗季诺会战之前，可以兵行险招，向莫斯科派遣一支兵力为四万人的军队，只留下十二万人参与会战，以对抗俄军主力，那么到会战一触即发之时，这十二万人或许只能剩下九万人。如此一来，俄军就会占据兵力优势。

如果以博罗季诺会战的情况作为衡量依据，我们当然可以认为兵力占据优势的俄军能够获胜。然而，在会战之前，俄军却总是认为自己的兵力不足而选择了持续撤退，当然，这种行动不是深思熟虑的结果，他们之所以这样做，是因为他们必须在由斯摩棱斯克通往莫斯科的路上才能得到给养。此外，在俄国人看来，即使在斯摩棱斯克和卡卢加之间进行一次会战，并且战胜敌军，也无法抵消将莫斯科拱手让人的过失。

1813年，假如拿破仑的撤退路线明显靠近国境线，大体上在布尔格尼厄运河后方占据阵地，并且在巴黎留下几千兵力和大量的国民自卫军，那么或许他就能给巴黎提供更大的安全保障。如果联军当时知道拿破仑率军十万驻守在奥塞尔，他们就绝对不敢派遣一支五六万人的军队向巴黎挺进。相反，如果联军处在拿破仑的境遇中，那么恐怕谁也不敢建议联军放弃通往首都的道路。如果拿破仑据有联军那样的优势，那么他就会急攻猛进，直捣巴黎。尽管情况完全一样，但是精神状态不同，结果也自然会有云泥之别。

此外，我们还想指出，即使将撤退线选在国境附近，我们也应该设法使首都——或者其他应该避免兵燹之灾的重要地点——具备一定的抵抗能力，以免它被敌军占领或者遭到劫掠。关于这个问题，暂时谈到这里，在后面探讨战争计划时，我们再予以详细论述。

接下来，我们将讨论这种撤退方式的另外一个特点：突然变更撤退方向。

撤往莫斯科之前，俄军一直是沿着一个方向撤往弗拉基米尔所在的方向，但是后来他们又忽然撤往梁赞，继而又陡然撤往卡卢加，假如继续撤退，他们可能就会转往基辅所在的方向，也就是又绕到了敌国边境。对于法军而言，即使当时依然占据兵力优势，他们也不可能紧随俄军走这条经由莫斯科绕了个大弯的交通线。在这种情况下，法军不但必须放弃莫斯科，而且还有可能必须放弃斯摩棱斯克。或者说，在这种状态下，法军必须让出一些费尽千辛万苦才攻占的地区，甚至有可能不得不满足于占领别列津河西岸的地区。

从表面上看，在这样的情况下，俄军也会面临一些不利局面：他们可能会处于与本国主要部分相隔绝的境地。这与他们在战局开始时就撤往基辅所在方向可能会陷入的不利境地是相同的。然而事实上俄军不会面临这种风险，因为法军只有在不绕道莫斯科就能到达基辅的情况下，才能得到转圜之机。

在国土幅员辽阔的前提下，突然变更撤退方向是有利的，通过这种方式所能获取的利益如下：

第一，通过变更撤退方向，我们能够迫使敌军偏离原来的交通线，选择新的行军路线，但是确定新的交通线并非轻而易举之事，只能逐步进行，在摸索中行进。

第二，在将撤退线选择在国境线附近的前提下，通过变更撤退方向，能够将敌军牵制在国境线附近，如此一来，进攻者就不能再依靠自己的阵地掩护已占领的地区，甚至有可能会丢弃已经攻占的地区。比如俄国作为一个幅员辽阔的国家，在那里两支军队就完全可以进行这样的追逐。

如果其他条件有利，在面积不大的国家内变更撤退方向也是可能的，不过这只能根据具体情况而定。

一旦确定了诱敌深入的方向，我军主力就应该沿着这个方向撤退，否则我们就无法诱使敌军派遣主力在我军身后亦步亦趋。退而言之，即使能够牵着敌军主力的鼻子走，我们也难以保证必然会诱使敌军步步入彀。这就产生了一个问题：防御者应该将所有的兵力集中在一个方向上撤退，还是应该沿着不同的方向分部撤退（有的军队撤往本国腹地，有的军队在国境附近撤退）？

对于这个问题，我们的回答是，按照常理来说，沿着不同的方向分部撤退是不可取的，理由如下：

第一，采取这种撤退方式时，防御者的兵力将会更加分散，而使进攻者最头疼的，则往往是防御者将兵力集结在一处。

第二，防御者采取这种撤退方式时，敌军将占据内线之利，由于兵力比较集中，所以他们能够在某些地点上占据优势。的确，如果防御者暂时选择持续撤退，那么敌军的优势就不会造成多大的威胁，但是，选择持续撤退的前提，是防御者能够经常对敌军形成威胁，并且能够保证自身安全，而在选择持续撤退的时候，防御者却有很大的被敌军击溃的可能。此外，撤往本国腹地还应该构成一个对防御者有利的条件：使主力能够逐渐获得进行决战的优势。但是在分部撤退的时候，做到这一点是很难的。

第三，总体而言，如果防御者的兵力较弱，那么这往往不适宜进行分部撤退。

第四，分部撤退时，进攻者的一些弱点会相应地完全消失。

发动千里奔袭的主要弱点，是会出现交通线过长和战略侧翼暴露的问题。如果防御者采取了分部撤退的方式，迫使进攻者分出一部分兵力在主力的侧面（国境线附近）构成正面，那么进攻者分出来的这部分兵力除了能够对付与之对抗的敌军之外，还能承担另外一个使命，即掩护一部分交通线。因此，仅撤退的战略效果而言，采取分部撤退的方式是不利的。当然，有一种情况例外：防御者这样做是为了在将来威胁敌军的撤退线。

只有一种情况能够促使防御者采用分部撤退的方式：必须这样做才能保障某地的安全，否则这些地区就会沦陷。

在大多数情况下，根据进攻者的兵力集中点和前进方向，以及敌对双方所据守的各个地区和要塞的位置，就能比较准确地预见进攻者将会占领前进路线两侧的那些地区。对于防御者而言，如果他们将兵力配置在那些进攻者不太可能占领的地区，那么这就有可能是一种危险性比较高的措施，也会在很大程度上浪费兵力。当然，防御者也可以在那些进攻者可能会占领的地区配置兵力，但是这样做能否击退敌军是比较难以预测的。

俄军于1812年决定撤退时，曾将托马索夫指挥的三万人留在沃伦，准备用来抵抗以后可能会侵入这里的奥地利军队。沃伦靠近边境，面积辽阔，地形障碍比较多，俄军希望利用这一切在沃伦击败敌军，或者至少能够坚守不退，所以在该地配置兵力。此外，俄军在此地配置兵力还有一个原因：将这些兵力调集到主力所在地几乎是不可能的。

柏勒洛丰号上的拿破仑

1815年6月24日，拿破仑宣布第二次退位，之后，他想逃到北美，但是英军封锁了法国所有的港口，7月15日，日暮途穷的拿破仑在英军战舰柏勒洛丰号上向英军投降。

与此相反，如果根据富尔将军制定的计划，让巴尔克莱所率的八万人撤往德里萨，而将巴格拉齐昂所率的四万人配置在法军的右翼，以便将来从背后袭击法军，那么我们马上就能看出，巴格拉齐昂的军队不可能固守在立陶宛南部，这支在法军背后活动的军队不仅无法在靠近法军的地方攻城略地，反而有可能被兵力占据优势的法军歼灭。

不言而喻，防御者应该尽可能地少放弃领土，但是这只是一个次要目的。敌军因为我军的限制而占据的战区越小，就越难发动进攻。但是，如果防御者打算多占领领土，那么就必须具备一个前提：一开始就有成功的把握，不会因此而削弱主力的力量，因为防御者此时最为主要的意图是寻求最后的决战，他们的主力迫使敌军陷入窘迫的处境，是敌军决心撤退的首要原因，并且是使敌军撤退时的物质力量和精神力量遭到双重损失的首要原因。

因此，撤往本国腹地时，防御者的战斗力应该完整如初，并且应该集于一处，在敌军主力的前方尽量缓慢地撤退。此外，防御者的主力还需要通过持续性的抵抗迫使敌军处于备战状态，使敌军因为忙于采取战略和战术上的预防措施而力量锐减。如果双方在这种状态中抵达了进攻者前进路程的极点，那么，只要有可能，防御者就应该占领与进攻者的前进路线斜交的阵地，并利用自己掌握的所有手段威胁敌军的后方。

比如1812年发生在俄国的战局就能清楚地说明这种现象，并且通过这个就像放大镜一样的战局，我们能够非常清楚地看到这种现象所能产生的效果——即使这次撤退并不是主动撤退。

如果俄军能够像我们一样，在当时就知道通过这次撤退能够斩获颇丰，并且需要再次在相同的情况下进行同样的撤退活动，那么毫无疑问，他们会主动去做那些当时往往是在无意之中去做的事情。然而，如果认为在领土没有俄国那么大的国家就无法采取这样的行动，恐怕也是不正确的。

在任何场合，无论采取这种抵抗方式时遇到了什么困难，只要敌军在进行战略决战之前就遭到了挫败，从而被迫后撤，那么对于防御者而言，这就可以称得上是达到了主要目的，获得了主要效果。当然，这种防御方式只发挥一部分效果的情况也是极为常见的，然而，无论获得的效果有多大，其中必然多多少少有一部分应该归功于我们在这里所确立的原则。

第二十六章　民众武装

在欧洲，人民战争是19世纪才出现的现象。对于这种战争形式，人们褒贬不一，在反对者中，有的人基于政治理由，将人民战争当成一种革命手段、公认的合法的无政府状态，认为这种战争形式固然可以外御强敌，但是也会危及本国的统治秩序；有的人基于军事理由，认为进行人民战争得不偿失。

由于我们仅仅是将人民战争当成一种外御强敌的斗争手段，所以第一种看法与我们所谈的问题风马牛不相及，然而，对于第二种看法，我们却必须指出，按照一般意义来说，我们应该将人民战争视为一种时代的产物——战争要素在这个时代突破了过去那种人为限制的产物。

从古到今，兵制经历了漫长的演变，但是它们都是同一种事物的不同状态，而且，兵制的每次演变都是对以往的突破，也是一种必然会出现的结果。那些敢于率先尝试新事物的人在大大增强自己的力量之后，他们的对手就会起而效仿。当然，人民战争也是如此。一般而言，相比较那些对人民战争这种手段弃若敝屣的国家，能够对这种手段因势利导的国家往往能占据比较大的优势。如此一来，所有的问题就都集中到了一个点上：这种能够增强战争力量的新手段对人类究竟有没有益处？对于这个问题，恐怕只有那些知道战争究竟对人类有没有益处的人才能给予回答，所以我们把这个问题留给哲学家去回答。

或许有的人认为，将人民战争所耗费的力量用在其他战斗手段上，就能够收到更大的效果，但是无须深入思考我们就会发现，这些力量是不能随意支配和任意使用的，特别是这些力量中的主要力量——精神力量——只有在人民战争中才能发挥效果。所以，问题的关键并不在于利用这种斗争形式时需要付出什么代价，而在于运用这种抵抗方式必须具备哪些条件、能够产生什么影响，以及应该如何运用。

根据事物的性质来看，我们不应该将这些比较分散的抵抗力量集中起来打击敌军。换句话说，人民武装的抵抗效果就像物质的蒸发过程一样，效果如何取决于面积的大小。

民众武装的分布范围越广，与敌军的接触点越多，敌军的兵力就越分散，民众武装的作用就越大，他们就像星星之火一样，能够不断焚毁敌军的根基。但是，民众武装获得成果是一个旷日持久的过程，并非朝夕之间就能见效，所以在敌对双方发生相互作用的那段时间里，有时候会出现一种剑拔弩张的紧张状态，有时候民众武装会因为遭到一些挫折而呈现出销声匿迹的状态，有时候他们则会像烈焰冲天的大火一样从四面八方围困敌军，迫使敌军为了避免全军覆没的危险而撤离敌国。

狮身人面像前的拿破仑

这幅画中描述的是青年时代的拿破仑远征埃及期间的一幕。历经风沙打磨的狮身人面像沧桑而巨大，巨大的雕塑下的人显得何等渺小，但是雕塑再巨大也是静止的，并不能改变历史分毫，人虽然是渺小的，但是在历史长河中的作用是何等巨大。通过这种庞大与渺小的对比，不由让人感叹历史的永恒与短暂，以及命运的兴衰无常。

如果想利用民众武装达到最后一种目的，就必须具备一定的前提条件：或者被入侵的国家幅员辽阔；或者入侵者的兵力进入敌国之后就相当于滴水落入万壑。显然，这些设想都是不切实际的，所以在实际中，我们必须想方设法将民众武装与正规军结合起来。

只有在五个条件下，民众武装才能产生效果：第一，战争是在本国腹地进行；第二，战争的胜负不是由一次战斗决定的；第三，战区包括很大一部分国土；第四，民众具有尚武精神；第五，国内地形复杂，通行困难。

需要说明的是，人口的多少没有决定性的作用，因为在人民战争中很少会出现兵力不足的问题；此外，贫富程度一般也没有决定性的作用——虽然习惯于吃苦耐劳的贫民往往会表现得更坚强。

比如，德国的很多地区，由于居民比较分散，所以非常有利于进行人民战争。凡是具备这种特点的地区，民众武装都可以分割得更为零散以便隐蔽。这种地区虽然道路密集，但是路况较差，再加上民众武装的斗争特点——神出鬼没，反复袭击，敌军在这里舍营时无疑会面临很大的困难。相反，如果居民居住得比较集中，那么敌军就会占领那些反抗最为激烈的村庄，有时候甚至会在这些村庄杀掠无度。

我们不能也不应该用民众武装来对抗敌军的主力，甚至不能用他们来对抗兵力比较大的敌军，而是只能用他们蚕食敌军主力周边的军队。在进攻者的主力还没有抵达的战区的两侧，民众武装可以抢先活动，使这些地区完全挣脱敌军的控制。他们就像密布于战区两侧的乌云一样，应该紧随敌军移动。凡是在敌军还没有出现的地区，民众从来都不缺乏揭竿而起的勇气，邻近地区的居民也会云集响应，这样一来，陆续燃烧起来的火焰就会以燎原之势迅速蔓延开，直到烧毁敌军的基地、交通线和生命线。

当然，人民战争不是万能的，不是难以招架的劈头盖脸打来的狂风骤雨，不是不可战胜的，也不是取之不尽用之不竭的。但是，我们必须承认一点：敌军无法像驱赶真正的士兵那样赶走民众武装。

真正的士兵就像集结在一起的家畜那样，通常是直来直往，但是民众武装却用不着什么巧妙的计划就能四处散开。由于民众武装出没无常，随时都有可能发动袭击，所以那些小规模的军队在地形复杂的地区行军时，处境尤其危险。比如一支纵队或许在很长时间内都不会遇到新的敌人，但是那些曾经被他们的先遣部队赶走的民众武装，可能很快就会在这支纵队的后方出现。至于破坏交通线和封锁隘路，正规军的前哨或别动队所使用的手段，与民众武装所使用的手段相比，就像僵化的机械与人的对比。面对调度灵活的民众武装，敌军除了派遣更多的兵力护卫运输队，驻守各个兵站、关隘、桥梁之外，几乎别无他法。

民众武装出现之初，活动规模往往是有限的，不愿分割兵力的敌军所派遣的用来对付他们的兵力也是有限的。然而，民众武装的力量，恰恰是在与敌军的小规模兵力进行战斗的过程中积累起来的。比如，在某些地方，当民众武装通过兵力优势击败敌军的小规模兵力之后，他们就会信心大增，士气高涨，此后进行战斗的时候也会更为积极。

根据我们的看法,人民战争必须像云雾一样,在任何情况下都不能凝结成一个敌军可以动用相当大的兵力来进行攻击的反抗核心,否则,一旦敌军得逞,民众武装的士气就会一落千丈,放弃抵抗,认为结局已定,继续反抗只会徒劳无功。然而从另一方面来说,这种云雾在有些地方还是有必要凝结成乌云,在敌军战区的两侧发出威力强烈的闪电。在这种情况下,民众武装必须结合成大而有序的整体,并且需要给他们配备少数正规军。如此一来,民众武装就会具备一些正规军的形式,有时候也可以促使他们发动大规模的军事行动。但是,越是在深入敌军后方的地区,民众武装就应该越分散,因为他们在那里会遭到最为强烈的打击。

一般而言,那些较为集中的民众武装的任务,是袭击敌军留下的兵力比较大的守备部队。此外,他们还必须对敌军构成精神压力。如果没有这些比较集中的力量,民众武装的整个活动就会显得有些软弱,也难以使敌军产生如履薄冰的心理。

统帅要想根据自己的意愿使民众武装具备上述力量,最便捷的方法,就是派遣一些正规军予以支援。没有这种振奋人心的支援,民众往往会缺乏奋勇反击的信心,增援他们的正规军越多,对民众的吸引力就越大,人民战争的声势就会日益壮大。

但是,增援民众武装的正规军的数量也有一定的限制。这是因为,利用民众武装的力量只是一个次要目的,如果为了这个次要目的而调集所有的正规军予以支援,从而设立一条正面宽大但是处处薄弱的防线,那么这必然是有害的。另外,如果配备的正规军太多,这反而会削弱民众武装的效力。之所以这样说,原因有三个:第一,配置太多的正规军,必然会吸引较多的敌军;第二,正规军过多会使民众产生依赖;第三,大量军队集结在一个地区,因为宿营、运输和给养物资方面的要求,会大大消耗居民的力量。

我们必须知道,人民战争只是一种巨大的战略防御手段,为了防止敌军对民众武装发动还击,我们应该尽量避免利用这种战略防御手段进行战术防御。这也是利用人民战争的一个重要原则。民众武装的战斗特点是攻击力猛烈,但是不够持久。对于他们来说,被击败或者被击退都无关痛痒,因为这在他们的意料之中,但是他们并不能遭到沉重的打击,比如伤亡惨重,因为这种打击会扑灭人民战争的火焰。

攻击力猛烈,但是不够持久,无法承受沉重的打击,这两个特点与战术防御的特点是水火不容的。战术防御的特点是,军队敢于铤而走险,并且能够进行持久而有计划的行动;如果战术防御只是一种可以轻易放弃的尝试性活动,那么它永远不会产生效果。所以,利用民众武装防御某个地区时,决不能让他们进行具有决定性意义的战斗,否则,即使各方面的条件再有利,他们也难免会陷入万劫不复之地。因此,民众武装可以在力所能及的范围之内防守山地入口、沼泽地的堤道、江河的渡口;当这些地点被敌军突破时,他们应该尽量分散,利用突袭的方式继续进行防御,而不能像正规军那样集结在正规的防御阵地上进行殊死抵抗。

即使民众再勇敢,再具有尚武精神,即使他们与敌军有不共戴天之仇,地形对他们也极为有利,有一点却是不容我们否认的:在过于危险的环境中,他们的抵抗力不够持久。所以,如果人们想利用人民战争这种燃料点燃熊熊大火,就必须选择一个远离危险的通风地点。

以上考察与其说是客观的分析，不如说是对实际情况的一种感受，因为人民战争这种局面出现得比较少，而那些长时间见过这种战争的人又对它论述得太少。

除了上述考察，我们还想补充一点：我们可以利用两种方式将民众武装纳入战略防御的范围，这两种方式归纳如下：在会战失败之后将民众武装作为一种最后的补救手段；发动具有决定性意义的会战之前，将民众武装作为一种辅助手段。

关于第二种情况，我们必须以撤往本国腹地和以前说过的那种间接还击的方法为前提。所以，接下来我们只简单谈谈会战失败之后如何利用民众武装这个问题。

任何一个国家都不应该将自己的命运系于一次会战之上。即使在会战中失败了，我们依然可以征集新兵，而且敌人在后续的持续进攻中，兵力每次都会遭到削弱，这些都是我们可以东山再起的希望。此外，我们还可以得到外援。会战失败与亡国之间的距离很大，当民众看到自己被送到悬崖边缘时，他们就会像溺水的人会本能性地抓向稻草一样，想尽所有的办法拯救自己，这与精神世界的规律也是相符的。即使某个国家与敌国对抗犹如以卵击石，前者也应该尽力发动最后一搏，否则人们就会说它毫无气节。

除了进行抵抗，有时候进行最后一搏的方式，是签订一个代价很大的和约，以避免彻底沦亡。当然，这种媾和意图与建立新的防御措施不是冲突的，后者非但不会增加媾和的难度，反而会成为谈判的筹码。当我们期待那些与我国有唇亡齿寒关系的国家伸出援手时，重建新的防御措施更有必要。如果一个政府在主力会战失败之后，仍然因为对民众力量有所忌惮而不敢加以利用，并且完全被悲观失望的情绪所压倒，失去了卷土重来的信心和希望，那么这样的政府就不配获得胜利，也根本没有能力获得胜利。

由此可见，即使一个国家遭到灭顶之灾，它依然可以在军队撤往本国腹地的过程中，有效利用要塞和民众武装的作用。如果主要战区的两侧与山地或者其他险要地形相邻，那么对发挥要塞和民众武装的作用而言，这种情况就极为有利。因为在这种情况下，这些山地就像棱堡似的突出在前面，从这里发动的袭击能够打击入侵者的战略侧翼。

如果敌军为了围攻某地，为了保障交通线的安全，为了获得比较大的活动空间并维护邻近地区的秩序，而派遣大量的留守军队，甚至倾巢出动；如果敌军的兵力遭到了比较大的削弱；那么防御者此时就应该重新投入战斗，通过发动相应的行动来打击处于困境中的进攻者。

第二十七章　战区防御

关于那些最重要的防御手段的探讨，至此可以告一段落。至于这些手段应该如何与整个防御手段相结合，我们在后面探讨战争计划时再进行详细论述。这是因为，所有的进攻计划和防御计划都附属于战争计划，必须以战争计划为基础，并且需要根据战争计划来规定其轮廓，而且在大多数情况下，战争计划无非就是在最为主要的战区实施进攻和防御的方案。

虽然在战争中，部分决定于整体，而且渗透着整体的特点，随着整体的改变而改变，但是这并不是意味着我们能以整体为切入点，相反，我们应该做的是以部分为切入点。如果研究问题的方法不是先易后难，那么我们就会成为一大堆难以理解的概念的俘虏，在研究战争的过程中尤其如

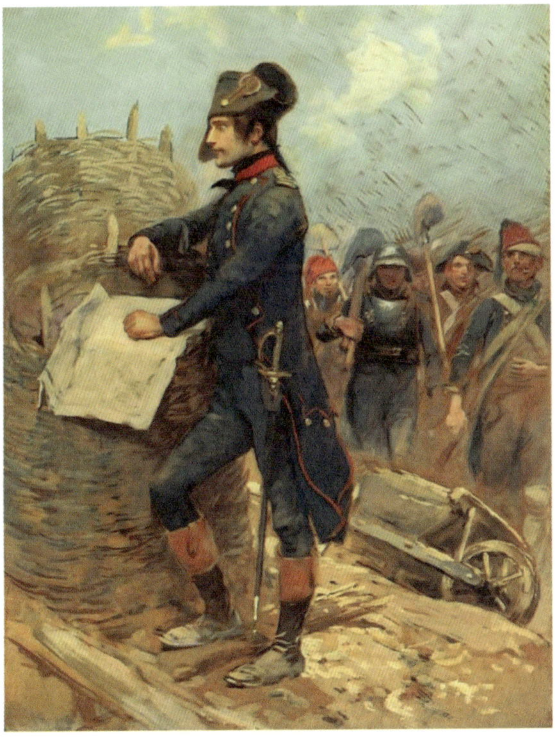

青年时代的拿破仑

滑铁卢战役期间的拿破仑

青年时代的拿破仑瘦削挺拔，面容中有一丝稚气，临阵时也有一些紧张，但是更多的是藏不住的锐气。而滑铁卢战役期间，拿破仑虽然明显表现出了能够指挥千军万马的镇定，但是身形发福，也表现出了明显的暮气。根据史料记载，进入中年之后的拿破仑的确变得肥胖臃肿，体力不济，有时候难以承受繁重的军务，有些历史学家认为，滑铁卢战役期间，法军之所以落败，很重要的一个原因就是因为拿破仑精力不支，难以适应紧张而繁重的军旅负荷。

此。所以，接下来我们再向整体迈进一步——专门考察一下战区防御，找到贯穿前面所论述的那些问题的线索。

根据我们的看法，防御无非是一种较强的作战形式，目的是保存自己的实力并歼灭敌军。简言之，防御的目标是克敌制胜，但是这并非终极目的——捍卫本国并打垮敌国才是终极目的，简言之，缔结期望的和约才是终极目的。因为敌对双方的冲突，只有通过和约才能冰消瓦解。

从战争角度来看，敌国包括两方面的内容，一是敌军，二是敌国领土。当然，在具体情况下，还有一些具有重要意义的其他事物，其中最为重要的就是敌国内部以及外部的政治关系，与其他情况相比，有时候它们具有决定性的意义。

虽然敌军与敌国领土并不是国家的全部，并没有包括与战争有关的所有方面，但是敌军和敌国领土永远是最主要的东西，就其重要性来说，它们比其他的东西更为重要。也就是说，军队要保卫本国的国土、占领敌国的国土，而国土则可以为军队提供给养物资和其他物资，它们是相互依赖的，也都是很重要的。然而在这种相互关系中，它们所起的作用是不同的：一旦军队被歼灭，失去继续进行抵抗的能力，国土就会沦陷；反过来，即使国土沦陷，军队也不一定会被歼灭，有时候，为了便于以后发动反攻，收复失地，军队会主动放弃一切地方。军队被彻底击垮必然导致国土沦陷，军队遭到严重的削弱也必然会导致国土沦陷。与此相反，国土的大面积沦陷不一定导致军队的严重削弱。由此可见，保存自己的军队和歼灭敌军永远都比占据国土重要，与后者相比，统帅更应该将前者作为首要目标，只有在迫不得已的情况下，我们才能退而求其次，将后者作为主要目标。

如果敌军将所有的兵力集结于一处，使整个战争成为一次战斗，那么，能否攻占国土就取决于这次战斗的结果，当然，能否歼灭敌军、保全自己的国土也取决于此，也就是说，在此情况下，歼灭敌军、攻占敌国领土与保卫本国领土是一回事。显而易见，这是最为简单的作战方式，如此一来，问题就集中到了一个关键点上：防御者为什么往往总是避免这种最为简单的作战方式，而惯于分割自己的兵力呢？这是因为，防御者此时通过集结兵力所斩获的胜利无法起到一战定鼎的作用。

每次胜利所发挥的影响都是有限的。如果这种影响的范围能够席卷整个敌国——敌国所有的军队和领土，也就是说，如果敌国的各个部分都被卷入敌军的中坚力量被迫进行的战斗中，那么，这样的胜利就是我们最需要的。此时，我们就没有分割兵力的必要。然而，如果我们获得的胜利无法对敌国的某些部分产生影响，那么我们就必须特别注意它们：由于我们无法像集中军队那样把国土都集中到一点，所以我们要保卫这部分国土就必须分割兵力。

一般而言，只有在领土形状近似圆形的小国中，防御者才能将所有的兵力集结于一处，此时，进攻者能得到什么，都取决于能否战胜防御者的这支兵力。如果敌国的大片领土与我国接壤，或者敌国结成同盟从几个方向向我国发动围攻，那么我军就根本没有集结于一处的可能，在此形势下，我们必须分割兵力，这就必然会出现几个战区。

胜利的影响范围无疑取决于胜利的大小，而胜利的大小则取决于被歼灭的敌军的数量。通过成功打击敌军主力所在地所获得的胜利，当然会产生比较大的影响，在这种情况下，我军投入的兵力越大,克敌制胜的可能就越大。这种说法难免会使我们联想到力学上重力的特性和作用,通过这个形象的比喻,我们能够更清楚地理解这种说法。

物体的重心总是位于质量的集中点,所以打击某个物体最为有效的方式就是打击它的重心,而最为强烈的打击又总是从力量的重心发出的。在战争中同样如此:敌对双方的军队都会有一定程度的统一,通过这种方式,军队的各个部分之间就产生了相互联系,也因此而存在一种与重心相类似的东西,而且军队重心的状况对其他部分具有决定性的作用,这里所说的重心,就是军队主力所在地。

在没有生命的物质世界中,我们打击某个物体的重心时所需的力量有一定的限度,在战争中同样如此。如果打击力总是大于抵抗力,这就可能会造成不必要的浪费。

分散在五十普里或者一百普里的地区内的军队,或者基地极为分散的同盟军之间的联系,必然远远弱于集结在一面旗帜之下,听命于一个统帅的指令而且即将投入会战的军队的各个部分之间的联系。在后一种情况下的联系是最紧密的,也最容易达成统一;然而在前一种情况下,达成统一却往往是一种奢望,虽然有时在共同的政治意图中存在着统一,但是这种统一往往是不彻底的,各个部分之间的联系比较松弛,甚至可以说是各行其是,毫无联系。

最大限度地集中兵力固然能够增强打击力度,然而,过犹不及,另一方面,我们必须警惕过分地集中兵力,以免浪费兵力,进而影响其他地点的兵力配置。在战略判断中,我们必须将能够准确判断出敌军的重心所在及其影响范围,作为一个主要任务,并且需要考虑任何一部分兵力的进退会对其他部分产生什么影响。

我们并不认为我们在以上论述中发明了焕然一新的方法,相反,我们只是根据各个时期和各个统帅所沿用的方法提出了一些观念,这样做则是因为利用它们可以更清楚地说明这些方法与事物本质之间的联系。

在整个战争计划中,敌军重心这个概念能发挥什么作用,我们将在后文中展开论述。从本质上来说,这个问题属于战争计划的范畴,我们在这里提到它,只是为了不使我们列举的观念有所遗漏。

从上述考察中,我们可以看到分割兵力究竟是由什么决定的。事实上,其中存在着两种彼此抵触的利益:第一,为了占据领土,我们必须分割兵力;第二,为了打击敌军重心,我们又必须将兵力集中到一定程度。如此一来就出现了战区这个概念,或者可以称其为各个军队的活动区域。在战区中配置着一定数量的军队,其中主力军队的每一次胜负都会直接影响整体,并且会使整体发生变化。

我们认为,一个战区及其军队可以构成一个重心的单位,决定胜负的战斗就应该在这个重心上进行。从广义的防御意义上来说,这就是战区防御。

拿破仑离开厄尔巴岛

第二次退位之后，拿破仑被流放到了圣赫勒拿岛。第一次被流放到厄尔巴岛时，他还有东山再起的希望，但是第二次被流放时，他所有的希望都破灭了。

第二十八章　战区防御（续）

防御由两个因素构成，即决战和等待。如何结合这两个因素，就是我们在这一章中讨论的问题。

等待，并非防御的所有意义，但它是达到防御目的必须经过的一个阶段。只要一支军队还没有从它负责防御的地区撤离，那么敌对双方就会一直保持剑拔弩张的紧张态势。只有在胜负判定之后才会出现平静的局面，判定胜负的标准，则是敌对双方中的其中一方撤离战区。

只要一支军队依然坚守不退，那么该地的防御就依然在进行之中。从这个意义上说，防御某个战区就等同于在某个战区内进行防御。至于敌军暂时在这个战区内占据了多少土地，这是无关紧要的，因为这些土地只是暂时借给了敌军。

我们这样看待等待状态，只是想借此来正确地确定它与整个防御的关系。但是，只有在决战无法避免的前提下，这种看法才是正确的，这是因为敌对双方兵力的重心——主力，以及以主力为基础的战区，只有通过决战才能真正发挥作用。如果敌对双方打消决战的想法，那么主力就会丧失作用，甚至整个军队都有可能失去作用。此时，构成整个战区概念的第二个主要组成部分——对国土的占有——就会跃居首要地位。换言之，敌对双方在战争中越是对决战退避三舍，战争就越可能演变成一种单纯的监视状态，占领国土也就越重要。在此形势下，防御者的着眼点在于直接掩护所有地区，进攻者的着眼点则在于极力扩大占领的地区。

与其说绝大多数战争接近于你死我活的状态——至少有一方力求决战——不如说它们更为接近于纯粹的监视，但是很难设想未来的战争都具备这种状态。在接下来的谈论中，我们将分两种情况展开论述，第一种情况是决战意图贯穿整个战争过程，并且指导着整个军事行动；第二种情况是接近于监视状态的战争。

在第一种情况下，战区防御的实质就在于防御者坚守战区，随时都可以进行有利的决战。此时，敌对双方可以通过一次会战或者一系列大规模的战斗来决定胜负，也可以通过兵力部署所形成的态势来兵不血刃地决定胜负。退而言之，即使会战不像我们所说的那样，是最主要且最有效的决定胜负的手段，它也毕竟是决定胜负的手段之一，仅凭这一点，就往往可以要求我们尽可能地集中兵力。

战区会战其实就是兵力重心与兵力重心的对决。其中一方在自己的重心上能够集中的兵力越多，克敌制胜的可能就越大。因此，如果没有特定的目的，我们一般应该坚决反对分割兵力的做法。然而，仅仅最大限度地集中兵力并不等于获得了全部的基本条件，除此之外，我们还必须具备一个能够使军队在有利条件下进行会战的兵力部署。这两个基本条件与我们在《抵抗的方式》中所说的各种不同的防御方式是完全适应的，所以，根据具体需要把这些基本条件与它们结合起来并不难。然而，从表面上看，如何找到敌军重心与此是矛盾的，由于这是防御中最为主要的问题之一，所以我们有必要加以阐明。

一种比较常见的情况是，防御者能够事先得知敌军的前进路线，然后在必定会遇到敌军主力的道路上给予敌军迎头痛击。虽然在进攻者开始行动之前，防御者必须采取一些常规措施，比如设置要塞和军械库、确定兵员的数量等，进攻者也能以此为行动依据。但是在展开真正的军事活动的时候，对开赴战区的进攻者而言，防御者却像纸牌游戏中的下家一样，具备后发制人的优势。

大举入侵敌国，就必须进行大规模的战备工作，由于这些战备工作耗时甚久，所以防御者有足够的时间采取对策。此外，由于任何国家平时为防御所做的准备工作都比为进攻所做的准备工作充分，所以防御者的战备时间往往少于进攻者的战备时间。

当然，这只是一般性的情况，在具体情况下，防御者无法获知进攻者的前进路线的情况是很难避免的。如果防御者还需要采取一些费时甚久的措施（比如构筑坚固的防御阵地等），那么就更容易出现这种情况。此外，即使防御者确实是在进攻者的前进路线上构筑阵地，但是只要防御者不主动发起进攻，进攻者只需要改变行军路线，就可以绕过防御者的阵地，在农耕业发达的欧洲，这种情况是比较多见的。此时，防御者显然不能在自己的阵地上以逸待劳，至少他们无法在自己的阵地上进行会战。

在这种情况下，防御者还可以采取哪些手段呢？讨论这个问题之前，我们必须先考察一下这种情况的实质以及出现这种情况的可能性。

在每个国家或地区，都有一些能够使进攻者斩获辉煌战果的目标。关于这个问题，在随后谈到进攻的时候，我们再详细论述，在此我们只想指出，如果这些目标是进攻者决定进攻方向的依据，那么反过来说，这些依据对防御者同样也是有用的。当防御者还不知道敌军的意图时，这些目标就是防御者进行活动的依据和指南。如果进攻者不选定这个对自己最为有利的方向，那么他们就必须放弃一部分本来可以得到的利益。如果防御者恰好在进攻者的前进方向上构筑阵地，那么进攻者不付出代价就不可能从防御者的阵地附近通过或者完全避开防御者的阵地。

由此可见，防御者摸不准进攻者前进方向的危险性和进攻者从防御者阵地附近通过的可能性，并不像表面上看那么大，因为进攻者选定前进方向的有利依据是早就存在的，所以在大多数情况下，防御者不至于遇不到敌军主力。换言之，只要防御者选择的阵地适当，在大多数情况下，他们就可以确信敌军会在意料中的地点出现。

如果进攻者没有按照防御者的设想行动，那么这就会产生一些问题：在此情况下，防御者应该怎么办？防御者原先构筑的阵地所能产生的有利条件此时还能剩下多少？

如果进攻者从防御者的旁边通过，那么防御者可以采取的手段一般有五种：

第一，兵分两路，其中一路准确地迎击敌军，另外一路火速增援。

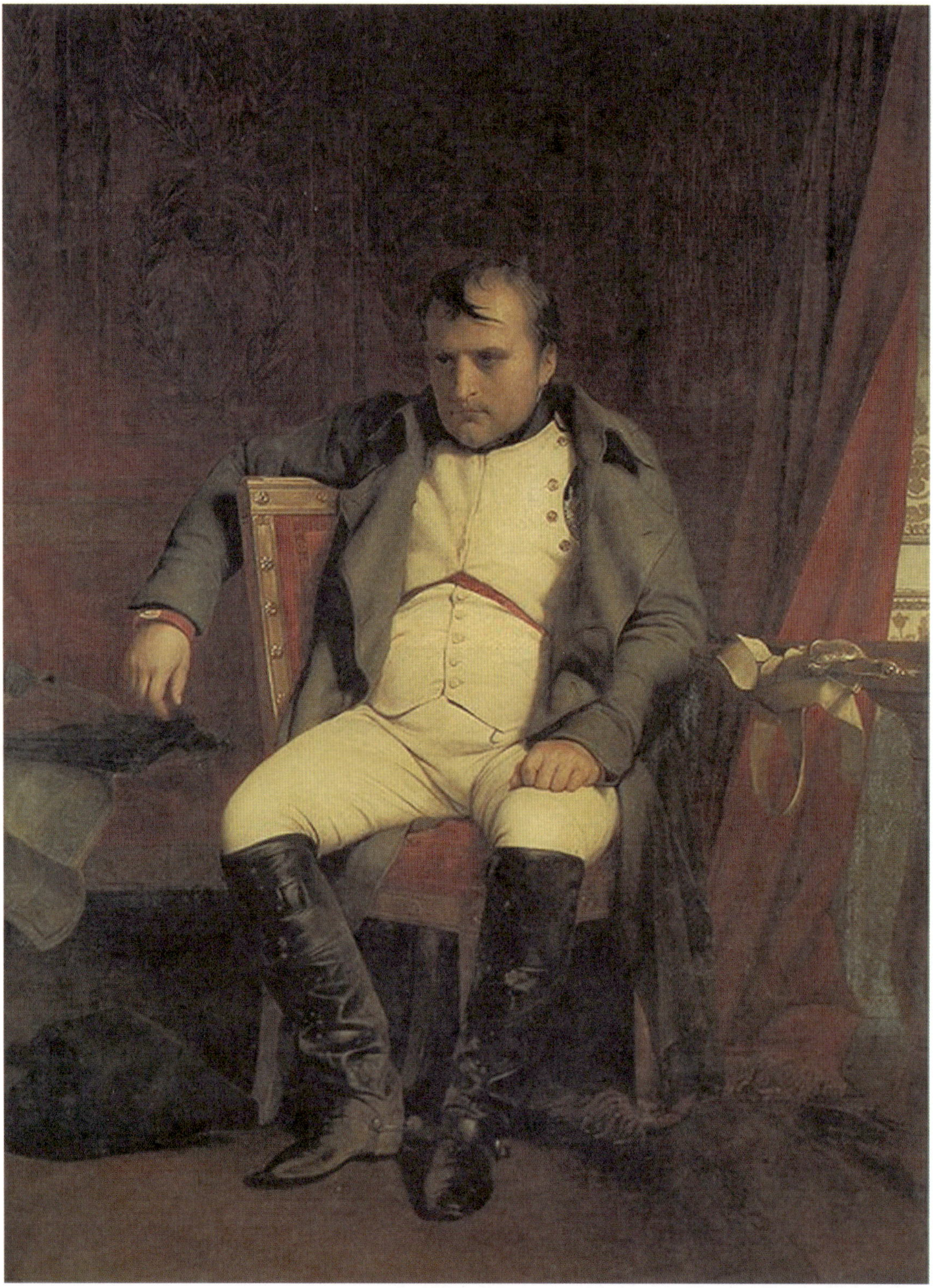

战败后的拿破仑

第二，集中兵力占据一个阵地，当敌军从这个阵地附近通过时，迅速向侧方挺进，截击敌军，但是在大多数情况下，向侧方行动并不能恰好拦住敌军，所以必须稍微向后退一些，占领新的阵地。

第三，集中兵力，袭击敌军侧翼。

第四，威胁敌军的交通线。

第五，以彼之道，还施彼身：从敌军旁边通过，进击敌军战区。

我们之所以提出最后一种手段，是因为人们有时候认为应用这种手段有可能产生效果。然而事实上这种手段与选择防御的理由是矛盾的，所以说这是一种不正常的现象。一般而言，只有在敌军犯了重大错误，或者是在具体条件极为合适的时候，才能利用这种手段。

威胁敌军交通线的前提，是我军的交通线必须优于敌军，这也是构筑有利的防御阵地所必须具备的基本条件之一。尽管通过威胁进攻者的交通线，防御者能够得到某些利益，但是在单纯的战区防御活动中，这种方法很少会导致决战——我们在前面说过，在这种情况下，决战才是真正的目的。

通常情况下，一个战区的面积并不会大到足以使进攻者的交通线脆弱不堪的程度，而且威胁敌军交通线这种手段发挥效力需要比较长的时间，所以，即使进攻者的交通线很脆弱，防御者也很难利用威胁敌军交通线这种手段来阻止进攻者前进。由此可见，对抗抱定决战之心的敌军，或者我军也希望进行决战时，这种手段基本上是没有什么作用的。

此外，还有三种手段，防御者利用它们的目的，都是为了直接进行决战——主力（重心）与主力（重心）之间的对决，所以，它们更适合防御任务。在这三种手段中，我们并不否认另外两种手段的作用，但是我们在这里必须指出，与另外两种手段相比，第三种手段更为有效，在大多数情况下，第三种手段才是真正的抵抗手段。

将兵力分为两部分，有可能被卷入危险的前哨战中。如果防御者面对的是意志坚决的敌军，那么，即使形势对防御者再有利，这种前哨战充其量也只能是一场大规模的相对抵抗，并不能成为防御者期望的决战。无论如何，分兵抵抗敌军毕竟会大大削弱打击力，而且人们永远无法担保先去迎击敌军的那部分兵力能够全身而退，不会遭到比较大的损失，而且先遣部队在进行抵抗的最后阶段一般都会向赶来增援的主力军队撤退，这就难免会给主力军队造成战斗失败或者措施失误的印象。当然，这会对士气造成比较大的打击。

第二种手段是利用集结在阵地上的兵力截击企图向我军发动迂回攻击的敌军，但是利用这种手段时，防御者必须把握好时机，而且统帅必须冷静沉着，但凡有所行动必须胸有成竹，而且必须对地形了然于胸——如果拦截敌军的行动是仓促之举，结局可想而知。最后，防御者所选择的阵地必须对防御行动极为有利，而这种阵地显然不是轻而易举就能找到的。

与此相反，采用第三种手段对防御者却是极为有利的，即袭击进攻者的侧翼，迫使进攻者变换战斗的正面。

首先，一旦侧翼遭到袭击，进攻者的交通线或者撤退线就会暴露，而就防御者的总体情况而言，尤其是就防御者的这种配置的战略特点而言，他们却处于有利地位。

其次，对于想从防御者阵地附近通过的进攻者而言，他们都会因为面临两种完全相反的意图而首鼠两端：一方面，为了到达打击目标所在地，他们应该前进；另一方面，为了防止侧翼遭到打击，他们又必须做好随时将兵力转向侧方的准备，而且需要集中兵力以便进行还击。由于难以采取面面俱到的措施，受困于这两种矛盾意图的进攻者的内部关系必然会极度混乱，他们在战略上也可能处于最不利的境地。如果进攻者能够准确地预知自己将会在何时何地遭到袭击，那么他们就能够有针对性地采取对策，然而，如果他们是在必须前进又对情况一无所知的前提下投入会战，他们就必须在仓促之间集中兵力迎战，这种情况对他们显然是不利的。

如果说防御者也有一次发动进攻会战的有利时机，那么此时就是一个绝好的机会。在此形势下，防御者不但据有地利之便——能够预先了解地形、选择地形——而且他们还能够在行动中保持主动，如果能考虑这一点，那么我们就可以确信，与进攻者相比，防御者在战略上更加具有决定性的优势。

因此我们认为，在选择了适当的阵地之后，防御者可以集中兵力，耐心而沉着地等待敌军从自己的阵地附近通过。即使进攻者没有进攻防御者阵地的意图，当时的情况也不适合威胁进攻者的交通线，防御者依然可以通过袭击敌军的侧翼来增加在决战中克敌制胜的筹码。

为什么我们在历史上很少看到这种情况呢？一方面是因为防御者往往缺乏坚守的耐心和勇气，或者是将兵力分割开，或者是仓促地横向或斜向行军，转移到了进攻者的前方；另一方面是因为进攻者在这种情况下往往不敢从防御者旁边通过，而是会选择停滞不前。

此时，由于需要被迫进行进攻会战，被迫转守为攻的防御者就必须放弃一些有利条件，比如坚固的阵地和防御工事等。进攻者在前进途中遭到截击固然会面临不利，但是防御者主动放弃的有利条件并不能因此而抵消，因为进攻者陷入困境的原因，就是对防御者的有利条件有所忌惮。有些理论家遇到两种对立的条件，就认为二者可以互相抵消，但是我们不打算这样做，因为进攻者在此形势下面临的处境毕竟会给防御者带来某些补偿。或许有的人认为我们这样说只是玩弄概念游戏，然而，事实恰恰相反，我们越是从实际出发来考虑这个问题，就越会认为这是一种能够贯穿整个防御行动的思想。

当进攻者从防御者阵地附近通过时，防御者很容易陷入两种绝境：分割兵力，或者仓促向侧方运动以截击敌军。由于此时受到了进攻者的牵制，所以防御者被迫采取的行动是紧急而危险的。如果遇到的是一往无前且骁勇善战的敌军，那么防御者的行动就会被粉碎。所以，当进攻者从防御者阵地附近通过时，防御者只有立即出动，倾尽全力打击敌军，才有可能避开这两种绝境。但是，如果防御者为了进行共同的战斗，而在合适的地点将兵力集结在一起，并决定在关键时刻动用这支兵力袭击敌军侧翼，那么他们的做法就是正确的，这样他们就可以得到防御者所能得到的一切有利条件。此时，防御者的行动就会具备沉着、稳妥、准备良好等特点。

有一起重大的历史事件与我们的说法有关，我们在此必须加以引用，目的主要则是为了防止别人错误地引用这个例子。

1806年10月，普鲁士军队在提林格厉兵秣马，准备迎击拿破仑所率的法军时，驻地在法军可能通过的两条大路的中间。普鲁士军队原先的意图是穿过提林格山，开赴弗兰肯，但是放弃这个意图之后，由于不了解法军将会取道何处，所以他们只好驻扎在这两条大路的中间。毫无疑问，这种配置兵力的方式必然会导致仓促向侧方推进的行动。

这两条大路一条经过埃尔福特、莱比锡至柏林，一条经过霍夫、莱比锡至柏林。由于通往埃尔福特的道路路况比较好，所以布伦瑞克公爵认为法军会取道埃尔福特；另外一条道路距普鲁士军队所在地有两三天的路程，而且中间隔着很深的扎勒河河谷，所以掉以轻心的布伦瑞克公爵对此未加防范（但是霍亨洛黑侯爵考虑了这一点）。

按照这种兵力配置方式，要想让配置在扎勒河左岸的普鲁士军队发动进攻会战，袭击法军的侧翼，那更是难如登天。因为在形势危急的关头，扎勒河可以成为拦阻敌军的天堑，但是一旦敌军占领了扎勒河的对岸，那么扎勒河就会成为普鲁士军队转守为攻的障碍，所以布伦瑞克公爵决定据守左岸，静观其变。

无论人们如何看待布伦瑞克公爵的抉择，他这样做都会使普鲁士军队面临三种情况：第一，如果法军渡过扎勒河向普鲁士军队挑战，普鲁士军队就可以发动进攻；第二，如果法军绕过敌军阵地继续前进，普鲁士军队就可以威胁法军的交通线；第三，在各方面条件有利的情况下，普鲁士军队可以在敌军侧方迅速行进，先抵达莱比锡。

在第一种情况下，背靠天堑扎勒河河谷的普鲁士军队可以获得战略优势和战术优势；在第二种情况下，由于法军的基地只是位于普鲁士军队和中立的波西米亚之间的一个非常狭窄的地区，而普鲁士军队的基地极为广阔，所以普鲁士军队在战略上也有巨大的优势；甚至在第三种情况下，由于能够以扎勒河河谷为掩护，普鲁士军队也不会处于不利地位。

尽管普鲁士军队考虑过这三种情况，也曾产生过正确的想法，但是处于混乱和犹豫的旋涡中的他们并没有将正确的想法付诸实际。

在前两种情况下，将扎勒河左岸的阵地当成真正的侧面阵地固然有很大的优越性，但是用一支意志不坚的军队来占领这样的阵地，以图对抗兵力占据优势的敌军，却需要冒很大的风险。经过长期的犹豫之后，布伦瑞克公爵在10月13日选择了第三种措施，但是为时已晚。因为拿破仑已经率领法军渡过了扎勒河，耶拿会战和奥尔施塔特会战已成如箭在弦之势。由于举棋不定，布伦瑞克公爵使普鲁士军队陷入了左右为难的境地：离开原先的驻地向侧方挺进去截击敌军为时太晚，发动有利的会战为时过早。事实上，此时在奥尔施塔特夺取胜利仍然有比较大的把握，但是因为胆怯，普鲁士军队再次错失良机，而在耶拿会战中，他们则根本没有克敌制胜的希望。

毋庸置疑，拿破仑感觉到了扎勒河河畔的战略意义，因为他不敢从它旁边通过，而是决定强渡扎勒河。

关于采取决定性的行动时，进攻和防御的关系，我们在以上的论述中已经做了详细的说明，并揭示了连接防御计划的各个问题的线索的性质和关系。对于各种具体的部署，我们在此避而不谈，因为这样做将会使我们面临无穷无尽的具体情况。

战后狂欢

滑铁卢战役期间，欧洲各国的君主以及上流社会成员聚集在伦敦的白金汉宫，提心吊胆，唯恐联军失利。大战后的第二天，一只信鸽飞入白金汉宫，传回前方捷报，得知联军击败了拿破仑，宫内一片沸腾。

如果统帅制定了一定的目标，那么他就应该看一看地理因素、政治因素、敌对双方的物质因素和人员因素等在多大程度上与这个目标契合，以及在实际行动中，这些因素将会对敌对双方产生多大的制约。在《抵抗的方式》那一章中，我们曾经谈到过几种有效的防御方式，为了对这些方式形成更为清晰的认识，并且为了把我们在这里所说的问题与它们联系起来，接下来我们将谈谈与此相关的一般情况。

第一，对敌军发动进攻会战，必然有所依据，这些依据一般如下：

(1)可以确定进攻者的兵力极为分散，即使防御者的力量薄弱，也有击败敌人的希望。

事实上，进攻者一般不会分散前进，因此，只有在确定敌军分散前进的前提下，防御者发动进攻会战才是有利的。如果没有充分的根据，只是向壁虚构，一厢情愿地把希望都寄托在幻想上，那么这就会陷入不利的境地。这是因为，如果进攻者并没有按照防御者设想的那样行动，那么防御者就必须放弃进攻会战，此时，由于他们没有做好进行防御会战的准备，所以只能选择撤退，如此一来，防御者就只能把自己的命运交给偶然性来摆布。制定作战计划的人之所以喜欢用这种手段，是因为这样做能够使很多问题迎刃而解，但是他们却忽视了一个问题——是否具备相应的前提条件。

(2)防御者有足够的兵力，可以进行进攻会战。

(3)进攻者迟疑不决，利于防御者发动进攻。

在进攻者迟疑不决的情况下，对于防御者而言，发动一次成功的突袭的效果，比占据一个有利的阵地所带来的益处更大。所谓优秀的指挥的实质，就是用这种方式发挥精神因素的威力。但是这样做的前提，是必须具备客观依据，否则就相当于缘木求鱼。

(4)防御者的素质适合进攻。

腓特烈大帝认为，他的军队是一支虽千万人吾往矣的骁勇善战之师，这样的军队与他高明的指挥手段相结合，可谓相得益彰，称得上是一支敢于攻坚犯难的精锐之师。他的这种看法是正确的，也是符合实际的，在大多数情况下，他的军队所具备的敢于攻坚犯难的特点的确比坚固的堡垒或者地形障碍更为有用，但是这种优势是极为罕见的，在诸多优势中，这种优势只是其中的一部分，所以，即使腓特烈大帝认为普鲁士军队善于进攻，有些人也随声附和，但是我们并不能因此而给予这种说法太高的评价。

在战争中，人们在进攻时的士气往往比防御时的士气高，对于任何一支军队来说都是如此。对于发动进攻行动的军队来说，恐怕所有的指挥官都会称许他们的士气，但是我们不应该因此被表象迷惑，而忽略了实际的有利条件。比如有时候兵种比例也会成为发动进攻会战的有利条件（例如骑兵多而火炮少）。

(5)防御者找不到可以为恃的阵地。

(6)防御者急需决战。

(7)上述原因兼有。

第二，在某个地区内以逸待劳，以便向来犯之敌发动进攻，这样做的合理依据如下：

贝尔蒂埃元帅

贝尔蒂埃是法兰西第一帝国元帅、法国著名军事家，此人头脑机敏但是意志薄弱，足智多谋但是犹豫寡断，记忆力惊人，善于用简洁的语言传达复杂的军令，深受拿破仑器重。拿破仑第一次被流放前期以及波旁王朝复辟期间，此人政治立场摇摆不定，屡遭诟病。1815年6月1日，贝尔蒂埃坠楼身亡，有人说是自杀，有人说是他杀。

(1)兵力对比情况对防御者并不是非常不利,防御者不必非得寻找坚固的阵地为依仗。

(2)有适合以逸待劳的地形。什么地形适合以逸待劳,这属于战术问题,我们在这里只能说明的是,这种地形的特点是便于防御者通行,而不利于进攻者通行。

第三,在两种情况下,防御者可以先占领一个阵地,然后等待敌军发动进攻。这两种情况分别为:

(1)防御者兵力很少,不得不利用地形障碍和堡垒为掩护。

(2)防御者所在地区的地形能够提供这种良好的阵地。

如果防御者不愿进行决战,只满足消极成果,并且能够肯定举棋不定的敌军会停滞不前,最终放弃原定的计划,那么第二种和第三种抵抗方式就越值得重视。

第四,坚不可摧的营垒只有在两种情况下最为有效。

(1)营垒设在极为优越的战略地点。

这种营垒的特点是,驻守该营垒的军队是不可战胜的,敌军不得不采取其他手段。也就是说,敌军或者必须放弃进攻,另作打算,继续追求其他的目的;或者围而不攻,饿毙守军。如果敌军做不到这两点,那么这个营垒就具有很大的优越性。

(2)防御者可以得到外援。

然而,由于这两种情况都是极为罕见的,所以利用营垒为依凭时必须经过深思熟虑方可为之,而且这样做能够成功的机会也不是很大。如果有人企图利用这种营垒恫吓敌军,迫使敌军望而却步,甚至期望通过这种做法使敌军陷于瘫痪,那么这就是铤而走险。因为在此形势下,防御者有可能会面临在没有退路的情况下作战的风险。的确,腓特烈大帝在崩策耳维茨利用这种手段达到了目的,但我们应该佩服的,是他能够知己知彼,对敌情了然于胸。此外,我们还应该看到,如果形势危急,即使腓特烈大帝能够突围成功,他也是不需要对此负责任的。

第五,如果国境附近有一个或者几个要塞,那么防御者面临的主要问题就是应该在要塞前方决战,还是在要塞后方决战。

在要塞后方决战,必须具备三种依据:

(1)进攻者占据优势,防御者必须先削弱敌军的力量,然后再进行决战。

(2)要塞位于国境附近,当防御者必须放弃一部分国土时,这部分国土的面积不是很大。

(3)要塞具备防御能力。

要塞的主要作用之一,是在敌军前进时,削弱他们的兵力,在进行决战时,能够使我军的兵力占据优势。如果说我们很少看到有人这样利用要塞,那是因为敌对双方往往不愿意进行决战——我们在这里所讨论的,则是敌对双方力图决战。所以,在边境有一个或者几个要塞的前提下,防御者应该将要塞留在前方,在要塞后方与敌军进行决战,这个原则虽然简单,但是很重要。

在要塞后方进行会战与在要塞前方进行会战相比,即使会战失败时战术上的结果是相同的,在前一种情况下丧失的国土也会多一些。我们承认这一点,但是我们也得指出,与其说这个结果是根据事实得出的,不如说它是幻想出来的。

在要塞前方进行决战,防御者可以选择有利的阵地,在要塞后方进行决战,防御者则往往必须

缪拉元帅

缪拉，法兰西第一帝国元帅、那不勒斯国王、法国军事家。此人骁勇善战，在战场上悍不畏死，能够身先士卒，尤其擅长指挥骑兵，滑铁卢战役之后被枪决。拿破仑对他的评价是“在战场上，当他面对敌人的时候，他是最勇敢的人，这是无人可比的，但是除此之外，他的行为都表明他是一个蠢人”。

发动进攻会战。但是，在后一种情况下进行决战时，敌军的兵力已经被削弱了三分之一或者四分之一，如果敌军遇到的要塞比较多，那么他们的兵力甚至会被削弱二分之一。在此形势下，上述结果与防御者在这方面所获得的利益相比，又算得了什么呢？

从这个意义上来说，在决战一触即发，或者防御者没有克敌制胜的把握，或者从地形条件来看不需要到比较远的地方进行会战的情况下，如果邻近地区有抵抗力比较强的要塞，那么防御者从一开始就应该撤到要塞后方，利用要塞进行决战。此时，如果防御者在离要塞比较近的地方占领阵地，致使进攻者不将他们赶走就不能围困这些要塞，那么进攻者就会被迫进攻防御者的阵地。所以我们认为，在危险的处境下，在一个重要的要塞后方选择一个有利的阵地，对于防御者而言，是一种最为简单有效的防御措施。

不过，如果要塞距离国境很远，那就是另外一个问题了。因为在此形势下，防御者采取上述措施就必须放弃很大一部分国土，显然，这接近于撤往本国腹地，一般而言，只有在迫不得已的情况下才能采用这种需要付出很大代价的方式。

另外一个条件是，要塞必须具备抵抗能力。

众所周知，有些地方即使构筑防御工事也无法对抗敌军，因为它们禁不住敌军的猛烈攻击。此时，防御者必须在这些地方的后方很近的地方构筑阵地，以便增援守军。

第六，撤往本国腹地。只有在下列情况下，这才是合理的措施：

(1)进攻者在物质力量和精神力量方面占据压倒性的优势，防御者无法在国境上或者国境附近进行有效的抵抗。

(2)防御者面临的主要问题是赢取时间。

(3)国土状况有利于防御。关于这一点，我们在前面已经谈过。

至此，我们已经讨论了在决战无法避免的情况下的战区防御。但是，我们必须说明一点：实际中的战争不是简单的，如果有些惯于纸上谈兵的人，想把我们在理论上所说的东西运用到实际战争中，那么他们就必须注意第三十章。此外，我们还应该知道，统帅在大多数情况下都会在决战和不决战之间摇摆不定。

第二十九章　战区防御（续）：逐次抵抗

我们在前面说过，在战略上应该倾力而为，同时投入所有能够投入的力量，逐次投入力量与战争的性质是矛盾的。

对于军队来说，这一点无须作进一步的说明。

在此情况下，敌军不得不封锁我们的要塞；为了巩固已经占领的地区，他们不得不派遣守备部队、增设岗哨、进行长途行军，或者从远方调集军用物资。无论是在决战之前还是在决战之后，只要进攻者还得前进，那么我们描述的这些活动都会影响他们——只是后一种情况下的影响比较大。

蒙塞元帅

蒙塞，法兰西第一帝国元帅、法国著名军事家。此人的特点是小心谨慎，精于谋略，不喜欢从正面发动强攻，往往能够出奇制胜，对拿破仑忠心耿耿，波旁王朝复辟之后曾被监禁，但是不久之后被释放。

由此可见，如果防御者从一开始就延缓决战，那么他们就可以使所有的固定的战斗力量同时发挥作用。

从严格意义上来说，进攻者所获的胜利的影响，并不会因为防御者的缓战行为而扩大，这一点是很明显的。通常而言，如果将除了军队之外的其他因素也当成固定的战斗力量，比如战区内的要塞、地形障碍、战区面积等，那么，这些战斗力量显然只能逐次利用。也就是说，一开始我们可以后撤很远，将可以发挥作用的那些战斗力量放在前方。如果可以做到这一点，那么战区就能发挥它在削弱敌军力量方面的一切作用。

进攻者优势的消亡之日，即胜利的影响衰竭之时。对于进攻者而言，他们在占领战区的过程中需要消耗兵力，在战斗中也必然有所伤亡，所以胜利者的优势终究会趋于衰亡。无论这些战斗发生在开始阶段，还是发生在结束阶段，也无论它们是发生在战区前方，还是发生在战区后方，进攻者的兵

马塞纳元帅

马塞纳，法兰西第一帝国元帅。此人性格暴躁，悍不畏死，在战斗中往往能够冲锋在前，但是缺乏管理才能，无视军纪，贪财好色。由于年老体衰，马塞纳未参加滑铁卢战役，1817年病逝于巴黎。

力都会遭到或大或小的削弱，

1812年，拿破仑先后在维也纳和博罗季诺击败俄军，但是我们认为这两次胜利的影响并没有什么差别；即使法军进入莫斯科之后，我们也认为这样的胜利并不会产生很大的影响，因为对于法军而言，进驻莫斯科意味着所有的胜利及其影响的终结。当然，由于其他原因，如果进攻者能够在发生在边境地区的具有决定性意义的会战中获得比较大的成果，那么这种胜利的影响范围可能就会比较大。在任何情况下，这一点都是不用怀疑的。

综上所述可知，胜利的影响范围，并不是致使防御者决定推迟决战时间的原因。

我们在《抵抗的方式》那一章中所说的撤往本国腹地，是一种极为特殊的抵抗方式，也可以被当成一种最大限度地推迟决战的方式。我们利用这种方式的主要目的，不是用武力消灭敌军，而是为了拖垮敌军。不过，只有在这种目的占据主导地位的前提下，我们才能将推迟决战当成一种特殊的抵抗方式。

如果这种目的没有占据主导地位，那么人们就可以将进行决战之前的时间预设为几个阶段，并且可以将这些阶段与某些防御手段结合起来。在这种情况下，战区固然能够削弱敌军的力量，但是我们并不将它当成一种特殊的抵抗方式，而只是将它当成根据实际需要，而将固定的战斗力量与其他手段结合起来使用的某种方法。

在决战期间，如果防御者认为暂时不需要动用这些固定的战斗力量，或者认为动用这些力量需要付出其他方面的代价，那么他们可以厚积薄发，将这些力量留到以后再使用。在时机合适的情况下，对于防御者而言，动用这些增援力量所能收到的效果，是在其他场合所能动用的增援力量无法比拟的。凭借这种力量，防御者的军队可以在一次决战之后再发动第二次决战，甚至是第三次决战。也就是说，他们能够逐次投入力量。

如果防御者在边境地区进行的会战中铩羽而归，但是并没有溃不成军，那么人们自然而然就会联想到，他们还有能力在附近的要塞后方进行第二次会战。如果敌军意志不坚，那么防御者只需要凭借险要的地理条件，即可遏制敌军的攻势。

由此可见，在战略意义上利用战区时，也像利用其他手段一样，必须合理地使用力量——投入的力量越少越好，但是必须足够使用。这与经商的道理一样，并不是说锱铢必较就意味着全部。

为了避免产生误解，我们必须指出，这里研究的不是防御者在会战失败之后可能采取什么抵抗措施，而是防御者能够寄予第二次抵抗多大的期望。在此形势下，可以说防御者必须注意的东西只有一点：敌军的特点和状况。战斗力低下、意志不坚、没有荣誉心的敌军如果能够获胜，那么他们就会满足既得的一般利益，当防御者发动新的挑战时，他们就会畏葸不前。此时，只要防御者善于利用各种抵抗手段发动新的决战，他们就一定可以不断地得到扭转乾坤的希望。

说到这里，谁都会感觉我们讨论的问题已经接近于不求决战的战局。在很大程度上来说，这种战局属于逐渐使用力量的领域，我们将在下一章中予以详细论述。

第三十章　战区防御（续）：不求决战的战区防御

所谓敌对双方都不是进攻者的战争，即敌对双方都没有积极的作战意图的战争。对于每个战区而言，我们只有将它与整体联系起来，才能找到解释这种矛盾现象的因由，所以在此我们没有必要研究这种矛盾的现象。

在不求决战的战局中，没有必然的决战焦点，在战史中，我们可以看到有许多这样的战局：其中并非没有进攻者，也不是说敌对双方没有积极的意图，而是这种意图比较弱，进攻者不愿意不计代价地追求目的，或者说进攻者不一定会发动决战，当时的情况所能提供的利益已经能够满足他们的需求。在这种战局中，进攻者或者是没有矢志不移的目标，只想收获时间所能提供的利益；或者是虽然有值得追求的目标，但是只有在时机合适的情况下，他们才会有所动作。

奥热罗元帅

奥热罗，法兰西第一帝国元帅。此人身材高大，令人望而生畏，治军严格。波旁王朝复辟期间，他归附新朝，成为贵族，百日王朝期间，因为拒绝归附拿破仑，被拿破仑从元帅名单中除名，滑铁卢战役之后，因为在军事法庭上认为内伊元帅无罪，被削爵撤职，1816年6月病逝。

如此一来，进攻者就不会朝着固定的目标阔步前进，此时的他们就像在战局中游移不定的流浪汉一样，左顾右盼，期望能在偶然之间捡到一些唾手可得的廉价果实。这样的进攻与防御几乎毫无差别，因为防御者也可以这样做。关于这种战局，我们将在《进攻》篇中做进一步的哲学上的说明，在此，我们只能提出一个结论：在这种战局中，进攻者和防御者都对决战退避三舍，所以决战不再是所有战略行动的终点。

如果对各个时代和各个国家的战史有所了解，那么我们就会知道，这种不寻求决战的战局为数极多，甚至多到了寻求决战的战局好像是例外的程度。或许在将来这种情况会有所变化，但是有一点是确定无疑的——这种战局依然会非常多。所以，在研究战区防御时，我们必须考虑这种战局。

现实中的战争往往在这两种不同的战局之间摇摆不定，这种战争绝对形态的变化，是由战争阻力引起的,只有在考察了由战争阻力所引起的战争绝对形态的变化之后,我们才能看到这些特点的实际作用。

我们在前面说过,防御优于进攻的最大优点之一就是等待。在实际生活中,我们往往很难做到使所有的行动都符合实际情况,在战争中尤其如此。

由于人的认知能力有限、害怕不利的结局、影响事件发展的偶然性因素太多,所以时常有预想的情况事实上并没有发生的问题出现。与其他活动领域相比,在战争中,人的认知能力更是有限,人们面临的危险和偶然现象也会更多,所以,与其他活动领域相比,战争中贻误时机的现象也比较多。对于防御者而言,这却恰恰是坐享地利之便的他们可以斩获战果的好机会。一旦防御者占领了某个地区,那么该地就会具备独特的重要意义,把这种意义与我们刚才所说的经验结合起来,就产生了一条重要的原则,即捷足先登者先得利。

在有些战局中,之所以会出现双方都规避决战的现象,就是因为这个原则在其中发挥作用。这条原则的意义,不在于它能引发行动,而在于它能够成为不行动的依据或者理由。只要没有决战的可能,防御者就必须寸土必争,只有在决战中为了换取某种利益的时候,防御者才可以放弃领土。因此,防御者总是力图保住所有的国土或者大部分国土,而进攻者则总是力图在不进行决战的前提下尽量多占据国土。接下来我们将重点讨论第一种情况。

凡是防御者的守备力量空虚的地方,都有可能成为进攻者的进占对象,如此一来,通过等待所获得的利益就会落入进攻者手中。所以,防御者总是力图掩护所有的地方,然后等待敌军发动进攻。

进攻者规避决战时,往往会追求某些目的,在进一步探讨防御的特点之前,我们必须先来谈谈这些目的。这些目的分别为:

第一,在不进行决战的前提下,尽可能多地占据敌人的国土。

第二,在不进行决战的前提下,占据敌军的仓储基地。

第三,占领没有守备力量的要塞。虽然围攻要塞是一种旷日持久的艰巨行动,但是这种行动并不会带来什么灾祸,因为人们在最不利的情况下可以撤围。

第四,发动一些意义有限的胜利的战斗。

布律纳元帅

布律纳,法兰西第一帝国元帅,勇敢无畏,治军严明,拿破仑对他的评价是“他有一定的功绩,但是总体而言,与其说他是令人生畏的军人,不如说他是看台上的将军”。滑铁卢战役之后,他向联军投降,在赶往巴黎的途中被暴民虐杀,尸体被投入莱茵河。拿破仑麾下诸位元帅中,他的下场最为悲惨。

进行这种战斗不必冒很大的危险，也不会得到太大的利益。在战略纽带上，这种战斗没有很大的意义，它是为了战斗而进行的战斗，或者是为了获得战利品，或者是为了满足军人的荣誉心，所以人们不会不惜一切代价地去发动战斗，而只会在时机合适的时候采取行动，或者是利用巧妙的行动创造合适的时机。

针对进攻者的这四种目的，防御者可以采取四种对策：

第一，将军队配置在要塞前方，保护要塞。

第二，扩大防御正面以保卫国土。

第三，如果正面宽度不足以保卫国土，就必须向侧方行军，迅速赶到敌军前方截击敌军。

第四，避免进行不利的战斗。

显而易见，防御者采取前三种手段的目的，在于迫使敌军率先出手，自己则可以充分利用通过等待所获得的利益。这种意图是事物的性质是斗榫合缝的，对其一概加以否定当然是愚蠢的。决战的可能性越小，防御者的这种意图就越强。

尽管从表面上来看，在那些对整体战局没有决定性作用的小规模行动中，军事活动比较活跃，但是我们刚才所说的这种意图永远都是这种战局的深层基础。无论是汉尼拔还是菲比阿斯，无论是腓特烈大帝还是道恩将军，只要没有寻求决战或者等待决战的意图，他们就必须遵循这个原则。

至于第四种手段，其实它是为前三种手段服务的，也是采取前三种手段时不可或缺的前提条件。

接下来我们将详细研究这几种手段。

修筑要塞的目的，就是为了能够使它独力抵抗敌人的进攻，所以，为了使要塞免遭敌军的攻击，而在要塞前方配置军队，从表面上看是多此一举。然而事实上这种情况已经出现过了千万次。最普通的事情往往是最难理解的，在战争中就是如此。谁敢仅仅因为表面上的矛盾，就全盘否定这种出现过千万次的情况呢？这种现象一再出现，就说明一定有其深层原因，这个原因就是我们在前面所说的人性的弱点。①

如果我们将军队配置在要塞前方，那么敌军在击败我军之前就无法进攻要塞。会战即决战，如果敌军规避决战，那么他们就不会发动会战，也就是说，我军无须进行决战即可保住要塞。所以，如果我们无法确定敌军是否会发动决战，那么我们即可静观其变；如果敌军发动决战，那么在大多数情况下，我军还可以撤往要塞后方。因此，我们将军队配置在要塞前方几乎是没有什么危险的。

相反，如果我们在一开始就将军队配置在要塞后方，那么我们就相当于给进攻者提供了一个靶子。如果要塞不是很大，那么即使敌军毫无防备，他们也会发动围攻。在此形势下，为了保卫要塞，我们就必须派兵增援。如此一来，我军的行动就成了积极的和主动的，可以围点打援的敌军反而会掌握主动权。这是由事物的性质决定的，经验也可以告诉我们这一点。

围攻要塞不一定会惨遭不幸。只要能够接近要塞，并且军中有火炮，即使对决战畏如蛇蝎、

① 这里所说的人性的弱点，可能指的是人的认知能力有限、害怕不利的结局、容易受到偶然性因素的影响等。——译者注

最为懦弱的统帅，也会毫不犹豫地发动围攻；如果形势不利，那么他就可以放弃围攻，以免遭到损失。从另一方面来说，对于那些曾被围攻过的要塞而言，它们往往会被敌军强行攻破，或者被敌军利用特殊手段攻破。所以防御者在估计可能面对的情况时，必须考虑这一点。把这两种情况结合起来，防御者必然会认为，与其在较好的条件下进行会战，不如根本不战。所以，将军队配置在要塞前方的做法是很自然的，也是人们的一种习惯性的做法。

腓特烈大帝曾利用林洛高要塞成功地抗击俄军，也曾利用希维德尼察、尼斯和德累斯顿等要塞成功地抗击奥地利军队。在此过程中，他基本上都沿用了这种习惯性的做法。但是贝费恩公爵在布勒斯劳采取这种做法时却一败涂地。假如当时他将军队配置在布勒斯劳前方，并且腓特烈大帝不在布勒斯劳，那么他就有可能免遭袭击，然而，由于腓特烈大帝在布勒斯劳，所以贝费恩公爵所率的奥地利军队就难逃此劫。

由此可知，在布勒斯劳进行决战并非全无可能，因此，贝费恩公爵将奥地利军队配置在布勒斯劳是错误的。事实上，贝费恩公爵之所以如此，是因为布雷斯劳是仓储基地，如果此地遭到普鲁士军队的炮击，那么他就会遭到处事不公的国王的谴责，否则他就会将军队配置在布勒斯劳后方。因此，对于他将军队配置在要塞前方的做法，我们不应该横加挞伐。因为占领希维德尼察，可能已经能够满足卡尔·冯·洛林公爵的期望，由于担心遭到普鲁士国王的进攻，他也可能会停滞不前。所以，对于贝费恩公爵来说，他能采取的最好的对策应该是规避会战，一旦普鲁士军队发动进攻，他就应该立刻将军队撤到布勒斯劳后方。如此一来，他不但不必冒险，还可以通过等待得到某些利益。

莫蒂埃元帅

莫蒂埃，法兰西第一帝国元帅。在拿破仑麾下诸多元帅中，他的战绩并不是最卓著的，但是他是唯一能够得到所有元帅尊敬的人，1835年陪同法国国王阅兵时被刺客炸死。

通过上述，我们已经为防御者将军队配置在要塞前方的做法找到了一个重要而有力的理由，并且我们也证明了这个理由的正确性。此外，我们还得提出一个虽然次要但是更为直接的理由。当然，这个理由不是很有力，所以它没有决定性的作用。这个理由就是，军队常常需要利用最近的要塞作为储藏军用物资的仓库。

这种做法不但便捷而且益处颇多，所以统帅一般不愿意不远千里地从远方的要塞转运军用物资，或者不愿将军用物资存放在没有防御工事的地方，这无疑会使要塞变成仓库。从这个角度来说，在某些情况下将军队配置在要塞前方是势在必然的。有些目光短浅的人过分看重这个直接的理由，但是这并不足以解释为何人们总是倾向于在要塞前方配置军队，而且，这个理由也没有决定性的作用。

无须发动会战，即可夺取一些要塞，对于那些规避决战的进攻者而言，将此作为目的是自然而然的，不言而喻，防御者的主要任务当然是阻止敌军实现这个目的。以此看来，在有许多要塞的战区中，几乎所有的行动都围绕要塞展开，这是不足为奇的：进攻者总是绞尽脑汁地想出种种计策，意图突然靠近某个要塞；有所防备的防御者则总是力图截击敌军。从路易十四时代到萨克森元帅所处的时代，发生在尼德兰的战争中几乎都贯穿着这个特点。

关于如何掩护要塞的问题，我们暂时谈到这里。

只有在地形障碍非常大的前提下，防御者才有通过扩大军队配置的正面来保护国土的希望。然而事实上地形障碍能够满足需求的情况是极为罕见的，一旦防御者扩大了军队配置的正面，就必须为大大小小的防哨构筑工事，只有以坚固的阵地为依托，这些防哨才能具备一定的抵抗能力。

我们应该知道，用这种方法在某一点上进行的抵抗只能被当成相对抵抗，而不能被当成绝对抵抗。虽然这样的防哨也有可能不被攻破，甚至有可能获得绝对的结果，但是与整体相比，任何一个单独的防哨力量都是软弱无力的，尤其是在遭到优势兵力打击的情况下，所以将所有的希望都寄托在单独的防哨所进行的抵抗上是不切实际的。也就是说，防御者扩大军队的配置正面，只能延长抵抗时间，而无法获得真正的胜利。

然而，采取这种防御方式的时候自然有特定的总体任务，就总体任务而言，单独的防哨能发挥这种作用就已经足够。

如果对发生大规模的决战无所畏惧，也不怕敌军为了战胜我军整体而马不停蹄地前进，那么防御者利用防哨进行战斗就不会面临很大的危险，即使防哨失守也是如此。因为在这种情况下，进攻者往往只能得到这个防哨本身和一些战利品，而且这对防御不会有进一步的影响，更不会动摇防御者的根基。

对防御者而言，最坏的情况只是整个防御体系因为某个防哨失守而遭到破坏，但是在此形势下，防御者依然有时间集结所有的军队，向进攻者摆出即将发动决战的姿态。在此必须注意一点，我们做出这种推断的前提，是进攻者不会发动决战，所以通常在防御者集结兵力之后，进攻者就会停止前进，敌对双方的行动也会告一段落。此时，防御者遭到的所有损失是国土、兵员和火炮，而这些东西足以填平进攻者的欲壑。

有时候，进攻者过于谨慎，胆怯畏战，只是停留在防御者防哨的前方而迟迟不敢出击；如果防御者能够预料敌军的特点，那么即使形势再不利，他们也可以铤而走险，冒着巨大的风险试着采取这种防御方式。

我们再次重申，我们所假设的进攻者只是不敢冒非常之险去斩获非常之功的敌人。对于这样的敌人，一个中等程度的坚固防哨就可以迫使他们望而却步。即使有信心攻占面前的防哨，他们也会考虑付出的代价与即将获得的利益是否匹配。

上述情况表明，防御者在宽大的正面上可以用许多并列的防哨进行强有力的相对抵抗，从整个战局的角度来看，这种做法也可以获得令人满意的成果。为了便于读者在战史中找到相关战例，我们还得指出，一般而言，这种扩大正面配置的方式往往出现在战局的后期，因为此时防御者已经对进攻者的意图和情况产生了比较深入的了解，而且进攻者原有的一些进取精神也已经荡然无存。

在扩大正面配置以图掩护国土、仓库或要塞的防御活动中，所有的大的地形障碍必然会产生举足轻重的作用。正因如此，所以司令部对地形障碍总是津津乐道。一般而言，在军队中，被提及最多的部门就是司令部，因此，战史中关于地形的记载也比较多。以此为基础，自然而然就会产生一种错误的倾向：将地形问题系统化，并以历史上的个别情况为依据，从中找到能够适用于一般情况的某些准则。当然，这种看法是错误的，即使为此呕心沥血地努力也是徒劳无功。

退而言之，即使这类比较消极的防御活动只是局限于某个地区，各种情况也是纷繁多变的，必须区别对待。在如何利用地形障碍方面，即使有最好的和最有理论性的回忆录，它们也只能帮助我们了解问题，而无法成为规定。事实上，这些回忆录就是战史，但是它们涉及的只是战争的一个方面。

诚然，司令部的活动[①]是必要的，也是值得重视的，但是我们必须警惕他们经常所做的那种对整体不利的越俎代庖的行为。凭借自身的重要地位，司令部中的高层人物，常常对其他人产生主导性的作用，尤其是对统帅，这就很容易产生一种带有片面性的思维方式，致使除了能看到山川和隘路之外，目无全牛的统帅再也看不到别的东西。他们本应根据具体情况做出抉择，但是在这种形势下，他们只能将自己交给第二天性来摆布。

贝西埃尔元帅

贝西埃尔，法兰西第一帝国元帅，此人对拿破仑忠心耿耿，虽然一生中只有一次独力指挥作战的经历，但是这已经足以证明他是那个年代最好的骑兵指挥官之一。1813年，在与俄普联军作战期间，贝西埃尔被一颗炮弹击中，当场身亡。

例如在1793年和1794年，普鲁士司令部的中流砥柱、著名的山川和隘路专家格拉维尔特上校，就曾使两个性格完全不同的统帅——布伦瑞克公爵和米伦多夫将军——采取了完全相同的作战方法。

沿着险要地带建立的防线往往会成为单线式防御，如果需要利用这种防线直接掩护战区的整个正面，那么它就必然会成为单线式防御。因为战区一般都是比较大的，而在战区中进行防御的军队的战术配置却比较小。

事实上，受制于各种实际情况的进攻者，只能沿着主干道朝主要方向行进，即使防御者再消极，一旦偏离主要方向和主干道，进攻者也会面临很大的不利，所以一般而言，防御者只需要掩护主干道两侧几普里或者几日行程宽的地区就可以。在此形势下，防御者在主干道和接近地设置防哨，再在各条主干道之间设置监视哨就可以达到这个目的。

当然，在这种情况下，进攻者可以派遣一个纵队从两个防哨之间通过，并且可以有计划性地

① 这里所说的“司令部的活动”，指的是司令部在地形障碍方面给予的指导。——译者注

从几个方面对某个防哨发动攻击。对此，防御者配置这些防哨时，必须三思而后行，力求妥善：或者为这些防哨提供侧面依托；或者构成侧面防御；或者能使这些防哨得到预备队和邻近防哨的支援。按照这种配置方式，即可大大减少防哨的数量，进行这种防御活动的一支军队，一般只需要分为四个或者五个防哨。

有些接近地彼此距离过大，并且都受到了程度不一的威胁，为了掩护这些接近地，我们可以设立一些特殊的防御中心，就像在大战区之内设立一些小战区。七年战争期间，奥地利军队的主力在下西里西亚山区经常被配置为四五个防哨，一些独立性和兵力都比较小的军队在上西里西亚也采取过类似的防御配置方式。

采取这种配置方式时，防御者越是不直接掩护目标，就越需要借助运动和积极的防御，甚至可以采取进攻手段。比如可以将某些部队当成预备队，还可以从每个防哨中抽调一部分兵力支援其他防哨。支援方法如下：或者从后方赴援，加强或者恢复消极的抵抗；或者攻击敌军的侧翼、威胁敌军的撤退线。如果进攻者另有所图，真正的目的不是进攻防哨的侧面，而只是企图占领一个阵地，以威胁防哨的交通线，那么防御者就可以出动预备队，向敌军发动真正的攻击，或者以牙还牙，威胁敌军的交通线。

由此可见，尽管这种防御方式的主要基础具有非常消极的性质，但是我们必须配备一些积极的手段，并且能够通过各种方式灵活地利用这些手段去应付各种复杂的问题。

人们通常认为运用积极手段或者进攻手段最多的防御就是比较好的防御，但是这样做一方面在很大程度上取决于地形的性质、军队的素质和统帅的才智，一方面也容易使人们过分依赖运动和其他的积极的辅助手段，而过分忽视利用地形障碍进行扼守地区的防御。

至此，我们认为已经说清楚了与扩大防御正面有关的问题。接下来，我们来谈谈第三种辅助手段，即迅速地向侧方行动，赶到敌军前方去截击敌军。

在我们所谈的国土防御中，这是必然会使用的一种手段。之所以这样说，原因如下：

第一，即使防御者的阵地正面很宽，它也无法掩护本国所有受到威胁的门户。

第二，一旦某个防哨遭到敌军主力的攻击，防御者往往必须动用主力加以支援，否则该地就会被敌军轻而易举地收入囊中。

第三，那些不愿意将自己的军队胶滞在正面宽大的阵地上进行消极抵抗的统帅，为了达到掩护国土的目的，必然会倾向于采取一些迅速而考虑全面的行动。防备力量空虚的地方越多，要想及时赶到这些地方，就越是需要游刃有余的运动技巧。

防御者要想采取第三种辅助手段，就必然会到处寻觅那种一旦占领就可以带来很大利益的阵地。这种阵地的特点，是将其据为己有之后，就可以打消敌军的攻击念头。由于这样的阵地频繁出现，防御者面临的主要问题又在于及时赶到这些阵地，所以从表面上看，好像这些阵地就是这种军事活动的主体，所以人们也称这种作战方式为防哨战。

在规避决战的战争中，向侧方行军，赶在敌军前方截击敌军，与扩大配置正面和相对抵抗一样，都不会产生危险。然而，如果防御者只想在迫不得已的紧要关头才采取行动，赶到敌军前方占领阵地，但是欲壑难填的敌军不仅意志坚决，而且敢于付出任何代价，那么防御者就必然会一败涂地。因为在这样的敌军面前，这种仓促之间占据的阵地是不堪一击的。但是，如果敌军的武器不是拳头，而是手指；或者说，如果敌军不愿获得巨大的成果，而仅仅满足于用微小的代价换取蝇头蜗角之利，那么防御者采用这种抵抗手段就可以获得一定的成果。一般来说，这种情况多见于战局后期，很少在前期出现。

在这里，司令部又有机会把如何选择和构筑阵地方面的地形知识，以及与通往阵地的道路有关的地形知识变成一套彼此有联系的措施。（我们对此必须保持警惕。）

佩里尼翁元帅

佩里尼翁，法兰西第一帝国元帅，因在波旁王朝复辟期间归附新朝，所以被拿破仑从元帅名单中除名，拿破仑第二次被流放之后，此人在军事法庭上投票赞成处决内伊。1818年6月，佩里尼翁在巴黎逝世。

采取第三种辅助手段的时候，最终将形成这样一种情况：一方力图到达某地，另一方面则极力阻止，所以双方不得不在对方眼前行军。当然，与其他情况相比，此时双方都必须谨小慎微，行军的时候也必须尽量算无遗策。

在主力还没有被区分为各个师的时代，在行军时，主力是一个不可分割的整体，要想做到谨小慎微和算无遗策是很困难的，必须具备高度的战术技巧才有成功的可能。有时候，被配置在第一线的某些旅为了抢先攻占某些地点、执行一些独立的任务，即使其他军队还没有到来，他们也必须做好与敌军接触的准备。然而无论是在过去，还是在将来，这都是一种反常现象。一般而言，当时的军队在行军时，往往必须以保持整体的原有次序为原则，所以他们也总是会尽可能地避免这种反常现象。

如今，主力的各个部分已经被区分为许多独立的单位，只要他们彼此之间的距离比较近，能够及时协助友军发动或者结束某次战斗，那么这些独立的单位甚至能够向敌军整体发动攻击。所以，对如今的军队而言，即使让他们在与敌军相距一步之遥的地方向侧方行军，也不会面临很大的困难。在从前，有些必须通过僵化的行军队形才能达到的目的，现在只需要提前派出几个师、使其他军队倍道兼程地行军，或者更加机动化地调度整个军队即可达到。

如果进攻者对某个要塞、某个地区或者某个仓库虎视眈眈，那么防御者利用上述手段，即可阻止进攻者。如果进攻者因为防御者利用上述手段挑起的战斗而疲于奔命，而且在这些战斗中获胜的可能比较小，在局势不利的时候，甚至有遭到还击的危险，致使付出的代价与目的和自身状况不匹配，那么进攻者的行动也会被阻止。

如果防御者利用技巧和设施达到了这个目的，并且能够利用良好的防御设施使进攻者意识到已经没有实现任何企图——即使是很小的企图——的希望，那么，进攻者往往就会到单纯满足军人的荣誉心这方面去寻找出路。军队每次发动进攻时，人们必然会抱有一定的期望，在任何一次大的战斗中获胜，不仅能增加军队的声望，满足统帅、军队、政府和人民的虚荣心，也能满足人们对进攻行动本身所抱有的期望。所以，（在进攻者无法实现任何企图的前提下，）获得胜利，掠夺战利品，进行意义有限的胜利的战斗，就成了进攻者最后的希望。

赛律里埃元帅

赛律里埃，法兰西第一帝国元帅，在波旁王朝期间归附新朝，在百日王朝期间又归附拿破仑，政治立场多变，1819年12月去世。

但愿人们不要以为我们的说法是自相矛盾的，因为我们的说法始终有一个前提：在防御者所采取的良好的防御措施面前，进攻者不可能利用一次胜利的战斗达到上述目的[①]中的任何一个目的。要想达到最后的希望，进攻者必须具备两个条件：第一，战斗形势有利；第二，通过这种胜利能够达到上述目的中的任何一个目的。

即使不存在第二个条件，也有可能存在第一个条件。如果进攻者发动战斗的目的，只是为了满足荣誉心，那么，与为了获得其他利益而进行的战斗相比，在这种情况下，防御者的某支单独的兵力或者某个单独的防哨就有可能面临更大的危险。[②]

如果我们能够站在道恩将军的立场上，按照他的思维方式考虑问题，那么我们就可以理解，为什么谨小慎微的他敢于袭击霍赫基尔希，因为他的目的只是为了得到当天的战利品。虽然普鲁士国王被迫放弃了德累斯顿和尼斯，但是对于道恩将军而言，这只是意料之外的胜利。

不要以为这两种胜利[③]之间的差别是微乎其微或者毫无意义的，恰恰相反，我们在这里所论述的正是战争的一个最为基本的特点。

从战略上来看，战斗的意义是战斗的灵魂。我们必须不厌其烦地指出一点：凡是战略上最为重要的东西，都产生于敌对双方的终极意图，或者说产生于敌对双方进行思考活动的最高出发点。所以从战略意义上来看，不同的会战之间可能有很大的差别，我们甚至不能将它们当成同一种手段。

---

① “上述目的”指的是作者在前面所说的进攻者的四种目的：第一，在不进行决战的前提下，尽可能多地占据敌人的国土；第二，在不进行决战的前提下，占据敌军的仓储基地；第三，占领没有守备力量的要塞；第四，发动一些意义有限的胜利的战斗。结合前文来看，作者在此处的说法似乎有疏漏，也就是说，“进攻者不可能利用一次胜利的战斗达到上述目的中的任何一个目的”，应该改为“进攻者不可能利用一次胜利的战斗达到上述目的中的前三种目的”。——译者注

② 这句话的意思应该是，如果进攻者无法尽可能多地占据敌人的国土、仓储基地和守备力量空虚的要塞，那么他们就只能将敌军作为唯一的打击目标。——译者注

③ 指的是为了满足荣誉心而获得的胜利和为了达到“上述目的”而获得的胜利。——译者注

虽然进攻者为了满足荣誉心而获得的胜利，对于防御者几乎没有什么重大的危害，但是防御者毕竟不愿将这种利益拱手让人，何况，谁知道贪得无厌的进攻者在得到这些利益之后还想得到什么呢？所以，防御者必须时时注意所有的大部队和防哨的状况。当然，这些问题大部分取决于这些军队的指挥官的才智，如果统帅决策失误，这些军队就难免会被卷入到灾祸之中。

在这一方面，我们可以引用兰茨胡特的富凯军和马克森的芬克军的例子为鉴。

当时，据守兰茨胡特阵地的富凯率领一万普鲁士军对抗三万敌军（由劳东将军率领），芬克所率的普鲁士军队则处于优势敌军（由道恩将军率领）的包围中。在这两次行动中，腓特烈大帝并没有认为富凯和芬克能够克敌制胜，但是他过于依赖一贯的想法，认为兰茨胡特的阵地能够发挥以往的威力，并且认为一旦对道恩将军的侧翼发动佯攻，就能迫使他放弃对普鲁士军队比较不利的萨克森阵地，转入对普鲁士军队比较有利的波西米亚阵地，但是腓特烈大帝的判断和采取的措施都是错误的。

维克多元帅

维克多，法兰西第一帝国元帅，因为对拿破仑的人事任命不满，于波旁王朝复辟期间投靠新朝，百日王朝期间随同路易十八流亡海外，滑铁卢战役之后被路易十八封为贵族，1841年去世。

事实上，即使一个统帅不是很固执鲁莽，也不是眼高于顶，他也难免会犯腓特烈大帝的错误。除了这个错误，我们所研究的问题[①]仍然有一个比较大的难题：指挥官的洞察力、勇气、性格等因素不可能完全符合统帅的要求。

统帅不能授予指挥官全权，必须给他们下达某些命令，如此一来，指挥官的行动就难免会受到限制，很容易遇到统帅指示与实际情况不一致的问题。这种弊病是无法完全避免的。如果统帅的意志不具备权威性和强制性，无法深入军队的最底层，那么统帅就无法如臂使指般调度军队；此外，那些不是很有主见，过分依赖部下建议的统帅，也不能很好地指挥军队。所以，统帅必须密切关注所有军队和防哨的一举一动，以防它们忽然陷入灾难中。

防御者运用这四种手段[②]都是为了维护现状，他们越是能将这四种手段运用得得心应手，在某个地点进行的战争的持续时间就越长，而战争持续时间越长，给养问题就越重要。所以，在战争初期，防御者就需要用仓库供给的方式来取代强征，也需要用固定的运输队代替临时征用的农民的车辆。当然，这种方式类似于正规的仓库供

① 指的是防御者如何避免进行不利的战斗。——译者注

② 这四种手段指的是，第一，将军队配置在要塞前方，保护要塞；第二，扩大防御正面以保卫国土；第三，如果正面宽度不足以保卫国土，就必须向侧方行军，迅速赶到敌军前方截击敌军；第四，避免进行不利的战斗。——译者注

给，关于这一点，我们在前面已经谈过。

然而，在敌对双方都规避决战的战争中，给养问题并不会产生巨大的影响，因为就任务和性质而言，这只是一个局限在狭小的范围内的问题。的确，这个问题能够产生一定的影响，有时候甚至能够产生很大的影响，但是它并不能改变整个战争的性质。

与此相比，威胁敌军的交通线无疑具有更为重要的意义。原因在于：第一，这种战争中一般不会出现比较强而有力的手段，统帅只能采取这种比较弱的手段；第二，威胁敌军交通线的这种手段发挥效果需要比较长的时间，这种战争则恰恰能够提供比较充足的时间。所以，在此形势下，保障自己的交通线就具有特殊的重要性。虽然进攻者的目的不是切断敌人的交通线，但是这却是一种能够迫使防御者撤退并放弃其他目标的一种有效手段。

战区内部所有的掩护措施对交通线自然也有保障作用，保障交通线的安全，在一定程度上就得依靠这些掩护措施。此外，部署兵力时，我们也得考虑交通线的安全问题。动用小规模的军队或者规模比较大的军队护送运输队，是保障交通线的一种特殊手段，因为即使阵地的正面再宽，也无法确保所有的交通线都能安然无虞。尤其是在统帅不愿意扩大配置正面时，就尤其需要利用这种手段。所以，在滕培霍夫的《七年战争史》中，我们经常可以看到，腓特烈大帝派兵护送运输面粉和面包的运输队，有时候是派遣步兵团，有时候是派遣骑兵团，有时候甚至是派遣一个旅，但是从记载中来看，奥地利军队似乎并没有这样做过。之所以如此，或许是没有人加以记载，也可能是奥地利军队的阵地正面一般比较宽。

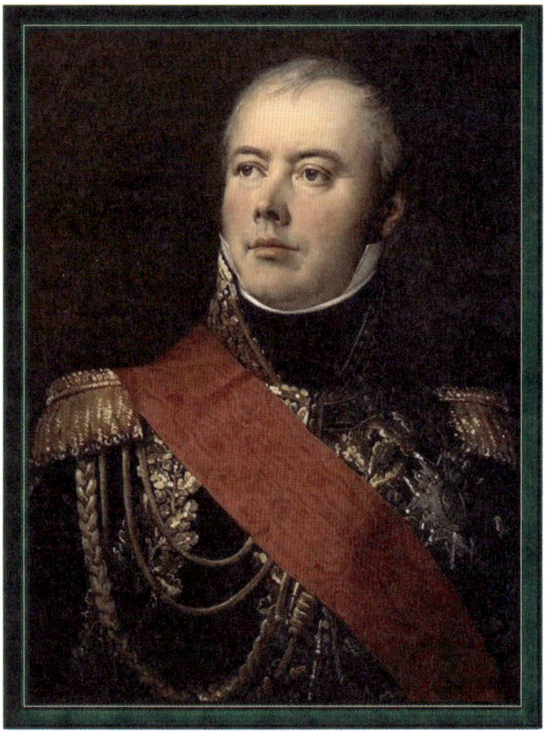

麦克唐纳元帅

麦克唐纳，法兰西第一帝国元帅。此人骁勇善战，也能独当一面，缺点是粗心、缺乏敏锐感。拿破仑评价他是“一个优秀勇敢但是不幸的指挥官”“吹风笛的时候不可信任”。第二句话的意思是怀疑他的英国血统。1840年9月，麦克唐纳逝世于巴黎。

上面我们所谈的这四种手段是不求决战的防御活动的基础，基本上与进攻要素毫无关系。接下来，我们来谈几种具有进攻性质的手段，在一定程度上，这几种手段可以与上述四种手段混杂使用，或者可以将它们作为上述四种手段的辅助手段。这些具有进攻性质的手段分别为：

第一，威胁敌军的交通线，其中包括袭击敌军的仓库。

第二，在敌占区发动牵制性攻击或者游击。

第三，在时机合适的情况下，攻击或者威胁敌军孤立的军队、防哨，甚至是敌军的主力。

在这样的战争中，第一种手段在某种程度上是始终有效的，但是它发挥效力的方式是隐蔽的。如果防御者的每一个良好的阵地都能使敌军的交通线受到威胁而使敌军有所顾忌，那么它们就发挥了绝大部分的效果。我们在前面说过，在这样的战争中，对于防御者而言，给养问题具有特殊的重要意义，对于进攻者来说也是如此。因此，确定大部分战略措施的时候，会不会遭到敌军攻击是一个很重要的依据。关于这一点，我们在讨论进攻的时候再详谈。

除了对敌军的交通线进行一般性的威胁，动用部分兵力真正地进攻敌军的交通线，也属于第一种手段。不过，只有在交通线的状况、地形的性质、军队的特点等具体条件都适当的情况下，采取这种手段才能得到利益。

按照常理来说，为了进行报复、掠夺，或者为了得到某些利益，而到敌占区进行游击活动不是防御手段，而是真正的进攻手段。发动牵制性攻击的目的，是为了削弱与我军对峙的敌军，由于游击活动通常与真正的牵制性攻击的目的结合在一起，所以游击活动也可以被当成一种真正的防御手段。

当然，由于牵制性攻击本身就是一种真正的进攻手段，牵制性攻击也可以用于进攻，所以我们认为在下一篇中讨论这个问题更为恰当。我们在这里提到它，只是为了把防御者在战区内可能用到的一切小规模进攻手段都列举出来。但是在这里我们必须指出，如果牵制性攻击的规模和作用足够大，那么它可以使整个战争都具有进攻的外在形式。

1759年的战局开始之前，腓特烈大帝在波兰、波西米亚、弗兰肯等地采取的行动就是这样。从实际意义来说，这些行动本身是纯粹的防御，但是普鲁士军队在敌占区中进行的袭击使它们具备了进攻的性质；由于具有进攻的性质，这些行动也产生了特殊的价值。

如果进攻者因为行动鲁莽而在某些地点暴露了自己的软肋，那么防御者就可以将攻击敌军中孤立的部分或者敌军主力作为对整个防御活动的一种补充手段。当然，这种行动只有在这种前提下才能实施。我们在前面说过，威胁敌军交通线的时候，除了进行一般性的威胁，防御者还可以发动真正的进攻；与此相同，防御者采取这种补充手段的时候，步伐可以更大一些——在时机合适的时候，把进行有利的战斗作为特殊的企图。但是要想在这种活动中有所斩获，防御者的兵力必须具有明显的优势（一般来说，这一点与防御的性质不符，但也是有可能做到的），或者，防御者统帅的才能和用兵之道必须技高一筹。此外，防御者必须能够使自己的军队比较集中，并且能够提升军队的机动能力，以此来补救由于军队集中而在其他地方出现的不利情况。

关于这个问题，七年战争期间的道恩将军和腓特烈大帝就是一个明显的对比。我们可以看到，每当腓特烈大帝的行动过于大胆或者有轻敌迹象的时候，道恩将军往往会发动进攻，比如他在霍赫基尔希、马克森和兰茨胡特就这样做过。而腓特烈大帝则总是在马不停蹄地行军，力图以自己的主力将道恩的军队各个击破。然而，由于兵力雄厚的道恩将军总是谨小慎微，所以腓特烈大帝得手的机会很少，斩获的成果也不是很大。不过，我们并不能因此认为腓特烈大帝的努力是徒劳无功的。

事实上，这种努力本身就是一种很有效的抵抗，因为敌军为了避免进行不利的战斗，会被迫处于高度战备状态，原先可以投入进攻行动中的一部分力量因此而被抵消了。比如在1760年的西里西亚战局中，道恩将军和俄军之所以止步不前，就是因为担心遭到神出鬼没的普鲁士军队的攻击。

马尔蒙元帅

马尔蒙，法兰西第一帝国元帅，有出众的组织才能和军事才能，但是因为在1814年背叛了拿破仑，所以在当时和后世，许多人都认为他是忘恩负义的人。1830年，因为镇压七月革命不力，马尔蒙流亡欧洲，1852年逝世于威尼斯。

至此，关于在规避决战的战区防御活动中的主导思想、主要手段、整个行动的依据等问题，我们已经面面俱到地谈到了。我们将这些问题列举出来，是为了使读者了解整个战略活动的全貌，至于具体措施，比如行军、选择阵地等，我们在前面也已经比较详细地谈过了。

如果高屋建瓴地看待这个问题，我们必然会认为，当进攻意图、双方的决战意图都比较小，都缺乏积极动机，而内在性的牵制力量却很多的时候，进攻与防御之间的本质差别就会渐渐消失——就像我们在上面所设想的那样。

在战局初期，虽然其中一方力图进入另一方战区的时候，需要在一定程度上采取进攻手段，但是通常而言，进攻者很快就可能动用一切力量在敌国土地上保卫自己的国家[①]。如此一来，就很容易出现僵持不下的对峙局面。实际上，这就是相互监视。在此形势下，双方都在考虑如何保持既得利益，以及如何获取实际利益。在这一方面，有时候甚至会出现攻防之势逆转的现象。

进攻者越是倾向于止步不前，防御者面临的威胁就越小，也就越不需要进行真正的防御来保障自己的安全，敌对双方也越容易出现均势局面。在这种势均力敌的状态中，敌对双方的目的，都是为了维持现状，以及从对方手中夺取某种利益。凡是受制于政治意图以及其他原因而无法进行大规模决战的战局中，显然都或多或少地具有这种性质。

关于战略机动的问题，我们将在下一篇中用专门的一章进行论述。

对于这种在势均力敌的基础上进行的赌博，人们往往会高估它的价值，尤其是在防御活动中。所以，我们在研究防御的时候，有必要对它做进一步的说明。

我们称这种机动为敌对双方之间的平稳赌博。但凡没有整体的运动，就必然存在均势；但凡

① 这句话的意思是，进攻者一旦进入敌人的国土，为了防止敌军发动报复性的攻击，致使自己的国土受到威胁，就必须加强在敌国境内的作战力量，防止敌军发动报复。比如甲国入侵乙国之后，发现自己无法完全战胜敌人，甚至有可能遭到敌军的反扑；为了避免这种情况，骑虎难下的甲国就面临不得不动用所有兵力的难题。——译者注

没有远大的目的为动力，就没有整体的运动。在这种情况下，即使双方的兵力对比再悬殊，我们也应该认为它们处于势均力敌的局面。有时候，从整体的均势中，会产生一些引发较小行动和较小目的的个别原因，之所以会产生这些较小的行动和目的，是因为它们不受大规模决战和大的危险的制约。所以，敌对双方都把进行一场豪赌的资本拆分成了小筹码，也就是说，为了获得微小的利益而发动小规模的行动。随着这种行动的出现，双方的统帅必然会展开一场运用技巧的斗争。战争中必然存在偶然性和幸运，所以这种斗争无论在何时都是一场赌博。

由此就产生了另外两个问题：同一切都集中于一次大规模战争的行动相比，在这种机动中，偶然性的作用是否比较小？统帅智力的作用是不是比较大？

对于后一个问题，我们的答案是肯定的。整体分成的部分越多，统帅对时间和空间的考虑就越多，智谋的作用就越大，偶然性的作用则会因此而降低，但是不一定会被前者完全抵消。所以，我们不一定要给第一个问题一个肯定的答案，也就是说，我们必须记住，智力活动并不是统帅唯一的精神活动。

在进行大规模的决战时，勇气、坚毅、果断、冷静等素质比较重要，但是在敌对双方的平稳赌博中，这些素质的作用则比较小。此外，由于智谋的重要性有所上升，偶然性的作用也有所下降。但是从另一方面来看，大部分领域还是会受到偶然性的支配，这些领域也是这些光辉素质的用武之地，并且在智力不及之地，这些素质也能填补智力的空缺。

由此可见，这里事实上是好几种力量的冲突。我们并不能武断地以为，与敌对双方进行平稳赌博的结局相比，偶然性在大规模决战中的作用更大。如果说，我们在这种赌博中看到的是敌对双方技巧的比拼，那么这也只是谋略方面的技巧，而不是指整个军事造诣。

人们之所以高估战略机动的作用，主要是因为两个原因：

第一，他们混淆了这种技巧和统帅所有的精神活动，这是一个很大的错误。关于这一点，我们在前面说过，因为在大规模决战中，起支配作用的是统帅的其他精神活动。

絮歇元帅

絮歇，法兰西第一帝国元帅，拿破仑麾下最为优秀的指挥官之一。拿破仑被流放圣赫勒拿岛期间，有人问他谁是他手下最优秀的将领，拿破仑说"这个问题比较难回答，但是以我来看，应该是絮歇"。

即使这种支配力量来源于强烈的感情、潜意识，或者瞬间乍现的灵感，在军事艺术中，它也依然只是一个真正的公民，因为军事艺术不是单纯的智力活动的领域，也不是智力活动占据支配地位的领域。

第二，人们认为，战局中任何一次无果而终的活动，都与某一方的统帅或者双方统帅的这种高超的技巧有关。事实上，产生这种活动的一般性原因和最主要的原因，却总是存在于使战争变成这种赌博活动的总体情况中。

在历史上，发生在文明国家之间的大多数战争所追求的主要目的并非打垮敌人，而是为了相互监视，所以大多数战局必然具有战略机动的性质。如果这些战局的指挥者不是著名统帅，人们就会置若罔闻；如果其中一方的统帅或者双方统帅都是遐迩闻名的俊杰，那么人们就会根据这些统帅的名望说整个机动艺术是杰出的典范，并且会将这种游戏当成军事艺术的巅峰，称其为炉火纯青的军事艺术的体现，进而会将其作为研究军事艺术的主要依据。

法国大革命战争之前，这种看法在理论界风靡一时。法国大革命战争之后，它就像开辟了一种焕然一新的战争现象。从表面上来看，这种现象粗陋不堪，但是后来在拿破仑指挥的战争中形成了一套使人叹为观止的最好的方法，此时，人们认为这一切都是新的发现，也是伟大的思想和社会状况改变的结果，于是想将旧方法一扫而空，并且他们还认为旧方法已经与新时代格格不入，以后也绝不会再出现。

任何一种思想发生大变革时，总是会产生门户不同的派别，在军事艺术中也是如此。当然，旧方法自然有其捍卫者，他们将新出现的现象当成粗蛮的暴力行为，认为这是军事艺术江河日下的表现，并且认为军事艺术真正的发展方向应该是那种平稳的、无果而终的、无所作为的战争赌博。这种见解是如此不合逻辑、不合哲理，甚至可以将它作为一团乱麻的概念杂烩。此外，那种认为旧方法绝对不会再出现的看法也是有欠妥当的。

圣西尔元帅

圣西尔，法兰西第一帝国元帅，绰号“猫头鹰”，此人的军事才能和组织才能都极为突出，但是缺点是不关心部下，为了保全荣誉不择手段。

事实上，在军事艺术领域内的新现象中，只有一小部分是新发明和新思想的结晶，大部分则是社会状况和社会关系改变的结果。但是，当社会状况和社会关系处于急剧动荡中的时候，我们就不应该把它们当成衡量新现象的标准——毋庸置疑，过去的大部分战争现象以后还会反复出现。

在此，我们没有深入探讨这个问题的意图，只想指出建立在势均力敌基础上的赌博在战争中的地位、意义，以及它与其他事物的内在联系。此外，我们认为这是敌对双方都受到限制和有所缓和的战争因素的产物。

在这种赌博中，当某一方统帅的智谋高出一筹，并且兵力与敌军旗鼓相当时，他就可以斩获某些利益；即使兵力不及敌军，他也可以运用谋略保持势均力敌的态势。但是，要想在这里找出统帅获得至高无上的荣誉以及他们之所以伟大的原因，则与事物的性质有很大的矛盾。相反，这种战局倒是可以常常被当成一个可靠的标志：表明双方统帅都没有杰出的才能；或者，即使他们有才能，也会因为某些条件的限制而不敢发动大规模决战。由此可见，这种战局永远都不是军人获得最高荣誉的领域。

我们在上面所谈的是战略机动的一般特性，接下来，我们来谈谈战略机动的特殊性质：常常使军队偏离主干道或者城镇，开往偏远地区或者不重要的地方。当那些稍纵即逝的微小利益成为行动动机时，国家总方针对战争的影响就会被削弱。所以，我们可以看到，军队常常会开往一些绝不应该去的地方——从战争的重大而简单的意义上来说，是绝不应该去的地方。从这个意义上来说，与大规模决战相比，在这种战局中，个别情况的变化要大得多。

在此，我们不妨回忆一下七年战争中的最后五次战局。当时，总体形势并没有变化，但是每一次

圣赫勒拿岛上的拿破仑眺望法国

滑铁卢战役结束之后，拿破仑被联军流放到了圣赫勒拿岛上，他的梦想破灭了，他的时代也结束了。望着法国所在的方向，可能他在想他往日的雄心壮志，也可能是在想那些曾追随他多年的元帅们。用“人生如梦”这4个字来形容拿破仑此时的心情，可能最为恰当。

战局都有所不同，虽然与以往相比，联军的进攻意图比较强，但是同样的措施从来没有用过两次。

在这一章中，我们指出了军事行动的几种手段，以及这些手段的内在联系、条件和特性。对于这些手段，我们能不能从中提取出能够概括整体的原则呢？根据历史来看，从那些变化无常的形式中几乎没有找到这些东西的可能；整体的性质是纷繁复杂且变化多端的，除了依靠经验，我们认为几乎不存在其他理论法则。

追求大规模决战的战争简单而自然，这种战争往往不受内在矛盾的约束，它更为客观，更多地受到的是内在必然性法则的支配，因此人们可以合理地规定它的形式和法则。然而，对于不求决战的战争来说，要做到这一点却非常困难。根据经验来看，即使是在我们这个时代才形成的关于大规模作战理论的两个基本原则——标洛的基地宽度和约米尼①的内线配置——运用到战区防御上也是毫无用武之地。然而作为单纯的形式，这两个基本原则在这里应该是最有用的，因为行动的时间越长、空间越大，形式就越有用，虽然其他因素也对结果有影响，但是这两个基本原则的影响会更大。但是我们也得知道，它们只是事物的个别方面，绝不会带来具有决定性意义的利益。

显而易见，一般性规则的作用，必然会被具体情况和手段打破。如果说道恩将军的特点是善于选择阵地、配置宽大的正面，那么腓特烈大帝的主要特点就是能够集中主力，如影随形般咬住敌军，见机行事。他们之所以各有特点，一方面是军队素质不同，一方面是由于他们所具备的具体情况不同。

与一个需要对上级负责的统帅相比，一个国王更容易相时而动。关于这一点，我们需要再次强调：对于不同的作风和方法，批评者并没有评判其高下的权力，也不能认为它们之间有隶属关系。因为这些作风和方法都是平等的，只能根据具体情况来断定它们的使用价值。

不可否认，在本章中，我们无法提出原则、规则或者方法，因为历史无法给我们提供这些东西。在每一个具体场合，我们几乎都会遇到一些特例，有时候，这些特例是完全无法理解的，甚至是令人匪夷所思的。然而，没有体系和真理的地方并不代表不存在真理，所以通过研究特例来研究历史并非毫无用处。但是，在大多数情况下，只有通过熟练的判断力和经由经验而得到的敏锐感觉才能发现真理。在这一方面，历史虽然没有给我们提供固定的公式，但是对于判断力而言，这里却是大展拳脚的舞台。

在此，我们只想提出一个能够概括整体的原则，更为确切地说，我们想再次重申我们在这里所讨论的一切问题的基本前提，并且使这个基本前提具备真正的原则的形式。

我们在这里所列举的一切手段只有相对的价值，只有在敌对双方都软弱无力的前提下，它们才有用武之地。如果超出这个前提，起支配作用的就是另外一个更高的法则，那里也是一个全然不同的世界。

统帅必须将这一点牢记在心，绝对不能自以为是，将小范围内的东西绝对化。也就是说，统帅绝不能把那些在小范围内使用的手段当成必然而唯一的手段，如果担心这些手段不适用，那么就

---

① 约米尼，瑞士裔法国将领、军事理论家，最早确定了战略、战术和后勤学之间的分野，由于系统阐述战争原理而被尊为现代军事思想奠基人之一。——译者注

应该放弃它们。从理论上来看，好像不可能产生这种错误，但是事实并非如此，因为现实世界中的事物之间的界限并不是泾渭分明的。

为了使我们的观念更为明确、肯定，我们只是将完全对立的方式作为考察对象，但是战争中的大多数具体情况都处于中间状态。所以，战争在多大程度上受到上述极端观点的支配，取决于战争的具体情况与这种极端对立的方式有多接近。

一般而言，首要的问题，是统帅能否预知敌军会采取强有力的措施，以及自身是否有克敌制胜的力量。即使敌军采取强有力措施的可能性非常微弱，我们也得放弃那些只能避免小的不利的小措施，只能通过自愿牺牲的方式改善自身处境，以便迎接决战。也就是说，统帅必须谋定而后动——先正确地估计形势，再根据这些估计采取行动。

在我们看来，有很多因为误判形势而采取错误举措的史例。在这些史例中，有的统帅举措有误，就是因为他们误以为敌军不会采取强有力的措施。为了使我们的观点更加明确，接下来我们

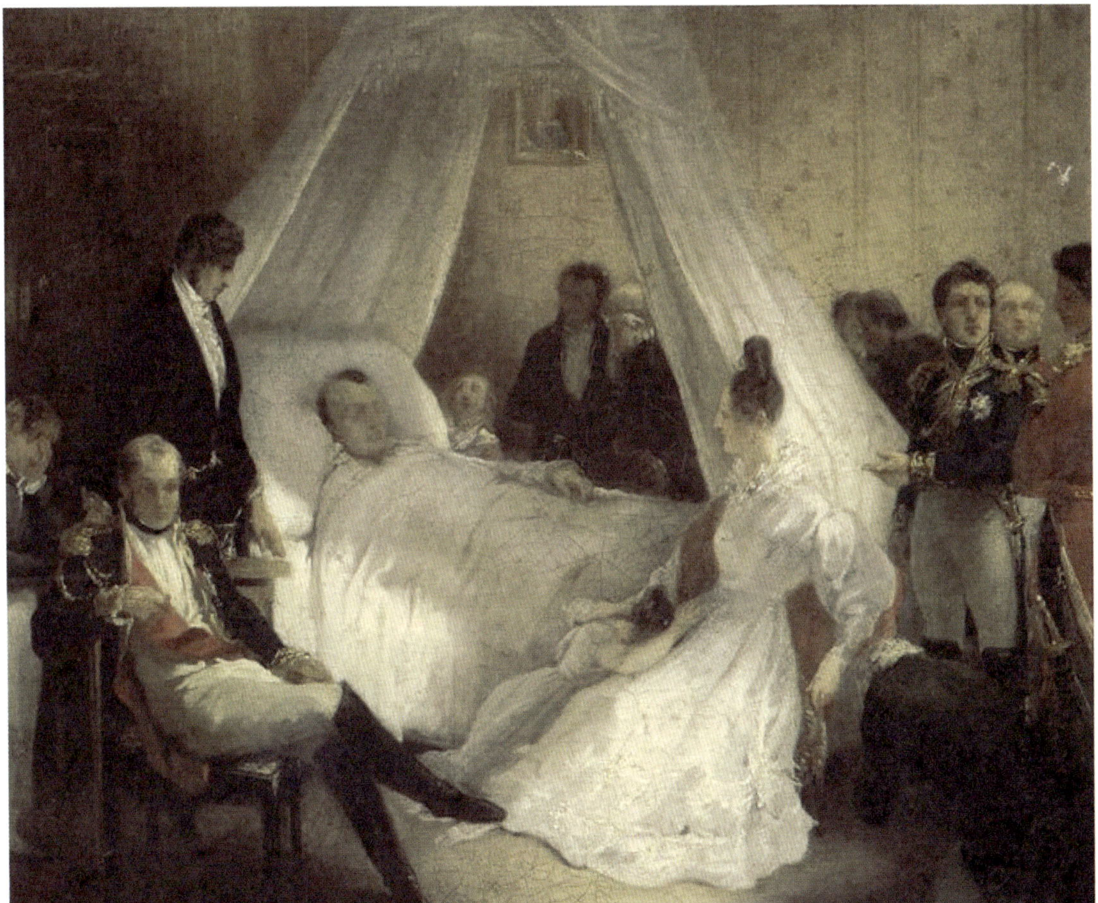

拿破仑逝世

1821年5月5日，一代枭雄拿破仑逝世于圣赫勒拿岛。关于他的死因，历来说法不一，有的人说是因为胃病，有的人说是因为波旁王朝指使拿破仑的亲随在他的食物中下毒。拿破仑去世9年之后，七月王朝在民意的压力下，为拿破仑树立了塑像。1840年，拿破仑的灵柩被运回巴黎，在经过凯旋门之后被安葬在塞纳河畔的荣军院。

将来讨论这些史例。

我们先从1757年的战局说起。从当时奥地利军队的兵力部署状况即可看出，他们并没有料到腓特烈大帝会发动志在必得的攻击。当卡尔·亚历山大所率的军队陷入必须投降的境地时，皮科洛米尼所率的一个军依然在西里西亚边境按兵不动，这就说明奥地利军队对形势的判断有误。

1758年，法军接连失策：先是受到了泽温修道院协定①的迷惑；两个月之后，他们又误判了敌军可能采取的行动，致使威悉河和莱茵河之间的土地失守。

由于不相信敌军会采取强有力的措施，1759年和1760年，腓特烈大帝先后在马克森和兰茨胡特遭到挫败。关于这件事，我们在前面已经谈过。

论及在判断敌情方面的错误，恐怕没有比1792年的奥普联军所犯的错误更大。当时，奥普联军以为利用少量援军即可结束法国内战，但是政治热情高涨的法国人却使他们承受了始料未及的压力。我们之所以说这个错误是严重的，并不是因为它容易避免，而是因为它引发了严重的后果。至于军事方面，我们更是不可否认，此后几年，反法联军连战连败，主要的原因就在于1794年的战局。

在1794年的战局中，联军完全没有意识到法军的攻势具有开山裂石的威力，并且采用了扩大阵地正面和战略机动这种不值一提的做法。此外，从普奥两国的政治分歧和愚蠢地放弃比利时和荷兰这些事情上也可以看出，各国政府低估了这股来势凶猛的潮流②的威力。

1796年，奥地利军队在蒙特诺特、洛迪和其他地方进行的抵抗，足以表明他们在如何对付拿破仑的这个问题上知之甚少。

1800年，梅拉斯将军一败涂地，但是这并不是法军发动突袭的直接结果，而是因为他低估了这次袭击所产生的后果。

1805年，乌尔姆防线在革命皇帝拿破仑的攻击下土崩瓦解。作为联军战略纽带的最后一端，从表面上看，乌尔姆的外在形式很科学，但实际上它的力量极为薄弱，只能抵挡道恩和拉西这样的统帅。

1806年，由于一些陈腐、褊狭而无用的观点、举措与当时具有重大意义的认识和感觉混杂在一起，所以普鲁士曾处于举棋不定的混乱状态中。如果普鲁士对自身处境有正确的认识，那么他们就不会把三万人留在本国，准备在威斯特伐利亚开辟另外一个战区；就不会为了取得一些小成果而让吕歇尔军和魏玛军进行小规模攻击；更不会在会议的最后时刻还因为仓库的危险、某些地区的损失而争论不休。

即使是在规模空前巨大的1812年战局中，在开始也出现了一些由于误判敌情而采取错误举措的情况。

当时，在维尔诺的大本营里有一批声望卓著的人物，坚持要在俄国边境附近进行会战，目的是为了防止进击俄国的法军兵不血刃地长驱直入。他们都很清楚，这些会战的结果并不好，虽然他

---

① 泽温是德国北部邻近汉堡市的一个小镇。1757年，法军和康伯兰公爵所率的联军在泽温的一个修道院签订停战协议，但是英国政府不承认这个协议，撤回康伯兰公爵，任命斐迪南公爵为联军总司令，并于次年突袭法军。——译者注

② 这里指的是法国大革命和拿破仑战争期间，法国政府进行的一系列具有划时代意义的军事改革。——译者注

们不知道即将攻击八万俄军的法军兵力多达三十万人，但是他们知道法军的兵力必然占据优势。他们的错误主要在于对这次会战的价值估计有误。按照他们的看法，即使这次会战失败，充其量也只是一场败仗。然而事实上，我们有充分的证据可以肯定，如果在边境附近进行的会战中遭到惨败，就必须承受一系列其他后果。

虽然俄军当时利用了德里萨营垒，但是这也是一个由于误判形势而采取的错误举措。因为营垒的建造者当初并没有考虑利用它对付力量庞大且意志坚决的敌人，如果俄军想坚守这个营垒，那么他们就会遭到敌军的围攻，而陷入孤立无援的境地，法军很容易就能迫使他们投降。

其实，即使是像拿破仑这样的统帅，有时候也会误判形势。1813年停战之后，他认为派出几个军就可以阻止布吕歇尔和瑞典王储所率领的联军的次要兵力；或者说，他知道自己的兵力无法发动真正的进攻，但是他以为能够像过去那样迫使敌军不敢轻举妄动。他没有估计到的是，不共戴天的仇恨和步步逼近的危险会对布吕歇尔和标洛产生什么作用。

对于布吕歇尔的胆略，拿破仑总是估计不足：在莱比锡，从他手中抢走胜利果实的正是布吕歇尔；在拉昂城，他没有被布吕歇尔彻底击溃，只是因为出现了完全超出他预计的情况；然而，在滑铁卢，低估布吕歇尔的拿破仑终于遭到了致命的打击。